商务部十三五规划教材

全国高等院校财经类专业统编教材

财 务 管 理

（2016 版）

主　编　史晓娟

副主编　翟会颖　孙小清　尹　晶

　　　　杨　良　陈玲玲　宋　卉

　　　　胡希召

中国商务出版社

图书在版编目（CIP）数据

财务管理：2016 版／史晓娟主编. —3 版. —北京：中国商务出版社，2016.7
商务部十三五规划教材　全国高等院校财经类专业统编教材
ISBN 978 - 7 - 5103 - 1587 - 9

Ⅰ. ①财…　Ⅱ. ①史…　Ⅲ. ①财务管理—高等学校—教材　Ⅳ. ①F275

中国版本图书馆 CIP 数据核字（2016）第 169943 号

商务部十三五规划教材
全国高等院校财经类专业统编教材

财务管理（2016 版）
CAIWU GUANLI

主　编　史晓娟

出　　版：	中国商务出版社	
地　　址：	北京市东城区安外东后巷 28 号	邮　　编：100710
责任部门：	财经事业部（010 - 64515163）	
责任编辑：	汪　沁	
总 发 行：	中国商务出版社发行部（010-64266193　64515150）	
网购零售：	中国商务出版社淘宝店（010-64286917）	
网　　址：	http：//www. cctpress. com	
网　　店：	http：//cctpress. taobao. com	
邮　　箱：	cctp@ cctpress. com	
排　　版：	北京科事洁技术开发有限责任公司	
印　　刷：	北京玥实印刷有限公司	
开　　本：	787 毫米 ×1024 毫米　　1/16	
印　　张：	20. 25	字　　数：408 千字
版　　次：	2016 年 7 月第 3 版	印　　次：2016 年 7 月第 1 次印刷
书　　号：	ISBN 978 - 7 - 5103 - 1587 - 9	
定　　价：	46. 00 元	

凡所购本版图书有印装质量问题，请与本社总编室联系。电话：010-64212247

前　言

　　随着市场经济的不断发展和资本市场的不断成熟，企业的财务管理越来越受到人们的关注。财务管理作为现代企业管理重要组成部分，迫切需要在理论与实务上不断创新和发展。本书以最新的的财务会计法规制度为基础，结合我国企业财务管理的实践，并结合了相关领域的最新研究成果以及教师多年的教学经验组织编写而成，突出培养学生的财务管理意识与应用技能。

　　本书以突出培养学生实践能力为主线，既考虑了经济发展对财务管理专业人才的能力要求，又考虑了应用型人才培养的特点，从实际出发，结合丰富的实务案例，详细阐述了财务管理的基本原理与方法。全书大部分知识点都配有案例，用丰富的案例阐述抽象的理论知识，且书中案例都配有详尽的、图文并茂的解释，使学者更容易接受与理解，更有助于学者从深层次理解财务管理的理财思路与方法，更好地运用财务管理知识解决实际问题。

　　本书主要用于高等学校会计专业、财务管理专业和经济管理类专业的财务管理课程教学，也可以满足会计人员、管理人员的自学和参考用书。

　　随着我国财务管理理论与实践的飞速发展，为适应现代财务管理的实际需要，也为了全面提高本书的质量，编者借此机会对全书进行了修订。除了订正原书的疏漏之外，还增加了部分章节内容，具体修订工作体现在以下几个方面。

　　第一，对第一版中有关排版、编辑、内容等方面存在的纰漏和差错进行订正。通过修订，力求做到概念准确、表述正确、数字精确。

　　第二，结合财务管理最新理论，对有关章节的内容进行更新。通过更新，力求达到资料翻新、个案全新、思考创新。

　　第三，对有关章节的教材内容和条目顺序进行调整、充实、更改，甚至重写。通过修改，力求做到强调实践、强化实用。

　　第四，对教材的随堂练习进行重新编写，结合最新的财务管理知识，扩充了大量的习题案例，紧密配合了应用型人才培养的方向。

　　本书由燕京理工学院史晓娟老师担任主编，翟会颖、孙小清、尹晶、杨良、陈玲玲、宋卉担任副主编。本书共九章，其中，第二、三、四、五、七章由史晓娟编写，第六章由翟会颖编写，第九章由孙小清编写，第八章由尹晶与杨良共同编写，第一章由陈玲玲、宋卉共同编写。李倩伟、刘建军、张保英、李鑫参与了部分章节的编写、课后习题的整理编写以及全书资料搜集整理。最后要感谢宋阳、刘亮、史建玉、王猛、李雪、刘晶、李广焕、刘群、衣春香、陈响、魏春光、王鹭、张帅、刘佳、高源、郭崇森、马尚愈等人对本教材编写工作的大量支持。全书由史晓娟修改总纂后定稿。

　　本书的编写，借鉴了许多财务管理实践和教学研究成果，参阅了大量文献资料，在此，向有关单位和作者表示由衷的感谢！

　　由于时间紧迫，编者水平有限，加之我国的财务管理理论和实践尚处于不断完善和发展之中，书中难免存在不足和疏漏之处。恳请广大师生、读者及同行专家批评指正。

编　者
2016 年 6 月

目录

第一章 财务管理总论

学习目标

→ 了解财务管理的概念及财务管理的内容；

→ 掌握财务活动和财务关系的内容；

→ 了解财务管理的环节及财务管理的原则；

→ 掌握财务管理的目标及各目标的优缺点；

→ 掌握财务管理环境中利率的构成及其含义；

→ 能利用财务活动和财务关系的内容解释财务管理的基本含义；

→ 按照财务管理目标的要求，能解释财务管理目标几个观点的优缺点。

知识导航

财务管理总论
- 财务管理概述
  - 财务管理的含义
  - 财务活动
  - 财务关系
  - 财务管理的内容
- 财务管理的目标
  - 财务管理目标的选择
  - 目标的矛盾与协调
- 财务管理的工作环节
  - 财务预测
  - 财务决策
  - 财务计划
  - 财务控制
  - 财务分析
- 财务管理的环境
  - 财务管理环境的含义
  - 对财务管理影响较大的环境因素

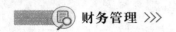

第一节　财务管理概述

一、财务管理的含义

（一）财务的含义

财务是指企业在生产经营过程中客观存在的资金运动及其所体现的经济利益关系。其中企业生产经营过程中客观存在的资金运动称为财务活动，所体现的经济利益关系称为财务关系。

（二）财务管理的含义

所谓财务管理是指企业组织财务活动、处理财务关系的一项综合性的管理工作，是基于企业再生产过程中客观存在的财务活动和财务关系而产生的。

要理解财务管理的含义要注意三个方面：

1. 企业有很多管理，如：人事管理、生产管理、营销管理、物资管理等各种各样的管理工作，而财务管理是企业各项管理工作中的一个子系统，是企业各项管理工作中的一种工作。

2. 财务管理工作和其他管理工作有一定的区别。首先，财务管理是资金管理。财务管理的对象是资金。其次，财务管理是综合性管理工作。如人事管理是管人的；生产管理是管生产运作环节的；营销管理是管销售的；物资管理是管物的；财务管理是管资金的，是资金的管理或价值的管理。企业任何工作都离不开资金，资金涉及企业的方方面面，财务管理管资金，其管理的对象决定它是一种综合性的管理工作，而不是一种专项的管理。

3. 财务管理的内容包括两大部分，一部分是组织财务活动，另一部分是处理财务关系。

通过上面分析可知，要了解什么是财务管理，必须先分析企业的财务活动和财务关系。

二、财务活动

企业财务活动是指企业在再生产过程中客观存在的资金运动，是以现金收支为主的企业资金积累收支活动的总称。

在市场经济条件下，企业拥有一定数额的资金，是进行生产经营活动的必要条件。企业生产经营过程，一方面表现为物资的不断购进和售出，另一方面表现为资金的支出和收回，企业的经营活动不断进行，也就会不断产生资金的收支。企业资金的收支，构成了企业经济活动的一个独立方面，这就是企业的财务活动。

企业的经营过程，实际上是企业所占用资金在各种形态下的不断转化，并且最终达到其增值目的的过程。这一过程是通过企业一系列财务运作来完成的。比如，企业要开展经营，首先要筹集到能满足其经营规模要求的一定数额的资金；然后通过有效的资金配置和投放，转化为各类经营要素；最后通过销售收回经营的成本资金，并获得经营利润，再进行合理的分配，确保企业再生产活动得以继续。因此，我们将企业资金的筹集、应用、配置、耗费、收回和分配等一系列行为活动，称之为企业的财务活动，有时也称其为理财活动。简单地讲，企业的财务活动就是企业各类资金收支事项活动的总称。下图为企业的资金运动图：

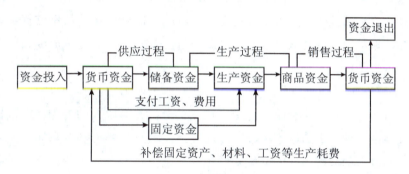

图1-1　企业资金运动图

从上述的企业资金运动图中可以看出，企业的资金有不同的表现形态。例如，有的现金用于购买原材料，原材料经过加工成为产成品，加工过程中还要发生人工成本和制造费用，计入产成品成本，产成品出售后又变为现金；有的现金用于购买固定资产等长期资产，如设备等，它们在使用中逐渐磨损，磨损的价值计入产品成本，陆续通过产品销售转化为现金。各种流转途径完成一次循环，即从现金开始又回到现金所需的时间不同。购买商品、生产商品形成商品成本的现金可能几天或几个月就可以流回，购买机器等的现金可能要许多年才能全部返回现金状态。现金变为非现金资产，然后又回到现金，所需时间不超过一年的流转途径，称为现金的短期循环。短期循环中的资产是流动资产，包括现金本身和企业正常经营周转期内可以完全转变为现金的存货、应收账款、短期投资及某些待摊费用等。现金变为非现金资产，然后又回到现金，所需时间在一年以上的流转途径，称为现金的长期循环。长期循环中的非现金资产是长期资产，包括固定资产、长期投资、长期待摊费用等。

企业的财务活动具体表现为企业筹资、投资、日常运营、收益分配这一系列活动，具体分析如下：

（一）筹资

企业筹资是指企业通过各种渠道，采用各种方式筹集企业所需资金。企业筹资过程表现为资金的流入，同时企业偿还借款、支付利息、股利以及各种筹资费用等，则表现为企业资金的流出。这种因为资金筹集而产生的资金收支，便是由企业筹资而引起的财务活动，是企业财务管理的主要内容之一。

（二）投资

投资是指企业通过购买内部所需资产或者购买各种有价证券进行投资。无论企业购买内部所需资产，还是购买各种证券，都要支付资金；而当企业变卖其对内投资形成的各种资产或收回其对外投资时，则会产生资金的收入。这种因企业投资而产生的资金收付，便是由投资而引起的财务活动。

（三）资金运营

企业的资金运营是企业为满足日常营业活动而垫支的资金。营运资金的周转与生产经营周期具有一致性。企业资金周转越快，就越可以利用相同数量的资金，生产出更多的产品，取得更多的利润。因此，企业加速资金的周转是提高资金利用效果的重要措施。

（四）资金分配

企业的资金分配有广义和狭义之分，广义的分配是对收入的分配，即包括补偿生产经营中发生的耗费，上缴国家税金，提取盈余公积及分配投资者利润；狭义的资金分配仅指对净利润的分配。这些分配的结果使一部分资金退出企业，这便是由企业资金分配引起的财务活动。

三、财务关系

每个企业都不是一个独立的个体，在企业的经营过程中不可避免地会与各方面发生经济利益关系。企业在组织财务活动过程中与各有关方面发生的经济关系称之为企业财务关系。企业的筹资活动、投资活动、日常运营活动和利润分配活动与企业上下左右各方面有着广泛的联系。每个企业只有处理好与各方面的财务关系，才能保证财务活动的正常进行和企业的正常发展。企业的财务关系可概括为以下几个方面。

（一）企业与税务机关之间的财务关系

这种关系主要表现为企业要按税法的规定依法纳税而与国家税务机关所形成的经济关系。政府作为社会管理者，担负着保卫国家安全、维护正常社会秩序的任务，政府为了完成这一任务必然要无偿参与企业利润的分配。任何企业，都要按照国家税法的规定缴纳各种税款，以保证国家财政收入的实现，满足社会各方面的需要。因此，企业与税务机关的关系反映的是依法纳税和依法征税的权利、义务关系，体现为一种强制和无偿的分配关系。

（二）企业与投资者之间的财务关系

这种关系主要表现为企业的投资者向企业投入资金，企业向其支付投资报酬所形成的经济关系。企业的投资者主要有国家、法人单位、个人、外商。企业的投资者要按照投资合同、协议、章程的约定履行出资义务，以便及时形成企业的资本金；企业利用企业资金进行经营，实现利润后，应按出资比例或合同、章程的规定，向其投资者分配利润。企业同其投资者之间的财务关系，体现着所有权性质的受资与投资的关系。

（三）企业与债权人之间的财务关系

这种关系主要表现为企业向债权人借入资金，并按借款合同的规定按时支付利息和归还本金所形成的经济关系。企业的债权人主要有：债券持有人、贷款机构、商业信用提供者以及其他出借资金给企业的单位或个人。企业在日常运营过程中，为了降低资金成本，调整资本结构，除了使用自有资金外，还要借入一定数量的资金。企业向债权人借入资金后，要按约定的利息率，及时向债权人支付利息，债务到期时，要按时向债权人归还本金。企业同其债权人的关系体现的是债务与债权的关系。

（四）企业与受资者之间的财务关系

这种关系主要表现为企业将其闲置资金以购买股票或直接投资的形式向其他企业投资所形成的经济关系。随着市场经济的不断深入，企业这种关系将会越来越广泛。企业向其他单位投资，应按约定履行出资义务，同时有权参与被投资单位的利润分配。企业与被投资单位的关系是体现所有权性质的投资与受资的关系。

（五）企业与债务人之间的财务关系

这种关系主要表现为企业将其资金以购买债券、提供借款或商业信用等形式出借给其他单位所形成的经济关系。企业可以将其闲置资金用于购买债券、提供借款或者商业信用，同时有权要求其债务人按约定的条件支付利息和归还本金。企业同其债务人的关系体现的是债权与债务关系。

（六）企业与职工之间的财务关系

这种关系主要表现为企业向职工支付劳动报酬的过程中所形成的经济关系。职工是企业的劳动者，在企业的日常经营过程中会有各种各样体力和脑力上的耗费。企业必须为此做出补偿，企业要用自身的产品销售收入，向职工支付工资、津贴、奖金等，按照提供的劳动数量和质量支付职工的劳动报酬。这种企业与职工之间的财务关系，体现了职工和企业在劳动成果上的分配关系。

（七）企业内部各单位的财务关系

这种关系主要表现为企业内部各单位之间在生产经营各环节中相互提供产品或劳务所形成的经济关系。企业内部各单位既有分工又有合作，共同形成一个完整的企业系统，每一部分都是企业向前发展所不可缺少的。企业在实行内部经济核算制的条件下，企业供、产、销各部门以及各生产单位之间，相互提供产品和劳务要进行计价结算。这种在企业内部形成的资金结算关系，体现了企业内部各单位之间的利益关系。

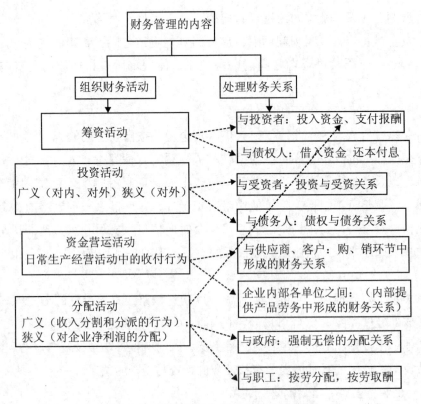

图 1-2　财务活动与财务关系的关系图

四、财务管理的内容

由以上分析可知，财务管理是基于社会在生产过程中客观存在的财务活动和财务关系而产生的，是企业组织财务活动、处理财务关系的一项综合性管理工作。其中企业财务活动分为四个方面：企业筹资引起的财务活动；企业投资活动引起的财务活动；企业经营引起的财务活动；企业分配引起的财务活动。企业的筹资活动、投资活动、营运资金活动和利润分配活动共同构成了完整的企业财务活动，与此相对应，这四个方面也构成了企业财务管理的基本内容。

（一）筹资管理

筹资活动是指企业为了满足投资和用资的需要，通过一定渠道，采用一定方式筹措和集中所需资金的过程。企业从事生产经营活动，必须以一定的资金为前提。也就是说，企业从各种渠道以各种形式筹集资金，是资金运动的起点。筹资管理即是企业对筹资活动的管理，是企业财务管理的首要环节，是企业投资管理的基础。

企业筹资管理的主要任务是确定筹资规模、保证及时筹措企业所需资金。筹资的过程要合理选择筹资渠道和筹资方式，确定合理的资本结构，降低筹资成本及筹资风险。

（二）投资管理

企业取得资金后，必须将资金投入使用，以谋求最大的经济效益。企业投资即是对资金的运用，是为了获取更大的收益的同时尽可能降低投资风险。投资管理是企业财务管理的重要环节，投资决策制定的正确与否至关重要，将会对企业未来经营的成败产生根本性的影响。

企业投资管理的主要任务是为企业选择合理的投资项目，确定投资规模及投资结构，尽可能提高投资效益，降低投资风险。

（三）资金营运管理

资金营运活动管理是对企业在日常生产经营过程中所发生的资金收付活动的管理。企业的营运资金即是满足企业日常营业活动需要而垫支的资金，其周转与生产经营周期基本一致。如何加速资金周转，提高资金利用效果，是营运资金管理的重要内容。

营运资金管理的主要任务是确定合理的现金及存货持有量，制定合理的信用政策，通过合适的渠道和方式取得短期资金来源等。其基本目标是通过有效地进行资金管理和调剂，合理配置资金，以提高资金使用效率，增强短期资金流动性。

（四）利润分配管理

企业进行投资就必然会产生收入，取得利润，分配是作为投资的结果而出现的，它是对投资结果的分配。具体来说，利润分配是指对收入和利润进行分配和分割的过程，狭义的分配仅指对净利润的分配。

利润分配管理的主要任务是从企业长远利益出发，研究企业实现的利润如何进行分配，正确处理好国家、企业和股东等各利益方之间的关系。利润决策的关键是确定股利支付率。

综上所述，财务管理是基于企业再生产过程中客观存在的财务活动和财务关系而产生的，是组织企业财务活动、处理企业同各方面的财务关系的一项综合性的管理工作，是企业管理的重要组成部分。

第二节　财务管理的目标

一、财务管理目标的选择

（一）利润最大化

企业以利润最大化作为企业财务管理的目标，认为利润是衡量企业经营和财务管理水平的标志，利润越大越能满足投资人对投资回报的要求，因此，利润最大化就是财务管理的目标。

利润是会计常见指标，以利润最大化作为财务管理目标，简单容易理解，容易被人接受。另外，以利润最大化作为企业的财务管理目标具有一定的科学性、合理性。企业追求利润最大化，就必须加强管理，改进技术，提高生产效率，降低生产成本，这一系列措施都有利于企业改进生产经营，提高经济效益，促进企业更好的发展。然而，企业用利润最大化作为财务管理的目标，存在很多缺陷，主要有以下几方面：

1. 没有考虑企业投入与产出之间的对比关系

利润作为一个绝对数指标，不能反映企业一定时期的投资收益率水平，因而无法表现资本的投入与产出的关系，更不便在不同企业之间进行财务状况比较。如占用10亿元的资产带来1 000万元的利润，利润绝对数是可观的，但总资产利润率只有1%，那投入产出效率是很低的。

2. 没有考虑资金的时间价值

企业投资项目收益的大小，不仅取决于其取得收益的总额的大小，还要受到收益取得时间的制约，不同时间点上取得的等额收益的大小是不一致的，越早时间取得的收益价值越大。利润最大化财务管理目标没有考虑企业利润实现的时间因素，即没有运用资金时间价值这一重要的财务概念。

3. 没有考虑投资的风险因素

一方面，如果企业的经营人员不切实际地盲目追求利润最大，往往会使企业承受很大甚至是不必要的风险；一旦不利于企业的因素出现，企业就会陷入困境，甚至导致破产。另一方面，利润是收入与费用配比以后的结果，在会计上只要符合收入的条件就确认收入，可是，收入当中是有赊销的，赊销形成的应收账款等可能产生坏账损失，在以利润为目标时没有充分考虑未来的风险因素。

4. 容易导致经营者的短期行为

追求利润最大会造成企业经营者和财务决策者只顾实现当前的或局部的利润最大，而不顾企业长远和整体的发展，甚至伤害了企业长久发展的财务实力。利润是会计上的利润，故受到会计分期的影响，最长的利润是某一年的利润，因此，利润最大化目标仅仅考虑一种短期的利润，没有考虑中长期的公司未来发展收益能力。片面强调利润最大化容易导致短期行为，如不提或少提折旧，当固定资产更新时，会造成很大的资金缺口。

由此可见，利润最大化的提法，只是对经济效益浅层次的认识，企业将利润最大化作为企业财务管理目标具有一定的片面性，是对财务管理的一种初步认识。所以，现代财务管理研究认为，利润最大化不是企业财务管理的最佳目标。

（二）每股利润最大化

每股利润最大化是指企业一定时期的净利润与发行在外的普通股股数的比值，也称为每股盈余。从普通股股东的角度看，就是每股所分享的净利润，故每股利润＝净利润/普通股股数。该指标说明了企业投资者每股股本的盈利能力，主要适用于上市公司。对于非上市公司来讲，一般可采用权益资本净利率。该指标是指企业一定时期的净利额与其权益资本总额的比值，说明了企业权益资本的盈利能力。

每股利润最大化目标相比利润最大化突出的优点是该指标采用相对数来反映企业的盈利能力，能更清晰地揭示出投资与收益的报酬率水平，而且更便于企业与不同资本规模的企业或企业发展不同阶段之间的比较。比如说股票价格一定的前提条件下，股东的股数越多，意味着投入的资本就越多，体现了股东对公司投入的多少，而净利润体现对股东的回报，所以很好地体现了投入资本与回报的配比关系。但由于每股收益或权益资本净利率仍是以利润为基础计算的，所以同样存在与利润指标相似的缺陷：

1. 没有考虑资金时间价值

由于每股盈余仍然是以利润指标为基础计算出来的，所以，同样没有考虑资金时间价值，即没有考虑股本或企业权益资本获取利润的时间性差异和持续性特征。

2. 没有考虑风险因素

因为要提高企业的每股收益或权益资本净利率，最简单的方法是扩大企业的负债比例，减少权益资本，同时最大限度地表现利润，承担最大的税收成本，这样就会使企业的财务风险大大加剧，偿债能力被进一步削弱。因此，许多人认为，每股盈余最大的时候也可能就是企业财务风险最大的时候。如企业不惜冒更大风险去追求每股盈余的最大，必然会对企业的长远发展能力造成伤害。

3. 容易导致经营者的短期行为

每股盈余和权益资本净利率同样会由于经营者追求最大收益而造成短期行为。因此，每股盈余和权益资本净利率有很多不完善之处，同样不能作为企业最佳的财务管理目标。

（三）企业价值最大化

价值指未来能够带来的现金流入所折合的现值。企业价值是指企业在未来持续经营过程当中，所创造的预计未来现金流量的现值，或者企业价值可以理解为企业所有者权益和债权人权益的市场价值。企业价值最大化是指通过企业的合理经营，采用最优的财务政策，在考虑资金时间价值和风险因素的情况下不断增加企业财富，使企业价值达到最大。

对于一般企业来讲，企业价值的确认，必须通过企业转让、变卖或正确的资产评估才能完成。但对于股份制企业来讲，特别是上市公司，从长久来看，企业股票的市场价格越大，说明这个企业的价值越大。因为，股票的价格是真正的市场价值，是投资人对企业的评价，企业内部各种经营和财务状况的变化因素和未来发展前景，都会在企业的股票价格上得以表现。

企业价值显然不同于利润，利润只是企业新创价值的一部分，而企业价值不但包括新创价值，还包含了企业未来创造价值的能力。另外，利润仅仅是账面实现的价值，它没有考虑时间价值和风险等因素，而企业价值却综合考虑了所有的因素。企业价值评价的标准，是以投资者在充分和综合考虑了时间价值和风险因素后所确定的实际和未来的必要报酬率为依据的。所以，以企业价值最大化作为财务管理目标，可以克服利润最大化和每股收益最大化的各种缺陷，任何试图用短期行为来扩大企业当前利润的做法，必然会伤害企业未来长久的发展潜力，使企业承担更大的风险，并使企业的市场价值无法达到最大。当然，用企业价值来作为财务管理的目标，也存在一些不足之处，主要有以下几点：

1. 概念比较抽象，不易被外行人士所接受

企业价值最大化目标概念比较抽象，不容易被外行人士理解与接受。该指标也不像利润和每股利润指标在企业日常会计核算中经常被揭示。

2. 对于非上市公司来讲，企业价值确定难度较大

对于非上市公司，不能依据股价来确定其企业价值，必须进行资产评估。但是，评估过程受评估标准和评估方式的影响不易做到客观化和标准化，从而会影响企业价值的准确性与客观性。

3. 股票价格受多种因素影响

对于上市公司来讲，股票价格是企业价值的直接表现。但股票价格会受到特定经济环境等多种市场因素的综合影响，这些都是非企业所能控制的。所以在某一时点上，股价可能并不真正反映这个企业的价值，而把不可控因素引入财务管理目标也是不合理的。

企业价值最大化目标的具体内容包括以下八个方面：

表1-1　财务管理目标优缺点比较

观点	关键指标	优点	缺点
利润最大化	利润	指标简单，容易理解；企业追求利润最大化有利于企业改进生产经营，提高经济效益，促进企业更好的发展	1. 未反映利润与投入资本之间的关系，不利于比较 2. 未考虑时间价值 3. 未考虑风险因素 4. 易导致短期行为
资本利润率最大化或每股收益最大化	每股收益，资本利润率	克服第1种缺点，反映了利润与投入资本之间的关系，利于与其他不同资本规模企业或同企业不同时期比较	1. 未考虑时间价值 2. 未考虑风险因素 3. 容易导致短期行为
企业价值最大化	企业未来收益的现值	克服以上指标的缺点	1. 指标比较抽象，较难理解 2. 不易确定非股票上市公司的企业价值 3. 股票价格受多种因素影响，容易导致企业价值失真

①强调风险与报酬均衡，将风险限制在企业可以承受的范围内；

②强调股东的首要地位，创造企业与股东之间利益的协调关系；

③加强对企业代理人即企业经理人或经营者的监督和控制；

④关心本企业一般职工的利益；

⑤不断加强与债权人的关系；

⑥关心客户的长期利益；

⑦加强与供应商的合作；

⑧保持与政府部门的良好关系。

以上八条可以概括的理财目标是使相关者利益最大化。企业的利益相关者不仅包括股东、债权人，还包括经营者、客户、供应商、员工、政府等。使相关者利益最大化有利于企业长期稳定发展，体现了合作共赢的价值理念。企业在确定企业财务管理目标时，不能忽视这些相关利益群体的利益。

二、财务管理目标的矛盾与协调

企业从事财务管理活动必然会与各方各面发生经济利益关系，即企业的财务关系。财务管理目标的实现除了要协调好外部环境，还要处理好企业内部的财务关系。在企业的财务关系中，最为重要的关系是企业所有者与经营者之间的关系、企业所有者与债权人之间的关系。股东是公司的所有者，财务管理的目标是指股东的目标。股东委托经营者代表他们管理公司，为实现他们的目标而努力，但经营者与股东的目标并不完全一致。债权人把资金借给公司，是为了获得利息收入，与股东的"企业价值最大化"目标也不一致。因此，企业必须处理、协调好这三者之间的利益关系才能顺利实现企业的财务目标。

（一）所有者与经营者目标的冲突与协调

1. 所有者与经营者目标的冲突

企业是所有者的企业，企业价值最大化代表了所有者的利益。现代公司企业所有权与经营权相互分离，经营者不持有或者部分持有公司股票，与企业所有者的"企业价值最大化"目标相比，企业经营者的目标更加关心个人财富的增加、职位的稳定性、社会声誉的提高等自身利益。也就是说，经营者希望在提高企业价值的同时，能更多地增加享受成本；而所有者和股东则希望以较小的享受成本支出带来更高的企业价值。这样企业经营者的经营目标就与企业所有者的目标产生了不一致。经营者的目标和股东目标的不同，导致经营者可能会为了自身的目标而背离股东的利益。这主要表现在两个方面：

（1）道德风险。公司的所有者和经营者是一种委托代理关系，经营者和所有者的目标的不一致性，很可能导致经营者在不违反聘用合同的前提下，竭力追求自身目标的最大化，而忽视所有者的利益。这样做仅仅是道德问题，不构成法律和行政责任问题，股东很难追究其责任。

（2）逆向选择。经营者为了自己的目标而背离股东的目标。例如：以工作需要为借口乱花股东的钱，装修豪华的办公室，买高档汽车，更多地增加享受成本；蓄意压低股票价格，以自己的名义借款买回，导致股东财富受损，自己从中渔利。

2. 防止经营者背离所有者目标的方法

所有者通常可以采取监督和激励两种方法来防止经营者背离自己的目标。

（1）监督

由于企业所有者与经营者双方信息的不对称，经营者掌握着企业实际的控制权，经营者对企业信息的掌握远多于所有者，这些因素导致企业经营者更容易背离所有者的目标。为了协调这种矛盾，所有者须获取更多的信息，对经营者进行监督，在经营者背离股东目标时，减少其各种形式的报酬，甚至解雇他们。股东一方面可以通过公司的监事会来检查公司财务的方法实施对经营者的监督，当发现经营者的行为损害所有者利益时，就可以要求其予以纠正，甚至可以解聘有关责任人员；另一方面，股东也可以支付审计费聘请注册会计师审查公司的财务状况，监督经营者的财务行为。

监督只能减少经营者对企业目标的背离行为，但是要做到全面监督，实际上是不可能的，同时也会受到合理成本的制约。

（2）激励

防止经营者背离所有者利益的另一措施是对经营者实行激励制度，使经营者的利益与公司未来的利益挂钩，鼓励其自觉采取符合企业价值最大化目标的行动。如：企业可以通过"股票期权"、"绩效股"等形式，使经营者自觉自愿地采取各种措施提高股价，从而达到企业价值最大化的目标。股票期权这种激励方式是指允许管理者以固定的价格购买一定数量的公司股票。这样可以促使管理者主动采取能够提高股价的行动。绩效股激励方式是指企业根据管理者的经营绩效的大小奖励其一定数量的公司股票。这样管理者为了多得绩效股就会不断采取措施，以便提高公司的经营业绩。

（3）接收

除了上述的监督和激励措施来防止经营者背离股东目标外，企业还可以利用市场接收的作用来制约经营者。市场接收主要是指通过市场的激烈竞争、优胜劣汰和经理人市场评价机制等压力对经营者进行约束。当经营者经营不善导致股价过低时，企业很可能被别的企业兼并，企业原有的管理者也很可能被解聘，即使不被解聘，地位声誉也大不如从前。另外，如果经营者经营的企业被兼并，会大大影响原企业经营者的社会声誉与社会地位，这非常不利于企业原经营者今后事业的发展及个人前途。因此市场的压力对企业经营者的威慑，会使企业经营者朝着企业价值最大化目标方向努力，可以在一定程度上防止经营者背离所有者的目标。

在外界市场的作用下，股东同时采取监督和激励两种方法来协调自己和经营者的目标。但是，任何措施都不可能使经营者完全按股东的意愿行事，他们可能仍然采取一些对自己有利但不符合股东最大利益的决策，并由此给股东带来一定的损失。监督成本、激励成本和偏离股东目标的损失之间此消彼长，相互制约。股东要权衡轻重，力求找出使三者之和最小的解决办法，也就是最佳的解决办法。

（二）所有者与债权人目标的冲突与协调

债权人将资金交给公司，其目的是获得稳定的利息收入，同时到期收回本金。企业的资金来自股东和债权人，债权人的回报是固定的，而所有者的回报是不固定的，会随着企业经营效益的变化而变化。如果企业经营良好，分给债权人的只是企业收益中的一小部分，其中大部分利润都归企业所有者。当企业经营不佳时，债权人要与所有者共同承担经营带来的风险，甚至面临借款无法追回的风险。

债权人的资金一旦到了公司的手里，债权人就失去了控制权，所有者有可能为了实现自身目标而损害债权人的利益。具体表现为以下几个方面：

1. 公司未经债权人的同意，投资于比债权人预期风险高的新项目

如果企业投资的高风险项目获得成功，那么项目带来的超额的利润归所有者独吞，债权人得到的还是原来固定的利息收入；如果高风险项目不幸失败，公司无力偿债，债权人与股东将共同承担由此造成的损失。

2. 公司未经债权人同意发行新债

公司为了自身需求，为了取得更大的收益，有可能不征得债权人的同意而发行新债，这增加了企业破产的风险，致使旧债券的价值下降，侵犯了旧债权人的利益，使旧债权人蒙受损失。

债权人为了防止其利益被损害，一般通过以下措施解决：

1. 限制性借款

该措施是指债权人可以在借款合同中加入限制性条款，如规定资金的用途，规定不得发行新债或限制新债的发行数额等，防止所有者不能通过上述两种方式侵犯债权人的权益。

2. 收回借款

该措施是指当债权人发现公司有侵犯其利益的行为时，采取收回借款的措施来保护自身的利益。

除上述冲突外，企业与其他各方也存在着利益冲突。如企业与职工之间的利益冲突，企业与政府之间的利益冲突等，这些冲突都会在一定程度上限制企业实现财务管理的目标。所以说，企业是在一系列限制条件下实现价值最大化的，企业必须处理好与各方之间的利益关系，以最大程度实现企业财务目标。

表 1 - 2　财务管理目标的矛盾与协调

相关关系人	矛盾的表现	协调方式
所有者与经营者	经营者希望在提高企业价值和股东财富的同时，能更多的增加享受成本；而所有者和股东则希望以较小的享受成本支出带来更高的企业价值或股东财富	①监督：通过所有者约束经营者 ②激励：将经营者的报酬与绩效挂钩。通常有"股票期权"和"绩效股"两种基本方式 ③接收：通过市场约束经营者
所有者与债权人	①所有者未经债权人同意，要求经营者投资于比债权人预计风险要高的项目 ②未经现有债权人同意，发行新债券或举借新债，致使旧债券或老债券的价值降低	①限制性借债（规定借款的用途、借款的担保条款、借款的信用条件） ②收回借款或停止借款

第三节　财务管理工作环节

　　财务管理的基本环节是指财务管理工作的步骤和一般程序。财务管理的基本环节有：财务预测、财务决策、财务计划、财务控制、财务分析。这些环节互相配合，形成周而复始的财务管理循环过程，构成完整的财务管理工作体系。

一、财务预测

　　财务预测是指企业根据财务活动的历史资料，考虑企业现实条件与要求，运用特定的方法对企业未来的财务活动和财务成果做出科学的预测或测算。财务预测是进行财务决策的基础，是编制财务预算的前提。

　　财务预测工作通常包括四个具体步骤：第一步要明确预测目的，只有目的明确才能有针对性地搜集资料，采取相应的方法进行预测。第二步要收集和整理相关资料，必须根据预测目的搜集相关资料，并进行归类、汇总、调整，以便利用这些资料进行科学预测。第三步是建立适当的预测模型，以进行科学预测。第四步是利用预测模型，进行预测，提出预测值。

　　财务预测方法很多，具体可以分为两大类：一类是定性预测方法，即利用相关资料，依靠个人经验的主观判断和综合分析能力，对事物未来的状况和趋势做出预测的方法。另一类是定量预测方法，即根据变量之间存在的数量关系建立数学模型来进行预测的方法，包括趋势预测法和因果预测法等。趋势预测法是按时间顺序排列历史资料，根据事物发展的连续性来进行预测的一种方法，又称时间序列预测法。因果预测法是根据历史资料，通过分析寻找出影响预测因素的其他相关因素，并确定二者的因果关系，建立数学模型来进行预测的方法。

二、财务决策

财务决策是指企业财务人员按照企业财务管理的目标，利用专门的方法对各种方案进行比较分析，并从中找出最优方案的过程。财务决策通常包括以下几个具体步骤：一是确定决策目标。二是设计并提出备选方案。三是分析比较各种方案，选择最佳方案。常见的财务决策方法包括：对比优选法、线性规划法、微积分法、决策树法、损益决策法等。

财务决策不是拍板决定的瞬间行为，而是需要一系列的分析决策的过程。财务决策的制定至关重要，其成功与否直接关系到企业的兴衰成败。所以说企业的财务决策是企业财务管理的核心。

三、财务计划

财务计划是指运用科学的技术手段和数量方法，对企业未来财务活动的内容及指标所进行的具体规划，如定额流动资金及其来源计划、成本费用计划、利润计划等。财务计划是以财务决策确立的方案和财务预测提供的信息为基础编制的，是财务预测和财务决策的具体化，是控制财务活动的依据。以货币表示的具体财务计划即为财务预算。

财务计划编制的一般程序为：一是根据财务决策的要求，分析主、客观条件，制定出主要的计划指标。二是对需要和可能进行协调，组织综合平衡。三是运用各种财务计划编制方法，编制财务计划。

财务预算的表现形式有固定预算与弹性预算、增量预算与零基预算、定基预算与滚动预算等。

四、财务控制

企业财务控制是指在财务管理的过程中，利用有关信息和手段，根据企业计划，发现偏差并及时加以纠正，使之符合财务目标与制度要求的管理过程。

财务控制是财务管理的经常性工作，是实现财务计划，执行财务制度的基本手段。通过财务控制，能使财务计划与制度对财务活动发挥其规范与组织作用，使资金占用与费用水平控制在预定利润目标的范围之内，保证企业经济效益的提高。离开财务控制，财务活动就可能盲目进行，各种问题也难以及时发现与纠正，使财务计划管理流于形式，甚至使财务活动偏离正确的方向。财务控制的主要内容包括确定控制目标、建立控制系统、做好信息传递与反馈和纠正偏差等项。

财务控制的方式是多种多样的。按时间不同可分为事前控制、事中控制和事后控制；按具体方式不同可分为定额控制、预算控制和开支标准控制等；按指标不同可分为绝对数控制和相对数控制等。财务控制必须按照财务活动的不同情况，分别采取不同的形式，才能收到好的效果。

五、财务分析

财务分析是指根据企业核算资料，运用特定的方法，对企业财务活动过程及其结果进行分析和评价的一项工作。财务分析对加强财务管理有很重要的作用。财务分析既是对本期财务活动的一个总结，也是下期财务预测的前提，具有承上启下的作用。通过财务分析可以掌握企业财务预算的完成情况，评价企业的财务状况，改善企业财务预算、财务决策、财务计划、财务控制，进一步提高企业的财务管理水平。

通过财务历史资料与预计资料的分析，可为财务计划的制订与调整提供依据；通过对财务计划执行情况与影响因素的分析，可以及时揭露问题，采取控制措施，保证财务计划的实现；通过对财务活动过程及其结果的分析，可以检查企业内部、行业与国家有关财务制度的执行情况，正确处理企业与各方面的财务关系；通过财务分析，还可以研究和掌握企业财务活动的规律性，增强财务管理的自觉性。总之，财务分析对检查财务计划执行与完成情况，遵守财务制度的情况，促使企业挖掘潜力，改善经营管理，提高经济效益等方面均有重要意义。

财务分析的方法是多种多样的。企业目前常用的方法主要有对比法、比率法、连环替代法、差额分析法、平衡分析法、平均分析法等。财务管理的核心是财务决策。财务预测是为财务决策服务的，是决策和预算的前提。财务决策是在财务预测的基础上做出的。财务预算是财务决策的具体化，是以财务决策确立的方案和财务预测提供的信息为基础编制的，同时它又是控制财务活动的依据。财务控制是落实计划任务，保证财务预算实现的有效措施。财务分析可以掌握各项财务预算的完成情况，评价财务状况，以改善财务预测、决策、计划和控制工作，提高管理水平。分析既是对前期工作的总结和评价，同时又是对下期工作的经验指导或警示，在财务管理方法中起着承上启下的作用，随着财务管理的持续进行，正是因为分析的存在，才使预测、决策、预算、控制、分析首尾相接，形成财务管理循环。

第四节 财务管理的环境

一、财务管理环境的含义

财务管理环境又称理财环境，是指对企业财务活动和财务关系产生影响作用的企业内外各种条件的统称。企业的各项财务活动是在一定的环境背景下开展的，受到环境条件的制约；同时，财务管理的环境对企业财务活动的进行具有重要的影响和推动作用。企业通过环境分析，可以提高企业对环境的适应能力及应变能力，以便在各种环境影响下，顺利实现企业的财务目标。

影响企业的环境包括内部环境和外部环境。内部环境主要是指影响企业财务管理目标实现的各种内部因素，包括企业的资本实力、生产技术条件、经营管理水平和管理者素质等。内部环境对企业来说是可以控制的，而外部环境由于存在于企业外部，都是企业无法改变和控制的。对企业来说，外部环境更好的办法是去适应、去因势利导。本节主要讲述的是影响企业的外部环境。主要包括经济环境、法律环境和金融环境。

二、对财务管理影响较大的环境因素

对企业财务管理影响比较大的有经济环境、法律环境和金融市场环境。

（一）经济环境

影响企业财务管理的经济环境主要是指影响企业财务管理的各种经济因素，如：经济体制、经济周期、经济政策和通货膨胀等。

1. 经济体制

在影响财务管理的各种环境因素中经济体制是最根本的。现存的经济体制主要有计划经济体制和市场经济体制两种。在计划经济体制下，企业在筹资、投资和收益分配等方面只有执行权，而没有决策权，财务管理的内容比较单一，财务管理的方法比较简单。在市场经济体制下，企业拥有企业筹资、投资的权力，企业必须根据自身条件和外部环境做出各种各样的财务决策并组织实施，财务管理的内容比较丰富，方法比较复杂，财务管理发展水平较高。经济体制改革的措施对企业产生重大影响，企业生产经营活动和财务管理活动必须与经济体制相适应。

2. 经济周期

在市场经济条件下，经济的发展过程既是一个非人力所能完全控制的而又有其内在运动规律的过程，无论人们采用什么样的调控手段，它都不可避免地出现或强或弱的波动，但经济通常不会出现较长时间的持续增长或较长时间的持续衰退，而是交替出现复苏、繁荣、衰退、萧条等发展阶段，形成经济周期。我国经济在其发展运行过程中也呈现出一定的周期性，经济带有一定的波动性。

经济周期性波动对企业财务活动有极大影响，在不同的发展时期，企业的生产规模、销售能力、获利能力以及由此而产生的资金需求都会出现重大差异。但它并非以同样的方式和程度影响每一个行业及该行业的每一个企业。尽管政府试图减少不利的经济波动，但现实经济生活中，经济发展有时"过热"，有时需要"调整"。面对经济的周期性波动，财务人员必须预测经济变化情况，适当调整财务政策。经济周期包括：

复苏—繁荣—衰退—萧条等几个阶段。

表1-3　经济周期中的经营理财策略

复　苏	繁　荣	衰　退	萧　条
1. 增加厂房设备	1. 扩充厂房设备	1. 停止扩张	1. 建立投资标准
2. 实行长期租赁	2. 继续建立存货	2. 出售多余设备	2. 保持市场份额
3. 建立存货	3. 提高产品价格	3. 停产不利产品	3. 压缩管理费用
4. 开发新产品	4. 开展营销规划	4. 停止长期采购	4. 放弃次要利益
5. 增加劳动力	5. 增加劳动力	5. 削减存货	5. 削减存货
		6. 停止扩招雇员	6. 裁减雇员

3. 经济政策

经济政策是国家进行宏观经济调控的重要手段。国家的产业政策、金融政策、财税政策对企业的筹资活动、投资活动和分配活动都会产生重要影响。企业在财务决策时，要认真研究经济政策，努力预见其变化趋势，在国家宏观经济政策调控和指导下，独立从事生产经营活动和财务管理活动。

经济政策主要包括：产业政策、金融政策、财税政策。

4. 通货膨胀

一般认为，在产品和服务质量没有明显改善的情况下，价格的持续提高就是通货膨胀。通货膨胀犹如一个影子，始终伴随着现代经济的发展。通货膨胀不仅对消费者不利，对企业财务活动的影响更为严重。它是困扰企业管理人士的一个重要因素。因为，大规模的通货膨胀会引起资金占用的迅速增加；通货膨胀会引起利率的上升，增加企业筹资成本；通货膨胀时期有价证券价格的不断下降，给筹资带来较大的困难；通货膨胀会引起利润的虚增，造成企业的资金流失。通货膨胀的程度直接影响投资收益、资本成本，加剧企业财务状况和经营成果的不确定性，增大企业的经营风险。企业对通货膨胀本身无能为力，只有政府才能调控通货膨胀程度。企业为实现期望的报酬率，必须在财务决策时考虑通货膨胀因素，并使用套期保值等措施以减少损失。

5. 市场竞争

竞争广泛存在于市场经济之中，任何企业都不能回避，财务管理行为的选择在很大程度上取决于企业的竞争环境。不了解企业所处的市场环境，就不可能深入地了解企业的运行状态，也就很难做出科学的、行之有效的财务决策。

竞争市场又分为：完全竞争市场、不完全竞争市场、垄断市场、寡头垄断市场。不同的市场环境对财务管理有不同影响，处于完全垄断市场的企业，销售一般都不成问题，价格波动不大，利润稳中有升，经营风险较小，企业可利用较多的债务资本。处于完全竞争市场的企业，销售价格完全由市场来决定，企业利润随价格波动而波动，企业不宜过多地采用负债方式去筹集资本。处于不完全竞争市场和寡头垄断市场的企业，关键是要使企业的产品具有优势，具有特色，具有品牌效应，这就要求在研究与开发上投入大量资本，研制出新的优质产品，并搞好售后服务，给予优惠的信用条件。企业竞争环境对于财务管理行为的影响表现在各个方面，各种财务策略的谋划和运用应注意相通性，避免激烈的互相伤害，企业欲取得竞争优势，必须正确制定和实施科学的财务管理战略，关注竞争对手的财务策略。

（二）法律环境

法律环境是指企业和各方面发生经济关系时所应遵守的各种法律、法规和规章。市场经济是一种法制经济，企业的一切经济活动总是在一定法律法规范围内进行的。一方面，法律提出了企业从事一切经济业务所必须遵守的规范，从而对企业的经济行为进行约束；另一方面，法律也为企业合法从事各项经济活动提供了保护。企业在财务管理中应遵循的法律、法规主要包括：

1. 企业组织法

企业是经济主体，不同组织形式的企业所适用的法律是不同的。企业组织形式通常有独资企业、合伙企业和公司制企业。不同组织形式的企业在进行财务管理时，必须熟悉其组织形式对企业财务管理的影响，从而做出相应的财务决策。

2. 税收法规

税收法规是税收法律制度的总称，是调节税收征纳关系的法律规范。与企业相关的税种主要有以下几种：

（1）所得税类：包括企业所得税、外商投资企业和外国企业所得税、个人所得税；

（2）流转税类：包括增值税、消费税、营业税、城市维护建设税；

（3）资源税类：包括资源税、土地使用税、土地增值税；

（4）财产税类：房产税；

（5）行为税类：包括印花税、车船使用税、屠宰税。

税收对于企业资本供给和税收负担有着重要影响，税种的设置、税率的调整对企业生产经营活动具有调节作用，因此，企业财务决策应当适应税收政策的导向，合理安排资金投放，以追求更大的经济效益。

3. 财务法规

企业财务法规是规范企业财务活动，协调企业财务关系的行为准则。它是按照社会主义市场经济和完善企业经营机制的要求建立的。它有利于企业适应社会主义市场经济的需要，成为依法自主经营、自负盈亏、自我发展、自我约束的商品生产者和经营者，成为独立享有民事权利和承担民事义务的企业法人，成为产权清晰、权责明确、政企分开、管理科学的现代企业。因此，企业财务法规制度对企业财务管理的规范化和科学化有着重要的作用。

4. 其他法规

企业作为社会经济活动体系的构成单元，在许多方面受到有关法规的约束，从而影响企业的财务活动，除了以上几种法规外，还涉及《证券法》《证券交易法》《企业债券管理条例》《经济合同法》《票据法》等。

（三）金融市场环境

1. 金融市场环境的概念

金融市场环境是指企业开展财务管理活动直接面对的外部环境，它是资金这一特殊商品的交易场所，即资金供给者和需求者双方通过某种特定的方式融通资金的场所。企业的许多财务活动都要通过金融市场来进行。

2. 金融市场的构成要素

（1）参与者。参与者是指参与金融交易活动的各个单位。

（2）金融工具。金融工具是金融市场的交易对象。

（3）组织形式和管理方式。金融市场的组织形式主要有交易所交易和柜台交易两种，交易方式主要有现货交易、期货交易、期权交易、信用交易。

（4）内在机制。金融市场交易活动的内在机制主要是指具有一个能够根据市场资本供应情况灵活调节的利率体系。

3. 金融市场的种类

（1）短期资本市场和长期资本市场

以期限为标准，金融市场分为短期资本市场和长期资本市场。短期资本市场又称货币市场，是指融资期限在一年以内的资本市场，包括同业拆借市场、票据市场、大额定期存单市场和短期债券市场；长期资本市场又称为资本市场，是指融资期限在一年以上的资本市场，包括股票市场和债券市场。

（2）发行市场和流通市场

以功能为标准，金融市场分为发行市场和流通市场。发行市场又称为一级市场，它主要处理信用工具的发行与最初购买者之间的交易；流通市场又称为二级市场，它主要处理现有信用工具所有权转移和变现的交易。

（3）资本市场、外汇市场和黄金市场

以融资对象为标准，金融市场分为资本市场、外汇市场和黄金市场。资本市场以货币和资本为交易对象；外汇市场以各种外汇信用工具为对象；黄金市场则是集中进行黄金买卖和金币兑换的交易市场。

（4）地方性金融市场、全国性金融市场和国际性金融市场

以地理范围为标准，金融市场可以分为地方性金融市场、全国性金融市场和国际性金融市场。

4. 金融市场对财务管理的影响

金融市场是商品经济发展和信用形式多样化的必然产物。它在财务管理中具有重

要的作用。

（1）为企业筹资和投资提供场所

金融市场能够为资本所有者提供多种投资渠道，为资金筹集者提供多种可供选择的筹资方式。通过金融市场，资金供应者能够灵活地调整其闲置资金，实现其投资目的；资金需求者也能够从众多筹资方式中选择最有利的方式，实现其筹资目的。

（2）促进企业各种资金相互转化，提高资金效率

金融市场各种形式的金融交易，形成了纵横交错的融资活动。通过融资活动可以实现资本的相互转化，包括时间上长短期资本的相互转化，空间上不同区域间资金相互转化以及数量上大额资金和小额资金的相互转化。这种多种方式的相互转换能够调剂资金供求，促进资金流通。

此外金融市场通过利率的上下波动和人们投资收益的变化，能够引导资金流向到最需要的地方，从利润率低的部门流向到利润率高的部门，从而实现资本在各地区、各部门、各单位的合理流动，实现社会资源的优化配置，提高了资金使用效率。

（3）为财务管理提供有用的信息

企业进行筹资、投资决策时，可以利用金融市场提供的有关信息。股市行情从宏观看反映了国家和总体经济状况和政策情况，从微观看反映了企业的经营状况、盈利水平和发展前景，有利于投资者对企业财务状况做出基本评价。此外，利率的变动反映了资金的供求状况等。

5. 金融市场利率

（1）利率的含义

在金融市场上，资金作为一种特殊的商品进行交易，利率就是资金进行交易的价格，也称为利息率。

（2）利率的分类

①按利率间变动关系，利率分为基准利率和套算利率

基准利率是指在多种利率并存的情况下起决定作用的利率。在西方通常是中央银行的再贴现率，在我国是中国人民银行对商业银行贷款的利率。

套算利率是指在基准利率确定之后，各金融机构根据基准利率和借贷款项的特点而换算出的利率。

比如在我国中国人民银行对商业银行的利率为基准利率，而商业银行对企业或个人的利率为套算利率。关系下如图：

```
┌─────────────────────────────────────────────────┐
│中国人民银行────────→商业银行────────→企业或个人│
└─────────────────────────────────────────────────┘
          基准利率←────────套算利率
```

②按与市场资金供求情况的关系：固定利率和浮动利率

固定利率是指在借贷期内固定不变的利率。

浮动利率是指在借贷期内可以调整的利率。

③按利率形成的机制，利率分为市场利率和法定利率。

市场利率是指根据资金市场上的供求关系，随市场而自由变动的利率。

法定利率是指由政府金融管理部门或者中央银行确定的利率。

（3）利率的构成

利率通常由纯利率、通货膨胀补偿率和风险收益率三部分构成。可以用如下公式表示：

$$利率 = 纯利率 + 通货膨胀补偿率 + 风险收益率$$

其中：纯利率 + 通货膨胀补偿率 = 无风险收益率

①纯利率

纯利率是指在不考虑通货膨胀，不考虑风险的前提下的社会平均利润率，用资金时间价值的相对数表示。纯利率的高低受社会平均利润率、资金供需关系和国家相关政策的影响。纯利率的确定很难，实务中我们一般认为国债是无风险债券，一般认为国家不会违约，没有风险，但其包含通货膨胀补偿率，所以在实务中我们通常利用短期国债利率剔除通货膨胀补偿率来表示纯利率。或者用通过膨胀水平很低时的国库券的利率来表示。比如：国债的中长期利率是5%，可以把5%在通货膨胀率极低的条件下看做纯利率。

②通货膨胀率

由于通货膨胀会使货币贬值，降低货币的实际购买力，从而会降低投资者的真实报酬率，因此，资金供给者在提供资金时，会要求提高利率以补偿其损失，这就是通货膨胀率。但从中长期来看，会有一定的通货膨胀，在这种情况下，利率除了纯利率之外，还包括额外的通货膨胀率。比如通货膨胀率是2%，意味着物价水平上涨2%，那么依然要求得到5%的回报率的话，实际收益率只能达到3%，投资者必然在2%的通货膨胀前提条件下，要求报酬率应该是7%。

③风险收益率

现实生活中的投资活动是或多或少带有风险的，投资者会要求得到额外的风险补偿。投资者要求的利率除了纯利率、通货膨胀补偿率之外，还要求有风险收益率。假设投资者根据投资活动的风险程度额外要求的风险补偿率是3%，那期望最低的回报率5% + 2% + 3% = 10%。风险收益率通常由违约风险收益率、流动性风险收益率和期限风险收益率构成。违约风险收益率是指为了弥补因债务人无法按时还本付息而带来的风险，由债权人要求提高的利率；流动性风险收益率是指为了弥补因债务人资产流动性不好而带来的风险，由债权人要求提高的利率；期限风险收益率是指为了弥补因偿债期长而带来的风险，由债权人要求提高的利率。

本 章 小 结

本章是财务管理的理论基础，主要阐述了企业财务管理的基本原理。财务管理是基于企业再生产过程中客观存在的财务活动和财务关系而产生的，是组织企业财务活动，处理财务关系的一项经济管理工作。企业财务管理的主要内容包括筹资管理、投资管理、营运资产管理、收入与分配管理等。财务管理的目标是企业财务活动所要达到的最终目标，是评价企业理财活动是否合理的基本标准。财务管理整体目标主要有以下几种形式：利润最大化、每股收益最大化、企业价值最大化。财务管理的环节包括：财务决策、财务预测、财务计划、财务控制、财务分析。财务管理的核心是财务决策。财务管理的环境是指对企业财务活动产生影响作用的各种内外部条件。影响企业财务管理的外部环境主要包括经济环境、法律环境和金融市场环境。企业必须认真分析企业所面临的各种环境因素，以提高企业对环境的适应能力，更好地实现企业财务管理的目标。

随 堂 练 习

一、思考题

1. 什么是财务？什么是财务管理？

2. 什么是财务活动？财务活动主要包括哪些内容？

3. 简述财务关系的含义？企业主要存在哪些基本的财务关系？

4. 简述财务管理的基本内容。

5. 企业财务管理目标的主要有哪些？各自有什么优缺点？

6. 企业相关利益群体利益冲突中最突出的两个是什么？如何协调？

7. 简述财务管理的主要环节。

二、单项选择题

1. 财务管理的特点是侧重于（   ）管理。

　　A. 使用价值　　　　B. 价值　　　　C. 实物量　　　　D. 劳动时间

2. 在下列财务管理目标中，目前被认为比较合理的是（   ）。

　　A. 产值最大化　　　　　　　　B. 利润最大化

　　C. 企业价值最大化　　　　　　D. 每股收益最大化

3. 下列属于财务管理核心工作环节的是（   ）。

　　A. 财务预测　　　　　　　　　B. 财务决策

　　C. 财务预算　　　　　　　　　D. 财务控制

4. （   ）是财务决策的基础，是编制财务计划的前提。

　　A. 财务分析　　　B. 财务预测　　　C. 财务控制　　　D. 财务预算

5. 假定甲公司向乙公司赊销产品，并持有丙公司债券和丁公司的股票，且向戊公司支付债务利息。假定不考虑其他条件，从甲公司的角度看，下列各项中属于本企业与受资者之间财务关系的是(　　)。

    A. 甲公司与乙公司之间的关系　　 B. 甲公司与丙公司之间的关系

    C. 甲公司与丁公司之间的关系　　 D. 甲公司与戊公司之间的关系

6. 在其他条件相同的情况下，同一公司发行的 3 年期债券与 1 年期债券相比(　　)。

    A. 通货膨胀补偿率较大　　 B. 违约风险报酬率较大

    C. 流动性风险报酬率较大　　 D. 期限风险报酬率较大

7. 下列各项中体现债权与债务关系的是(　　)。

    A. 企业与债权人之间的财务关系

    B. 企业与受资者之间的财务关系

    C. 企业与债务人之间的财务关系

    D. 企业与政府之间的财务关系

8. 在下列经济活动中，能够体现企业与投资者之间财务关系的是(　　)。

    A. 企业购买其他企业股票

    B. 其他企业投资购买本企业债券

    C. 企业向国家税务机关缴纳税款

    D. 企业向其他企业支付股利

9. 某上市公司针对经常出现中小股东质询管理层的情况，拟采取措施协调所有者与经营者的矛盾。下列各项中，不能实现上述目的的是(　　)。

    A. 强化内部人控制

    B. 解聘总经理

    C. 加强对经营者的监督

    D. 将经营者的报酬与其绩效挂钩

10. 下列各项中，能够用于协调企业所有者与企业债权人矛盾的方法是(　　)。

    A. 解聘　　 B. 监督　　 C. 激励　　 D. 停止借款

11. 下列解决经营者背离股东目标的措施中，最佳解决办法是(　　)。

    A. 股东获取更多信息，对经营者进行分面监督

    B. 股东聘请注册会计师对企业进行全部审计

    C. 采用激励计划，给经营者现金奖励或股票期权，鼓励经营者采取符合股东利润最大化的行动

    D. 监督成本、激励成本和偏离股东目标的损失之和最小的解决办法

12. 股东和经营者发生冲突的根本原因在于(　　)。

A. 具体行为目标不一致   B. 承担的责任不同

C. 掌握的信息不一致   D. 在企业中的地位不同

13. 某公司董事会召开公司战略发展讨论会，拟将企业价值最大化作为财务管理目标，下列理由中，难以成立的是(   )。

     A. 有利于规避企业短期行为

     B. 有利于量化考核和评价

     C. 将企业长期、稳定的发展和持续的获利能力放在首位

     D. 考虑了风险与报酬的关系

14. 以每股收益最大化作为财务管理目标，存在的缺陷是(   )。

     A. 不能反映资本的获利水平

     B. 不能用于不同资本规模的企业间的比较

     C. 不能用于同一企业的不同期间比较

     D. 没有考虑风险因素和时间价值

15. 下列各项中，会导致债权人债权价值降低的是(   )。

     A. 优化企业资本结构   B. 采用零现金股利分配政策

     C. 不经债权人同意，举借新债   D. 发行新股

三、多项选择题

1. 下列各项中属于企业狭义投资活动的有(   )。

     A. 与其他企业债券   B. 购买机器设备

     C. 购买材料   D. 购买其他公司股票

2. 利润最大化目标的缺点有(   )。

     A. 不能反映企业创造利润的能力

     B. 不能反映企业创造利润与投入资本的关系

     C. 不能反映企业所承受的风险程度

     D. 不能反映企业取得收益的时间价值因素

3. 经营者和所有者的主要利益冲突，是经营者希望在创造财富的同时，能够获取更多的报酬、更多的享受；而所有者希望以较小的代价实现更多的财富。协调这一利益冲突的方式有(   )。

     A. 解聘经营者   B. 向企业派遣财务总监

     C. 被其他企业吞并   D. 给经营者以"绩效股"

4. 下列各项中，可用来协调公司债权人与所有者矛盾的方法有(   )。

     A. 规定借款用途   B. 规定借款的信用条件

     C. 要求提供借款担保   D. 收回借款或不再借款

5. 下列各项中属于狭义投资的是(   )。

A. 采购设备　　　　　　　　B. 购买国库券

C. 购建厂房　　　　　　　　D. 购买股票

四、判断

1. 企业的目标就是创造利润。一般而言，企业财务管理的目标就是为企业创造利润服务。（　　）

2. 在协调所有者与经营者矛盾的方法中，"接收"是一种通过所有者来约束经营者的方法。（　　）

3. 所有者的目标可能会与债权人期望实现的目标发生矛盾，此时可以采取事先规定借债担保条款来协调所有者和债权人之间的利益冲突。（　　）

4. 所有者与经营者的利益冲突的解决方式是收回借款、解聘和接收国。（　　）

5. 企业被其他企业强行吞并，是一种解决所有者和债权人的利益冲突的方式。（　　）

第二章 财务管理的基础知识

📖 学习目标

➡ 理解资金时间价值的含义；

➡ 掌握复利现值和终值的含义与计算方法；

➡ 掌握各种年金种类与计算方法；

➡ 了解风险的种类、投资风险和投资报酬的关系；

➡ 掌握风险的衡量方法；

➡ 能运用资金时间价值的方法解决具体的财务问题；

➡ 能进行简单的投资风险分析。

🔺 知识导航

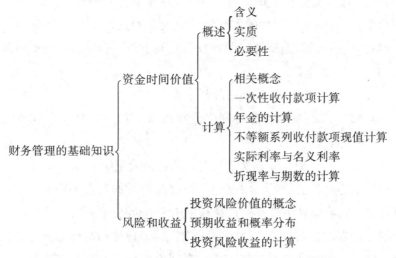

财务管理的基础知识是进行财务决策的前提条件和基本工具，包括资金时间价值的计算、风险与收益的计量。其中资金时间价值是财务管理的一个重要概念，是进行财务决策的前提条件，在企业进行筹资、投资、营运、利润分配中都要考虑资金时间价值。风险与收益是财务管理中一对不可避免的矛盾，企业要想获得理想的经济效益，必须考虑风险与收益的均衡问题，在防范风险的同时尽可能获得最大的收益。

第一节 资金时间价值

一、资金时间价值概述

（一）资金时间价值的含义

1. 含义

资金时间价值是指一定量资金在不同时点上价值量的差额。

现在的 100 元跟 1 年后的 100 元，哪个价值更大？

不同时点上的等量资金它的内在价值是不同的。

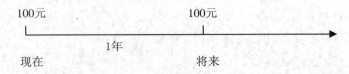

在商品经济日益发达的今天，人们都深切地感受到，现在的 100 元钱的价值要大于 1 年后 100 元钱的价值，或者说现在的 100 元钱的经济效用要大于 1 年后 100 元钱的经济效用。

如：100 元钱存入银行，在利率为 10% 的前提下，一年后取 110 元。

其中 100 元是本金，110 元是一年后的本利和，10 元是利息，这 10 元利息就是今天的 100 元经过一年的投资所增值的价值，即资金的时间价值，若存入银行的时间越长（两年或更长时间）增值就越多。

2. 计量

在量的规定上，时间价值是指没有通货膨胀没有风险条件下的社会平均资金利润率。

利率 = 纯利率（资金时间价值）+ 通货膨胀补偿率 + 风险报酬率

理论上资金时间价值是指没有风险、没有通货膨胀条件下的社会平均利润率。实际工作中一般把没有通货膨胀条件下的政府债券利率作为资金时间价值。

资金时间价值的计量方法有两种：一种是绝对指标，一种是相对指标。一定量的资金在不同时点上价值量的差额是绝对指标；资金时间价值另一种表示方法是相对指标 = 增值额/本金 × 100%，以便于不同资金量之间的比较，财务管理资金时间价值的计量通常采用的是相对指标。

（二）资金时间价值的实质

我们将货币锁在柜子里，无论过多长时间也不会增值。所以，我们说并不是所有的货币都有时间价值，只有把货币作为资金投入生产经营活动才能产生时间价值。时间价值是在生产经营活动中产生的，不作为资金投入到生产经营过程的货币，是没有时间价值可言的。时间价值的本质是周转使用的增值额，注意时间价值一定与周转使用联系起来，才有时间价值，如果资金脱离了周转使用它就没有时间价值，所以时间价值的本质是周转使用的增值额。

（三）在我国运用资金时间价值的必要性

我国过去曾长期忽视资金时间价值理论的运用，资金使用效率低下，给经济工作带来许多危害。比如：国家拨款的无偿使用；企业许多固定资产闲置，材料物资大量积压，流动资金占用过多；许多项目建设工期过长，资金回收慢，投资效果差等。目前，在市场经济条件下，各项基本建设投资耗时较长，如果不考虑资金的时间价值，就无法做出正确、恰当的财务评价。因此，我国企业应逐步重视资金的时间价值，尽力缩短建设周期，加速资金的周转。

有人算了一笔账，若：借款的年利率10%，借用1亿元资金，付出的代价：每年——1000万元；每月——83.3万元；每天27 777元，每小时要付1 157元，每分钟19元。

可见,1亿元资金若闲置不用,不及时投入生产经营,就要造成巨大的损失。

对于今天的 10 万元和 5 年后的 10 万元，你将选择哪一个呢？

很显然是今天的 10 万元！

你已经承认了资金的时间价值！！

二、资金时间价值的计算

（一）相关概念

1. 终值（Future Value）

终值是指现在一定量资金在未来某一时点上的价值，俗称本利之和。通常用 FV 或者 F 表示。

2. 现值（Present Value）

现值是指未来某一时点上的一定量的资金，折合到现在的价值，也可以称为本金或者起始点的价值，通常用 PV 或者 P 表示。

3. 现金流量图

现金流量图是反映现金流量的运动状态的图式，它是把所有现金流入和现金流出按照其发生的时间绘入时间坐标图中，是正确地进行财务分析的有效工具。一般用横轴为时间轴，垂直于横轴的箭线表示不同时点的现金流量的大小和方向，横轴上方的箭线表示现金流入，下方表示现金流出，箭线与横轴交点就是现金流量发生的时点。

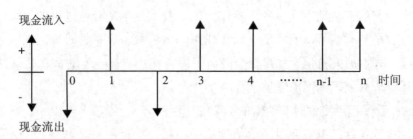

图2-1　现金流量图

对现金流量图有如下几点说明：

①水平线是时间标度，每一格代表一个时间单位。应该注意，第 n 格的终点和第 n + 1 格的起点是重合的。

②箭头表示现金流动的方向，向下的箭头表示流出，向上的表示流入，箭头的长短与现金流量的大小成比例。

③现金流量图与立脚点有关。例如，借款人与贷款人是对立的立脚点，他们的现金流量图刚好相反。

（二）一次性收付款项终值和现值的计算

一次性收付款项是指在某一特定时点上一次性支出或收入，经过一段时间后再一次收回或支出的款项。由于终值与现值的计算同利息的计算方法相似，而利息计算的方法有单利和复利两种，因此，终值与现值的计算也有单利和复利之分，在财务管理中，一般按复利来计算。

【例2-1】100 元存入银行，年利率 10% ，3 年后取出 133.10 元。

【解】

3 年后的本利和 133.10 元称为终值，用 F 表示；

本金 100 称为现值，用 P 表示；

利息 33.10 元称为增值额，为资金时间价值的绝对指标，用 I 表示；

利率 10% 为资金时间价值的相对指标，用 i 表示。

1. 单利终值和现值的计算

单利是指只对本金计算利息，利息部分不再计息。在单利方式下，本金能带来利息，利息必须在提出以后再以本金的形式投入才能生利，否则不能生利。

（1）单利终值

现在的 1 元钱，年利率为 10% ，从第 1 年到第 5 年，各年年末的终值可计算如下：

1 元钱 1 年后的终值 $= 1 + 1 \times 10\% = 1 \times (1 + 10\% \times 1) = 1.1$ 元

1 元钱 2 年后的终值 = 1 + 1 × 10% + 1 × 10% = 1 × （1 + 10% × 2）= 1.2 元

1 元钱 3 年后的终值 = 1 + 1 × 10% + 1 × 10% + 1 × 10% = 1 × （1 + 10% × 3）= 1.3 元

1 元钱 4 年后的终值 = 1 + 1 × 10% + 1 × 10% + 1 × 10% + 1 × 10% = 1 × （1 + 10% × 4）= 1.4 元

1 元钱 5 年后的终值 = 1 + 1 × 10% + 1 × 10% + 1 × 10% + 1 × 10% + 1 × 10% = 1 × （1 + 10% × 5）= 1.5 元

以此类推，因此单利终值的公式可以概括为：

$$F = P（1 + i × n）$$

式中：P—现值（本金）

F—终值（本利和）

i—利率

n—期数

【例 2-2】某人存款 10 万元，单利计息，利率 3%，5 年后可一次取出多少元?

【解】

$$F = 10 × （1 + 3% × 5）$$
$$= 11.5（万元）$$

（2）单利现值

由上述单利终值的公式推导出单利现值的公式：

$$P = \frac{F}{（1 + i × n）}$$

其中字母含义与上面一致。

【例 2-3】某人要 5 年后一次取出 11.5 万元钱，单利计息，利率 3%，问现在要存入多少元?

【解】

$$P = \frac{11.5}{（1 + 3% × 5）}$$
$$= 10（万元）$$

2. 复利终值和现值的计算

（1）复利终值

在复利方式下，本能生利，利息在下期转列为本金与原来的本金一起计息。在该方式下，既对本金计算利息，也对前期的利息计算利息，俗称"利滚利"。复利终值也是本利和。

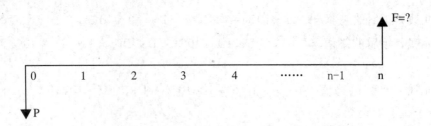

图 2-2　复利终值现金流量示意图

表 2-1　采用复利法计算本利和的推导过程

计息期数	期初本金	期末利息	期末本利和
1	P	$P \cdot i$	$F1 = P + P \cdot i = P(1+i)$
2	$P(1+i)$	$P(1+i) \cdot i$	$F2 = P(1+i) + P(1+i) \cdot i = P(1+i)^2$
3	$P(1+i)^2$	$P(1+i)^2 \cdot i$	$F3 = P(1+i)^2 + P(1+i)^2 \cdot i = P(1+i)^3$
…	…	…	…
$n-1$	$P(1+i)^{(n-2)}$	$P(1+i)^{(n-2)} \cdot i$	$Fn-1 = P(1+i)^{n-2} + P(1+i)^{n-2} \cdot i = P(1+i)^{n-1}$
n	$P(1+i)^{(n-1)}$	$P(1+i)^{(n-1)} \cdot i$	$Fn = P(1+i)^{(n-1)} + P(1+i)^{(n-1)} \cdot i = P(1+i)^n$

推导出复利终值计算公式：

$$F = P(1+i)^n = P(F/P, i, n)$$

其中 $(1+i)^n$ 被称为复利终值系数，用符号 $(F/P, i, n)$ 表示。一般的我们可利用编制好的复利终值系数表进行查表计算。如 $(1+10\%)^3$ 可以这样表示 $(F/P, 10\%, 3)$，查表得 1.331。注意：随 i, n 的变化，复利终值系数如何变化。

【例2-4】某企业向银行贷款 1 000 万元，年利率为 8%，5 年后一次还本付息，求此项借款到期时，该企业应归还的本息之和是多少？

【解】

$$F = P(1+i)^n$$
$$= 1\ 000\ (1+8\%)^5$$
$$= 1\ 000 \times (F/P, 8\%, 5)$$
$$= 1\ 000 \times 1.469$$
$$= 1\ 469\ (万元)$$

（2）复利现值

复利现值计算是复利终值计算的逆运算，是指以后年份收入或支出资金按复利计算的现在价值，即以后年份收到或付出资金的现在价值。由终值求现值叫做贴现，在贴现时用的利率称作贴现率。

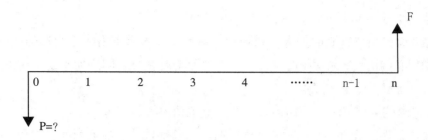

图 2 – 3　复利现值现金流量示意图

由复利终值公式导出复利现值的计算公式为：

$$P = F (1 + i)^{-n} = F (P/F, i, n)$$

其中 $(1 + i)^{-n}$ 被称为复利现值系数，用符号 $(P/F, i, n)$ 表示。一般我们可利用编制好的复利现值系数表进行查表计算。注意：随 i，n 的变化，复利现值系数如何变化。

【例 2-5】某企业现存入银行 20 000 元，年利率 8%，求 10 年后的本利和。

【解】

$$\begin{aligned}
F &= 20\,000 \times (1 + 8\%)^{10} \\
&= 20\,000 \times (F/P, 8\%, 10) \\
&= 20\,000 \times 2.1589 \\
&= 43\,178 （元）
\end{aligned}$$

【例 2-6】某项投资 6 年后可得收益 400 000 元，按年利率 6% 计算，求其现值。

【解】

$$\begin{aligned}
P &= \frac{F}{(1 + 6\%)^{6}} \\
&= 400\,000 \times (P/F, 6\%, 6) \\
&= 282\,000 （元）
\end{aligned}$$

（三）年金的计算

年金(annuity)是指一定时期内一系列相等金额的收付款项,用字母 A 表示。如分期付款赊购、发放养老金、支付租金、提取折旧等都属于年金收付形式。

年金具有连续性和等额性的特点。连续性要求在一定时期内，每间隔相等时间就要发生一次收付业务，中间不得间断，必须形成系列。等额性要求每期收、付款项的金额必须相等。年金根据每次收付发生的时点不同，可分为普通年金、预付年金、递延年金和永续年金四种。

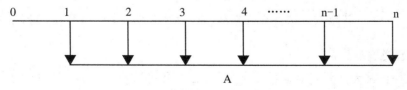

图 2 – 4　年金现金流量示意图

1. 普通年金（后付年金）现值和终值的计算

普通年金是指在每期的期末，间隔相等时间，收入或支出相等金额的系列款项。每一间隔期有期初和期末两个时点，由于普通年金是在每一间隔期末这个时点发生的收付，故又称后付年金。

（1）普通年金终值（已知年金 A，求年金终值 F）

普通年金终值是指一定时期内，每期期末等额收付款项的复利终值之和。类似零存整取的本利和。

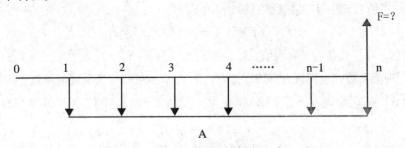

图 2 – 5　普通年金终值现金流量示意图

年金终值公式推导：

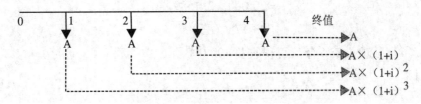

图 2 – 6　普通年金终值推导图

由图 2 – 6 得出：

$$F = A + A \times (1+i) + A \times (1+i)^2 + A \times (1+i)^3 + \cdots + A \times (1+i)^{(n-1)} \quad ①$$

等式两边同乘（1 + i）得：

$$F(1+i) = A \times (1+i) + A \times (1+i)^2 + A \times (1+i)^3 + A \times (1+i)^4 \cdots + A \times (1+i)^n \quad ②$$

② – ①

$$F \times i = A \times (1+i)^n - A$$

$$F = A \times \frac{(1+i)^n - 1}{i}$$

其中 $\dfrac{(1+i)^n - 1}{i}$ 被称为年金终值系数，用（F/A, i, n）表示。（F/A, i, n）可查教材年金终值系数表。

【例2-7】某大型工程项目总投资 5 亿元，5 年建成，每年末投资 1 亿元，年利率为 7%，求 5 年末的实际累计总投资额。

【解】这是一个已知年金求终值的问题，其现金流量图见下图：

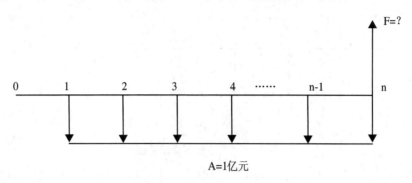

图2-7 项目现金流量图

根据公式可得：

$$F = A \times \frac{(1+i)^n - 1}{i} = A \ (F/A, \ i, \ n) \ = 1 \times 5.751 = 5.751 \ （亿元）$$

此题表示若全部资金是贷款得来，需要支付 0.751 亿元的利息。

【例2-8】某投资项目在 5 年建设期内每年年末向银行借款 100 万元，借款年利率为 10%，问该项目竣工时应付银行的本利和是多少？

【解】

$$
\begin{aligned}
F &= A \ (F/A, \ i, \ n) \\
&= 100 \times \ (F/A, \ 10\%, \ 5) \\
&= 100 \times 6.105 \\
&= 610.5 \ （万元）
\end{aligned}
$$

【例2-9】某公司每年年末将 2 000 万元投资于一项目，年报酬率为 8%，问 5 年后，该公司获得多少投资回报？

【解】

$$
\begin{aligned}
F &= A \ (F/A, \ i, \ n) \\
&= 2 \ 000 \times \ (F/A, \ 8\%, \ 5) \\
&= 11 \ 734 \ （万元）
\end{aligned}
$$

（2）年偿债基金（已知终值 F，求 A）

偿债基金是为了在约定的未来某一时点清偿某笔债务或积聚一定数额资金而必须分次等额提取的存款准备金。偿债基金实际上是年金终值的逆运算。

由之前年金终值公式 $F = A \times \dfrac{(1+i)^n - 1}{i}$

推导出年偿债基金公式：

$$A = F \times \frac{i}{(1+i)^n - 1} = F \times \ (A/F, \ i, \ n)$$

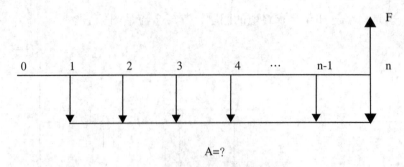

A=?

图 2 - 8　年偿债基金示意图

其中 $\dfrac{i}{(1+i)^{n}-1}$ = （A/F，i，n）称为偿债基金系数，等于年金终值系数的倒数。

【例 2-10】某企业 5 年后需要一笔 100 万元的资金用于固定资产的更新改造，如果年利率为 5％，问从现在开始该企业每年应存入银行多少钱？

【解】这是一个已知终值求年金的问题，其现金流量图见下图所示：

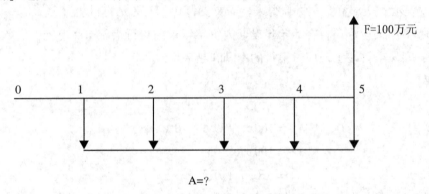

F=100万元

A=?

图 2 - 9　项目现金流量图

根据公式：$A = F \times \dfrac{i}{(1+i)^{n}-1} = F \times （A/F，i，n）$

得出：　　$A = 100 \times （A/F，5\%，5）$

$$= 100 \times \dfrac{1}{（F/A，5\%，5）}$$

$$= 100 \times 0.1810$$

$$= 18.1 （万元）$$

即每年年末应存入银行 18.1 万元。

【例 2-11】某公司打算 5 年后更新一台大型设备，约需资金 550 000 元，从现在开始每年年末向银行存入一笔款项，年复利率为 8％，则为购入该项设备，企业每年应向银行存入多少钱？

【解】

$$A = 550\ 000 \times (A/F,\ 8\%,\ 5)$$

$$= 550\ 000 \times \frac{1}{5.867}$$

$$= 93\ 744.67\ (元)$$

【例2-12】某企业有一笔5年后到期的借款，数额为2 000万元，为此设置偿债基金，年复利率为10%，到期一次偿还借款，则每年年末存入的金额应该为多少？

【解】

$$A = F\ (A/F,\ i,\ n)$$

$$= \frac{2\ 000}{(F/A,\ 10\%,\ 5)}$$

$$= \frac{2\ 000}{6.105}$$

$$= 327.6\ (万元)$$

（3）普通年金现值（已知A，求P）

普通年金现值是指一定时期内每期期末收付款项的复利现值之和。

年金现值公式推导：

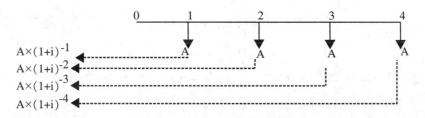

图2-10　普通年金现值推导图

由上图可以推导出计算普通年金现值的一般公式为：

$$P = A \times (1+i)^{-1} + A \times (1+i)^{-2} \cdots + A \times (1+i)^{-n} \quad (1)$$

等式两边同乘（1+i）得：

$$P\ (1+i) = A + A\ (1+i)^{-1} + \cdots + A\ (1+i)^{-(n-1)} \quad (2)$$

（2）式减（1）式得：

$$P\ (1+i) - P = A - A\ (1+i)^{-n}$$

$$P = A \times \frac{1 - (1+i)^{-n}}{i}$$

其中 $\dfrac{1 - (1+i)^{-n}}{i}$ 被称为年金现值系数，用（P/A，i，n）表示。（P/A，i，n）可查年金现值系数表。

【例2-13】一投资项目，每年可获得收益10万元，按年利率6%计算，求预期10

年收益的现值。

【解】
$$P = 100\,000\,(P/A,\,6\%,\,10)$$
$$= 100\,000 \times 7.36$$
$$= 736\,000\,(元)$$

【例2-14】某人希望以后连续10年每年年末能从银行取得5万元，银行利率为6%，要求计算该人现在应一次性存入银行多少钱？

【解】这是一个已知年金求现值的问题。
$$P = 50\,000\,(P/A,\,6\%,\,10)$$
$$= 368\,000\,(元)$$

（4）年资本回收额（已知P，求A）

年资本回收额是指在约定的年限内等额回收初始投入资本额或等额清偿所欠的债务额。年资本回收额实际上是年金现值的逆运算。

之前已经推导出后付年金现值的公式：$P = A \times \dfrac{1-(1+i)^{-n}}{i}$

由上公式推导出：
$$A = P \times \dfrac{i}{1-(1+i)^{-n}}$$

其中$\dfrac{i}{1-(1+i)^{-n}}$称为资本回收系数，用（A/P，i，n）表示，是年金现值系数的倒数。

【例2-15】某项目投资1 000万元，计划在6年内全部收回投资，若已知年利率为10%，问该项目每年平均净收益至少应达到多少？

【解】这是一个已知现值求年金的问题。

根据公式：$A = P \times (A/P,\,i,\,n)$
$$= P \times (A/P,\,10\%,\,6)$$
$$= P \times \dfrac{1}{(P/A,\,10\%,\,6)}$$
$$= 229.6\,(万元)$$

即每年的平均净收益至少应达到229.6万元，才可以保证在6年内将投资全部收回。

【例2-16】某公司现在借入200万元，约定在5年内按年利率12%均匀偿还，求每年应还本付息的金额。

【解】这是一个已知现值求年金的问题。
$$A = 200 \times (A/P,\,12\%,\,5)$$
$$= 200 \times \dfrac{1}{(P/A,\,12\%,\,5)}$$
$$= 55.48\,(万元)$$

【小结】

①偿债基金与普通年金终值互为逆运算;

②偿债基金系数和普通年金终值系数互为倒数。

③年资本回收额与普通年金现值互为逆运算;

④年资本回收系数与普通年金现值系数互为倒数。

注意:年金终值系数与年金现值系数彼此并不是互为倒数的。

2. 预付年金(先付年金)终值和现值的计算

预付年金是指每期期初发生等额的资金收入或支出。现金流发生在每期的期初而不是期末,所以也称先付年金或即付年金。

(1)预付年金终值

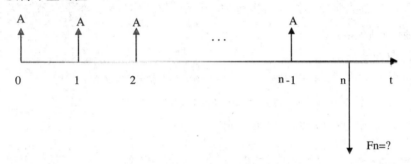

图2-11　预付年金终值示意图

预付年金终值的计算可以采用两种方法,具体分析如下:

方法一:在0时点之前虚设一期,假设其起点为0′,与后付年金的区别:两者付款次数相同,但先付年金终值比后付年金终值要多一个计息期。所以可在求出n期后付年金终值后,再往后折一期,即再乘以(1+i)或者乘(F/P,i,1)。具体图示如下:

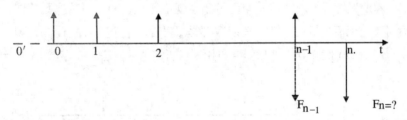

图2-12　预付年金终值推导图

推导出预付年金终值的计算公式:

$$F = A (F/A, i, n) \times (1+i)$$

或者:

$$F = A (F/A, i, n) \times (F/P, i, 1)$$

方法二:同样在0时点之前虚设一期,假设其起点为0′,同时在第n年末虚设一期年金,按照普通年金求出终值后,再将这期年金扣除。两者计息期相同,先付年金比后付年金少一次付款（即少一期年金）。

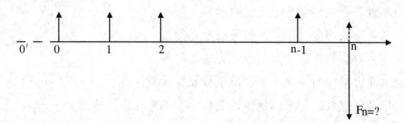

图 2-13 预付年金终值推导图

推导出预付年金终值计算的另一个公式：

$$F = A(F/A, i, n+1) - A = A[(F/A, i, n+1) - 1]（期数 +1, 系数 -1）$$

【例2-17】某人每年年初存入银行 10 万元，年利率 6%，要求计算该人 5 年之后可以取出的本利和。

【解】两种算法：

$$F = 100\,000 \times (F/A, 6\%, 5)(F/P, 6\%, 1)$$
$$= 100\,000 \times 5.6371 \times 1.060$$
$$= 597\,532.6（元）$$

或者：

$$F = 100\,000 \times (F/A, 6\%, 6) - 100\,000$$
$$= 100\,000 \times 6.9753 - 100\,000$$
$$= 597\,530（元）$$

（2）预付年金现值

预付年金的计算同样可以采用两种方法：

方法一：n 期先付年金现值和 n 期后付年金现值比较，两者付款次数相同，但先付年金现值比后付年金现值少折现一期，按期数都是 n。后付年金的方法计算折现，如下图所示，折到 0 点以前那个时点 0′，然后需要再用现值折终值的方法，往零点折回一年。

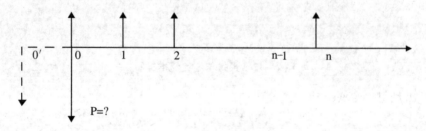

图 2-14 预付年金现值推导图

具体计算公式如下：

$$P = A (P/A, i, n) \times (1+i)$$

或者：

$$P = A (P/A, i, n) \times (F/P, i, 1)$$

方法二：先把 0 点那期年金去掉，这样就变成 n-1 期的后付年金，然后后付年金按 n-1 期折到 0 点，再加上 0 点的那个年金，就是 n 期的预付年金折现。具体公式如下：

$$P = A (P/A, i, n-1) + A = A [(P/A, i, n-1) + 1]（期数 -1，系数 +1）$$

【例 2-18】某企业 5 年内每年初需要投入资金 20 万元用于设备更新，企业准备存入一笔钱以设立一项基金，提供每年更新所需的资金。如果已知年利率为 8%，问企业现在应该存入多少钱以满足每年的设备更新？

【解】

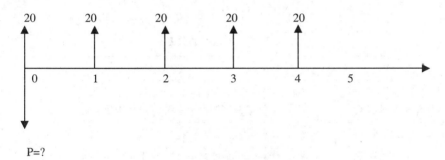

图 2-15　企业存款现金流量图

$$P = A (P/A, i, n)(1+i)$$
$$= 20 \times (P/A, 8\%, 5) \times (1 + 8\%)$$
$$= 20 \times 3.9927 \times (1 + 8\%)$$
$$= 86.24（万元）$$

即企业现在应该存入基金 86.24 万元。

或者

$$P = A (P/A, i, n-1) + A$$
$$= 20 \times (P/A, 8\%, 4) + 20$$
$$= 86.24（万元）$$

【例 2-19】为给儿子上大学准备资金，某人连续 8 年于每年年初存入银行 2 000 元。若银行存款利率为 8%，问该人在第 8 年年末能一次取出的本利和。

【解】

方法 1：

$$F = 2\,000 \times (F/A, 8\%, 8) \times (1 + 8\%)$$
$$= 2\,000 \times 10.637 \times (1 + 8\%)$$
$$= 22\,975.92（元）$$

方法 2:

$$F = A \left[(F/A, i, n+1) - 1 \right]$$
$$= 2\,000 \times \left[(F/A, 8\%, 9) - 1 \right]$$
$$= 2\,000 \times (12.488 - 1)$$
$$= 22\,976 \text{（元）}$$

【例 2-20】某企业租入一设备，每年年初支付租金 12 000 元，年利率为 10%，问 5 年中租金的现值为多少？

【解】预付年金现值公式，在后付年金现值公式的基础上，期数减 1，系数加 1。

所以:

$$P = 12\,000 \left[(P/A, 10\%, 4) + 1 \right]$$
$$= 50\,038.8 \text{（元）}$$

表 2 − 2   系数间的关系

名　　称	系数之间的关系
预付年金终值系数与 普通年金终值系数	(1) 期数加 1，系数减 1 (2) 预付年金终值系数 = 普通年金终值系数 × (1 + i)
预付年金现值系数与 普通年金现值系数	(1) 期数减 1，系数加 1 (2) 预付年金现值系数 = 普通年金现值系数 × (1 + i)

3. 递延年金的计算

前面介绍的两种年金，普通年金与预付年金第一次收付的时间都发生在整个收付期的第一期，要么在第一期期末，要么在第一期的期初，而有些时候会遇到第一次收付不是发生在第一期，而是递延了几期后才开始出现一系列款项的收付，这种年金就是递延年金，递延年金是普通年金的特殊形式。递延年金是指在最初若干期没有收付款项的情况下，随后若干期等额的系列收付款项。如下图所示:

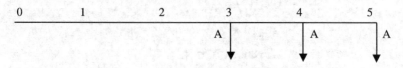

图 2 − 16   递延年金示意图

由上图可知，递延期为 2，连续收支期为 3。

(1) 递延年金终值

递延年金终值的计算可参照普通年金的终值进行计算，由图 2 − 16 我们可以看到，递延年金终值的计算与递延期是没有关系的，只与连续收付次数有关。因此，递延年金终值只与 A 的个数有关，与递延期无关。具体计算公式如下:

$$F = A \ (F/A, \ i, \ n)$$

式中，"n"表示的是 A 的个数，与递延期无关。

【例 2-21】 某投资者拟购买一处房产，开发商提出了四种付款方案：

方案一：现在一次性支付 100 万元；

方案二：现在起 10 年内每年年末支付 15 万元；

方案三：现在起 10 年内每年年初支付 14 万元；

方案四：前 5 年不支付，第 6 年起到第 10 年每年年末支付 35 万元。

假设按银行贷款利率 10% 复利计息，若采用终值方式比较，问购房者应该采用哪一种付款方式？

【解】

方案一：F = 100 × (F/P, 10%, 10)

　　　　　= 100 × 2.5937

　　　　　= 259.37（万元）

方案二：F = 15 × (F/A, 10%, 10)

　　　　　= 15 × 15.937

　　　　　= 239.06（万元）

方案三：F = 14 × (F/A, 10%, 10) × (1 + 10%)

或：F = 14 × [(F/A, 10%, 11) − 1]

　　　　= 245.43（万元）

方案四：F = 35 × (F/A, 10%, 5)

　　　　　= 35 × 6.1051

　　　　　= 213.68（万元）

从上述计算可得出，购房者应采用第四种付款方式。

（2）递延年金现值

递延年金现值可用以下三种方法计算：

方法一：两次折现。

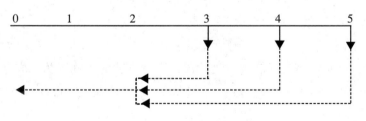

图 2 - 17　递延年金求现值示意图一

具体计算如下：

$$P = A \times \ (P/A, \ i, \ 3) \ \times \ (P/F, \ i, \ 2)$$

方法二：先加上后减去。

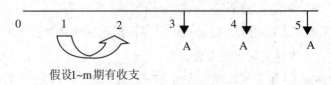

假设1~m期有收支

图2-18 递延年金求现值示意图二

具体计算如下：

$$P = A \times [(P/A, i, 5) - (P/A, i, 2)]$$

方法三：先求递延年金的终值，再将终值换算成现值。

$$P = A \times (F/A, i, 3) \times (P/F, i, 5)$$

【例2-22】某人想从第6年起，每年年末取出50 000元，共取10年，设年利率6%，求该人现在应一次性存入多少钱？

【解】本题是递延年金求现值的问题。

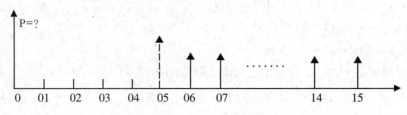

图2-19 现金流量示意图

方法1：$P = A \times (P/A, 6\%, 10) \times (P/F, 6\%, 5)$

　　　　$= 50\ 000 \times 7.3601 \times 0.7473$

　　　　$= 275\ 010.14$（元）

方法2：$P = A \times [(P/A, 6\%, 15) - (P/A, 6\%, 5)]$

　　　　$= 50\ 000 \times (9.7122 - 4.2124)$

　　　　$= 274\ 990$（元）

方法3：$P = A \times (F/A, 6\%, 10) \times (P/F, 6\%, 15)$

　　　　$= 50\ 000 \times 13.181 \times 0.4173$

　　　　$= 275\ 021.57$（元）

【例2-23】某企业向银行借入一笔款项，银行贷款的年利率为12%，每年复利一次。银行规定前5年不用还本付息，但从第6年至第10年每年年末偿还本息10 000元。

要求：用三种方法计算这笔款项的现值。

【解】

方法一：$P = A \times (P/A, 12\%, 5) \times (P/F, 12\%, 5)$

$$= 10\ 000 \times 3.6048 \times 0.5674$$
$$= 20\ 453.64\ (元)$$

方法二：$P = A \times [(P/A，12\%，10) - (P/A，12\%，5)]$
$$= 10\ 000 \times (5.6502 - 3.6048)$$
$$= 20\ 454\ (元)$$

方法三：$P = A \times (F/A，12\%，5) \times (P/F，12\%，10)$
$$= 10\ 000 \times 6.3528 \times 0.322$$
$$= 20\ 456.02\ (元)$$

4. 永续年金现值的计算

永续年金是指无限期支付的年金，也称永久年金。永续年金也是普通年金的特殊形式。由于永续年金的期限趋于无限，没有终结点，所以永续年金没有终值，只有现值。如：优先股、未规定偿还期限的债券的利息都属于永续年金。

因为永续年金是普通年金的特殊形式，所以永续年金现值可以通过普通年金现值的计算公式推导得出。

普通年金的现值公式：

$$P = A \times \frac{1 - (1+i)^{-n}}{i}$$

令 $n \to \infty$，得出永续年金的现值：$P = \dfrac{A}{i}$

【例2-24】某人设立一奖学金，奖学金每年发放一次，每次奖励为60 000元。奖学金的基金保存在银行。银行一年的定期存款利率为3%。问该人要现在一次性投资多少钱作为奖励基金？

【解】

由于每年都要拿出60 000元，因此奖学金的性质是一项永续年金，其现值应为：

$$P = \frac{60\ 000}{3\%} = 2\ 000\ 000\ (元)$$

也就是说，该人要现在一次性存入2 000 000元作为基金，才能保证这一奖学金的成功运行。

（四）不等额系列收付款项现值的计算

上面介绍的是年金的计算，年金的特点是每次收付款项相等，而在经济活动中，往往要发生每次收付款项金额不相等的系列收付款项，这就需要计算不等额系列收付款的现值之和。

不等额系列收付款又有两种情况：全部不等额系列收付款、年金和部分不等额系列收付款。以下分别说明其现值的计算方法：

1. 全部不等额系列收付款现值的计算

为求得不等额系列收付款现值，可先计算每次收付款的复利现值，然后加总。不等额系列收付款现值的计算公式如下：

$$P = \frac{U_1}{(1+i)^1} + \frac{U_2}{(1+i)^2} + \frac{U_3}{(1+i)^3} + \cdots + \frac{U_n}{(1+i)^n}$$

$$= \sum_1^n \frac{U_t}{(1+i)^t}$$

【例 2-25】甲企业未来 5 年每年年末的现金流量如下表：

表 2-3　甲企业每年末现金流量

万元

年（t）	现金流量（Ut）
1	1 000
2	2 000
3	3 000
4	2 000
5	1 000

若贴现率为 10%，要求计算此项不等额系列收付款的现值。

【解】

P = 1 000 × 1/（1 + 10%）^{1} + 2 000 × 1/（1 + 10%）^{2} + 3 000 × 1/（1 + 10%）^{3} +

　　2 000 × 1/（1 + 10%）^{4} + 1 000 × 1/（1 + 10%）^{5}

　= 1 000 × 0.909 + 2 000 × 0.826 + 3 000 × 0.751 + 2 000 × 0.683 + 1 000 × 0.621

　= 6 801（万元）

以上每个复利现值系数，可查阅复利现值系数表。

如果遇有若干年不连续发生的不等额系列付款，可采取列表法计算各项现金流量的复利现值，然后求系列付款的现值之和。

【例 2-26】乙企业第 3 年年末需用 10 000 元，第 5 年年末需用 20 000 元，第 6 年年末需用 20 000 元，第 8 年年末需用 30 000 元，假设银行利率为 12%，为保证按期从银行提出款项满足各年年末的需要，现时应向银行存入多少款项？

【解】

表 2-4　乙企业资金现值计算表

t	Ut	(P/F, 12%, t)	P
3	10 000	0.7118	7 118
5	20 000	0.5674	11 348
6	20 000	0.5066	10 132
8	30 000	0.4039	12 117
合计	80 000		40 715

2. 年金与不等额系列收付款混合情况下的现值

如果在一组不等额系列收付款中，有一部分现金流量为连续等额的收付款，则可分段计算其年金现值和复利现值，然后加总。

【例2-27】丙企业系列现金流量如下表所示，贴现率为8%，试计算该项系列收付款的现值。

表2-5　丙企业每年年末现金流量

万元

年（t）	现金流量（Ut）
1	40 000
2	20 000
3	20 000
4	20 000
5	20 000
6	60 000

【解】

P = 40 000 × （P/F，8%，1） + 20 000 × （P/A，8%，4） × （P/F，8%，1）
　　 + 60 000 × （P/F，8%，6）

　 = 40 000 × 0.9259 + 20 000 × 3.3121 × 0.9259 + 60 000 × 0.6302

　 = 37 036 + 61 333.47 + 37 812

　 = 136 181.47（万元）

（五）实际利率与名义利率

在前面的复利计算中，所涉及的利率均假设为年利率，并且每年复利一次。但在实际业务中，复利的计息期不一定是一年，有可能是半年、一个季度、一个月或者一天复利一次。这时，我们实际承担的利率与给出的年利率是不一样的。当利息一年要复利几次时，给出的年利率称为名义利率，根据名义利率计算出的每年复利一次的年利率称为实际利率。实际利率与名义利率的关系如下：

$$K = （1 + \frac{r}{m}）^m - 1$$

式中：k——分期计算的年利率（实际利率），

　　　　r——计息期规定的年利率（名义利率）；

　　　　m——一年的计息期数。

从上式可知：若每年计息一次，实际利率等于名义利率，若每年计息多次，实际利率就大于名义利率。并且计息期越短，一年中按复利计息的次数就越多，实际利率就越高，利息额也越大。

【例2-28】某企业向银行借款200万元，约定年利率为12%，按季复利计息，求该公司三年后应向银行偿付的本利和。

【解】

$$K = \left(1 + \frac{12\%}{4}\right)^4 - 1 = 12.55\%$$

$$F = 200 \times (1 + 12.55\%)^3 = 200 \times (F/P, 12.55\%, 3) = 285.15 \text{（万元）}$$

或者：

$$F = 200 \times (1 + 3\%)^{12} = 200 \times (F/P, 3\%, 12) = 285.16 \text{（万元）}$$

【例2-29】 某助学基金会准备在第三年年末获得80万元，设年利率16%，每季计息一次，问：应现在存入多少钱？

【解】

$$P = 80 (P/F, 4\%, 12)$$
$$= 49.97 \text{（万元）}$$

（六）折现率与期数的计算

1. 折现率的计算

以普通年金为例说明计算的步骤：

例如：已知P，A，n。求：i＝？

步骤1：先求出年金现值系数

步骤2：查年金现值系数表

步骤3：用插值法求利率i

【例2-30】 某公司现从银行借入100万元，与银行约定，每年年末还本付息额均为25万元，连续5年付清。问该公司的借款利率为多少？

【解】

由公式 $P = A(P/A, i, n)$ 得：

$$100 = 25 \times (P/A, i, 5)$$

因此得出：

$$(P/A, i, 5) = 4$$

查表得：

利率	系数
7%	4.1002
i	4
8%	3.9927

因此i在7%～8%之间，采用插值法：

$$\frac{i - 7\%}{8\% - 7\%} = \frac{4 - 4.1002}{3.9927 - 4.1002}$$

因此：

$$i = 7.93\%$$

【例2-31】 某人现存入银行50万元，想10年后连本带利达到110万元，问：银行利率需达到多少？

【解】

$$500\ 000 \times (F/P, i, 10) = 1\ 100\ 000$$

$$(F/P, i, 10) = 2.2$$

当 $i = 8\%$ 时，$(F/P, 8\%, 10) = 2.1589$

当 $i = 9\%$ 时，$(F/P, 9\%, 10) = 2.3674$

因此，i 在 8% 和 9% 之间，采用插值法：

利率	系数
8%	2.1589
i	2.2
9%	2.3674

$$\frac{i - 8\%}{9\% - 8\%} = \frac{2.2 - 2.1589}{2.3674 - 2.1589}$$

得出：

$$i = 8.2\%$$

说明如果银行存款的年利率为8.2%，则该人的预计可以变为现实。

2. 期数的计算

期数 n 的推算，其原理和步骤与折现率 i 的推算相同。是已知 P，A，i。求 n 的问题。

【例2-32】 某企业拟购买一台柴油机更新目前所使用的汽油机，柴油机价格较汽油机高出2 000元，但每年可节约燃料费用500元，若利息率为10%，则柴油机应至少使用多少年此项更新才有利？

【解】

已知：$P = 2\ 000$，$A = 500$，$i = 10\%$

$P = A (P/A, 10\%, n)$

$2\ 000 = 500 (P/A, 10\%, n)$

所以：$(P/A, 10\%, n) = 4$

查普通年金现值系数表，在 $i = 10\%$ 的列上查找，查找大于和小于4的临界系数值分别为：

当 $n_1 = 5$ 时，系数为 3.791 < 4

当 $n_2 = 6$ 时，系数为 4.355 > 4

可见期数 n 应该在 5 和 6 之间，采用插值法：

期数	系数
5	3.791
n	4
6	4.355

$$\frac{6-n}{6-5} = \frac{4.355-4}{4.355-3.791}$$

得出:

$$n = 5.37$$

【例 2-33】 某人有 1 200 元,拟投入报酬率为 8% 的投资机会,经过多少年才可使现有货币增加一倍?

【解】

$$F = 1\,200 \times 2 = 2\,400 = 1\,200 \times (1+8\%)^n$$

因此:$(1+8\%)^n = 2$

即:$(F/P, 8\%, n) = 2$

查表可知 $(F/P, 8\%, 9) = 1.999$

所以 $n=9$,即 9 年后可使现有货币增加一倍。

第二节　风险和收益

一、投资风险价值的概念

(一) 风险的含义

风险是一个重要的经济概念,一般是指某一行动的后果所具有的不确定性。在企业投资决策中,风险具有普遍性,企业的投资决策,按风险的程度不同可分为三种类型:

1. 确定性投资决策

确定性投资决策是指决策者对未来情况完全确定或已知的决策。一般认为国债投资为确定性投资,这种投资收益几乎是肯定的,变动程度接近零。

2. 风险性投资决策

风险性投资决策是指未来情况不能完全确定,但各种情况发生的可能性(概率)为已知的投资决策。

3. 不确定性投资决策

不确定性投资决策是指不但未来情况不能完全确定,而且各种情况发生的可能性也不清楚的投资决策。

严格地讲，风险和不确定性是有区别的，风险是事先可以知道某一行动所有可能的后果以及每一种后果出现的概率。而不确定性是事先不知道某一行动所有可能的后果，或虽然知道所有可能的后果但并不知道它们出现的概率。

（二）风险的类型

1. 从个别投资者角度，风险分为市场风险和公司特有风险。

（1）市场风险

市场风险是指那些影响所有公司的因素引起的风险，如战争、通货膨胀、金融危机、经济衰退等。因为这些因素影响到所有公司，不能通过多元化投资来分散风险，因此市场风险又称为不可分散风险或者系统风险。

（2）公司特有风险

公司特有风险是指发生于个别公司的特有事件造成的风险，例如，公司的工人罢工，新产品开发失败，失去重要的销售合同，诉讼失败等。这类事件是发生于个别公司的，因此，只影响个别公司，可以通过多元化投资来分散这种风险，即发生在一家公司的不利事件可以通过其他公司的有利事件进行抵消。因此，这类风险又称为可分散风险或者非系统风险。

2. 从公司本身来看，风险分为经营风险和财务风险两类。

（1）经营风险

经营风险是指由生产经营的不确定性带来的风险，它是任何商业活动都有的，也叫商业风险。

（2）财务风险

财务风险是指公司财务结构不合理、融资不当而导致投资者预期收益下降的风险。财务风险主要来自融资而产生的财务杠杆作用。股份公司在营运中所需要的资金一般都来自发行股票和债务两个方面，其中债务的利息负担是一定的，如果公司资金总量中债务比重过大，或是公司的资金利润率低于利息率，就会使股东的可分配盈利减少，股息下降，股票投资的财务风险增加。

（三）风险价值的概念

风险价值就是指投资者由于冒着风险进行投资而获得的超过资金时间价值的额外收益，又称投资风险收益。一般而言，投资者都力求回避风险，那么为什么还有人进行风险性投资呢？这是因为冒风险可以得到额外的收益。如：在国债的利率与公司债券利率相同的情况下，国债会成为投资者的首选。因为，此时两者收益相同，而公司债券的风险要大于国债的风险，投资者如果投资公司债券，相当于多冒了风险，而这部分风险并没有得到补偿，所以投资者不会选择投资。如果公司债券利率高于国债利率，高出国债的那部分收益就可以理解成投资者多冒风险所给予的补偿，这部分多出来的收益就可以理解成这个公司债券的风险价值。

二、预期收益和概率分布

（一）概率

某一事件在相同的条件下可能发生也可能不发生，这类事件称为随机事件。概率是用来表示随机事件发生的可能性的大小的数值，即一个事件的概率是指这一事件的某种后果可能发生的机会。如：投资收益率是 20% 的概率为 0.3，表示企业获得 20% 投资收益的可能性是 30%。通常，把一定会发生的事件的概率定位 1，一定不会发生的事件的概率定位 0，而一般有可能发生的事件的概率就是介于 0~1 之间的一个数。概率越大表示这件事发生的可能性越大，反之，发生的可能性越小。

概率以 P_i 表示，任何概率都要符合以下两条规则：

① $0 \leqslant P_i \leqslant 1$

② $\sum P_i = 1$（$i = 1 \sim n$）

（二）预期收益

预期收益是指某一投资方案未来收益的各种可能结果的加权平均值，它是各种可能结果的数值乘以相应的概率而求得的加权平均值。

预期收益率：

$$E（R） = \sum_{i=1}^{n}（R_i \times P_i）$$

式中：E（R）——期望报酬率；

R_i——第 i 种结果；

P_i——第 i 种结果出现的概率；

n——所有可能结果的数目。

【例 2-34】天宇公司某投资项目有甲、乙两个方案，投资额均为 500 万元，其收益的概率分布如下表：

表 2-6　天宇公司投资项目收益概率分布表

经济情况	概率（P_i）	收益（随机变量 Xi）（万元）	
		甲方案	乙方案
繁荣	$P_1 = 0.3$	$X_1 = 80$	$X_1 = 100$
一般	$P_2 = 0.5$	$X_2 = 60$	$X_2 = 70$
较差	$P_3 = 0.2$	$X_3 = 40$	$X_3 = 30$

如上题分别计算出：

$E_甲$（平均）$= 80 \times 0.3 + 60 \times 0.5 + 40 \times 0.2 = 62$（万元）

$E_乙$（平均）$= 100 \times 0.3 + 70 \times 0.5 + 30 \times 0.2 = 71$（万元）

（三）概率分布

在预期收益相同的情况下，投资的风险程度同收益的概率分布有密切关系，概率分布越集中，实际可能的结果就会越接近预期收益，投资的风险程度也越小；反之，概率分布越分散，投资的风险程度也就越大。

概率分布就是把不同结果的收益值和概率值在收益和概率二维空间上表达出来。概率分布有两种类型：一种是不连续的概率分布，即概率分布在几个特定的随机变量点上，概率分布图形成几条个别的直线；另一种是连续的概率分布，即概率分布在一定区间的连续各点上，概率分布图形成一条曲线覆盖的平面。

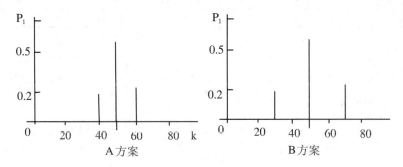

图 2 – 20　分散型概率分布图

从上图中可以看到，A 方案偏离中心值的幅度比较小，风险较小；B 方案偏离中心值幅度较大，风险较大。

下图为连续型概率分布图：

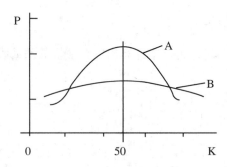

图 2 – 21　连续型概率分布图

由此可见，概率分布越集中，风险越小，概率分布越分散，风险越大。由上图所示，A 的风险较小，B 的风险较大。

三、投资风险收益的计算

投资风险程度究竟如何计量，通常以能反映概率分布离散程度的标准离差来确定，根据标准离差计算投资风险收益。

（一）计算预期收益

【例 2-35】某公司正在考虑以下两个投资项目，预测的未来可能的收益率情况如表 2-7 所示。

表 2-7　投资项目未来可能的收益率情况表

经济形势	概率	项目 A 收益率（%）	项目 B 收益率（%）
很不好	0.1	-22	-10
不太好	0.2	-2	0
正常	0.4	20	7
比较好	0.2	35	30
很好	0.1	50	45

【解】

$E(R_A) = (-22\%) \times 0.1 + (-2\%) \times 0.2 + 20\% \times 0.4 + 35\% \times 0.2 + 50\% \times 0.1 = 17.4\%$

$E(R_B) = (-10\%) \times 0.1 + 0 \times 0.2 + 7\% \times 0.4 + 30\% \times 0.2 + 45\% \times 0.1 = 12.3\%$

（二）计算预期标准差

上面分析了概率的分布情况反映了投资风险的大小，下面介绍风险的计量问题。标准差是由各种可能值（随机变量）与期望值之间的差距所决定的。收益标准离差的大小，可看做是投资风险大小的具体标志（差异为了避免有正有负，所以要平方）。

$$\sigma^2 = \sum_{i=1}^{n} \{ [R_i - E(R)]^2 \times P_i \}$$

依据上面例题计算两个项目的标准差：

【例 2-36】接【例 2-35】，上例中计算出每个项目的预期收益率如下：

$E(R_A) = 17.4\%$ 　　　　　　$E(R_B) = 12.3\%$

由此，计算出两个项目的标准差：

A 项目标准差：

$$\sigma_A = \sqrt{\begin{array}{l}(-22\% - 17.4\%)^2 \times 0.1 + (-2\% - 17.4\%)^2 \times 0.2 \\ + (20\% - 17.4\%)^2 \times 0.4 + (35\% - 17.4\%)^2 \times 0.2 \\ + (50\% - 17.4\%)^2 \times 0.1\end{array}} \times 100\%$$

$= 20.03\%$

B 项目标准差：

$$\sigma_B = \sqrt{\begin{array}{l}(-10\% - 12.3\%)^2 \times 0.1 + (0 - 12.3\%)^2 \times 0.2 \\ + (7\% - 12.3\%)^2 \times 0.4 + (30\% - 12.3\%)^2 \times 0.2 \\ + (45\% - 12.3\%)^2 \times 0.1\end{array}} \times 100\%$$

$= 16.15\%$

如果两个项目的期望报酬率相同，标准差大的项目，其风险也大；标准差小的项目，其风险也小。但如果两个项目的期望报酬率不同，仅用标准差无法判断各方案的风险大小，这时，要进一步计算标准离差率，来衡量期望报酬率不同的情况下各个方案风险大小的比较。

（三）计算预期标准离差率

标准差是反映随机变量离散程度的一个指标，但只能用来比较预期收益相同的投资项目的风险程度，而不能用来比较预期收益不同的投资项目的风险程度。为了比较预期收益不同的投资项目的风险程度，还必须求得标准差和预期收益的比值，即标准离差率。其计算公式为：

$$标准离差率 V = 标准差/预期收益 \times 100\%$$

A 项目标准离差率：$V_A = \dfrac{\sigma_A}{E(R_A)} = \dfrac{20.03\%}{17.4\%} \approx 1.15$

B 项目标准离差率：$V_B = \dfrac{\sigma_B}{E(R_B)} = \dfrac{16.15\%}{12.3\%} \approx 1.31$

标准离差率越大，风险越大；标准离差率越小，风险越小。标准离差率反映了单位期望报酬率所含风险的大小，是衡量风险常用的一个指标，但不是唯一指标。还有其他以标准差为基础的指标作为风险的度量标准，如风险价值系数。同时风险大小的判断还与投资者的风险偏好有关。

（四）计算风险收益率

标准离差率可以代表投资者所冒风险的大小，反映投资者所冒风险程度，但它还不是收益率。标准离差率变成收益率的基本要求是：所冒风险程度越大，得到的收益率也应该越高，投资风险收益应该与反映风险程度的标准离差率成正比例关系。收益标准离差率要转换为投资收益率，其间还要借助于一个参数——风险价值系数。即：

$$风险收益率 R_r = 风险价值系数 b \times 标准离差率 V$$

式中：R_r——风险收益率；

　　　　b——风险价值系数；

　　　　V——标准离差率。

投资收益率包括无风险收益率和风险收益率两部分。投资收益率与标准离差率之间存在一种线性关系。如下式所示：

$$K = R_f + R_r = R_f + bV$$

式中：K——投资收益率；

　　　　R_f——无风险收益率：

　　　　R_r——风险收益率；

　　　　b——风险价值系数；

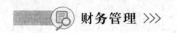

V——标准离差率。

假设风险价值系数为8%，则以上项目应得的风险收益率为：

$$R_A = 8\% \times 1.15 = 9.2\%$$

$$R_B = 8\% \times 1.31 = 10.48\%$$

上式中，风险价值系数的大小，则是由投资者根据经验并结合其他因素加以确定的。通常有以下几种方法：

（1）根据以往同类项目的有关数据确定。（已知投资收益率 K，无风险收益率 R_f，标准利差率 V 求风险价值系数）

（2）由企业领导或有关专家确定。（比较敢于冒险的企业会把风险价值系数定的低些）

（3）由国家有关部门组织专家确定。

（五）计算预测投资收益率，权衡投资方案是否可取

按上列程序计算出来的风险收益率，是在现有风险程度下要求的风险收益率。为了判断某一投资方案的优劣，可将预测风险收益率同应得风险收益率进行比较，预测风险收益率越大越好。无风险收益率即资金时间价值是已知的，根据无风险收益率和预测投资收益率，可求得预测风险收益率。其计算公式如下：

前例已求得 A、B 方案预测投资收益率（即预期收益）为 17.4%、12.3%，已假定无风险收益率6%，则其预测风险收益率为：

A 方案：Rr = 17.4% − 6% = 11.4%

B 方案：Rr = 12.3% − 6% = 6.3%

求出预测的风险收益率后，用以与应得的风险收益率进行比较，即可对投资方案进行评价。

A 方案：预测风险收益率11.4% ＞应得风险收益率9.2%

B 方案：预测风险收益率6.3% ＜应得风险收益率10.48%

从以上分析可以看到 B 方案不可取。

如果对多个方案进行选择，那么进行投资决策总的原则应该是，投资收益率越高越好，风险程度越低越好。具体说来有以下几种情况：

（1）如果两个投资方案的预期收益率基本相同，应当选择标准离差率较低的那一个投资方案。

（2）如果两个投资方案的标准离差率基本相同，应当选择预期收益率较高的那一个投资方案。

（3）如果甲方案预期收益率高于乙方案，而其标准离差率低于乙方案，则应当选择甲方案。

（4）如果甲方案预期收益高于乙方案，而其标准离差率也高于乙方案，在此情况

下则不能一概而论，而要取决于投资者对风险的态度。

表 2 – 8　风险计算公式总结表

指 标	计算公式 若已知未来收益率发生的概率以及 未来收益率的可能值时	结 论
预期收益率 E（R）	$E（R）=\sum\limits_{i=1}^{n}（R_i \times P_i）$	反映预计收益的平均化，不能直接用来衡量风险
方差 σ^2	$\sigma^2=\sum\limits_{i=1}^{n}\{[R_i-E（R）]^2 \times P_i\}$	期望值相同的情况下，方差越大，风险越大
标准差 σ	$\sigma=\sqrt{\sum\limits_{i=1}^{n}\{[R_i-E（R）]^2 \times P_i\}}$	期望值相同的情况下，标准差越大，风险越大
标准离差率 V	$V=\dfrac{\sigma}{E（R）}$	期望值不同的情况下，标准离差率越大，风险越大

本 章 小 结

　　本章主要阐述财务管理的基础知识，内容主要包括资金时间价值和风险收益，这两部分内容是财务管理中非常重要的知识点，是顺利学好以后章节的基础，是整个财务管理的计算基础。资金时间价值主要是指一定量资金在不同时点上价值量的差额。其实质是周转使用的增值额，也就是说货币放在保险柜里不去周转，是不会产生资金时间价值的。资金时间价值的计算主要包括一次性现金流和年金的计算，年金包括普通年金、预付年金、递延年金和永续年金。实际利率与名义利率，期数与利率的推算也是我们财务管理实务中经常遇到的问题，相关计算需要重点掌握。最后本章阐述了风险与收益的概念及相关计算，风险价值就是指投资者由于冒着风险进行投资而获得的超过资金时间价值的额外收益，又称投资风险收益。

随 堂 练 习

一、思考题

　　1. 什么是资金时间价值？资金时间价值的实质是什么？

　　2. 什么是年金？年金的种类包括哪些？

　　3. 什么是名义利率？什么是实际利率？它们之间的关系如何？

　　4. 什么是系统风险？什么是非系统风险？

　　5. 简述风险与报酬的关系。

二、单项选择题

　　1. 下列公式中，计算复利现值的公式是（　　　）。

A. $P = F \cdot \dfrac{1}{1 + i \cdot n}$ 　　　　B. $P = F \cdot \dfrac{1}{(1 + i)^n}$

C. $P = A \cdot \sum\limits_{t=1}^{n} \dfrac{1}{(1 + i)^t}$ 　　　　D. $P = A \cdot \dfrac{1}{i}$

2. 某人存入一笔钱，想 5 年后得到 10.2104 万元，若银行存款利率为 5%，则现在应存入（　　）万元。

　　A. 8 　　　　B. 9 　　　　C. 7 　　　　D. 6

3. 年金的收付款方式有多种，其中每期期末收付款的年金是（　　）。

　　A. 普通年金 　　　　B. 预付年金

　　C. 递延年金 　　　　D. 永续年金

4. 根据每次收付款发生的时点不同，年金有多种形式。其中预付年金是（　　）。

　　A. 每期期初收付款的年金 　　　　B. 每期期末收付款的年金

　　C. 若干期以后发生的年金 　　　　D. 无限期连续收付款的年金

5. 某公司从本年度起每年年底存款 500 万元。若按复利计算第五年末的本利和，计算公式中使用的系数应该是（　　）。

　　A. 复利现值系数 　　　　B. 复利终值系数

　　C. 普通年金终值系数 　　　　D. 普通年金现值系数

6. 后付年金终值系数的倒数是（　　）。

　　A. 资本回收系数 　　　　B. 偿债基金系数

　　C. 先付年金终值系数 　　　　D. 后付年金现值系数

7. 在下列各项资金时间价值系数中，与资本回收系数互为倒数关系的是（　　）。

　　A. 复利终值系数 　　　　B. 复利现值系数

　　C. 年金终值系数 　　　　D. 年金现值系数

8. 有一项年金，前 3 年年初无流入，后 5 年每年年初流入 500 万元，假设年利率为 10%，其现值为（　　）万元。

　　A. 1995 　　　　B. 1566 　　　　C. 18136 　　　　D. 1423

9. 在下列各项年金中，无法计算出确切终值的是（　　）。

　　A. 后付年金 　　　　B. 先付年金

　　C. 递延年金 　　　　D. 永续年金

10. 一项 1000 万元的借款，借款期 3 年，年利率为 5%，若每半年复利一次，年实际利率会高出名义利率（　　）。

　　A. 0.16% 　　　　B. 0.25% 　　　　C. 0.06% 　　　　D. 0.05%

11. A 债券每半年付息一次，报价利率为 8%，B 债券每季度付息一次，如果想让 B 债券在经济上与 A 债券等效，B 债券的报价利率应为（　　）。

　　A. 8% 　　　　B. 7.92% 　　　　C. 8.16% 　　　　D. 6.78%

12. 某公司从本年度起每年年初存入银行一笔固定金额的款项，若按复利计息，用最简便算法计算第 n 年年末可以从银行取出的本利和，则应选用的时间价值系数是(   )。

    A. 复利终值系数　　　　　　B. 复利现值系数

    C. 普通年金终值系数　　　　D. 普通年金现值系数

13. 企业打算在未来三年每年年初存入 2000 元，年利率 2%，单利计息，则在第三年年末存款的终值是(   )元。

    A. 6120.8　　　B. 6243.2　　　C. 6240　　　D. 6606.6

14. 已知（F/A，10%，9）=13.579，（F/P，10%，1）=1.1000，（F/P，10%，10）=2.5937。则 10 年、10% 的预付年金终值系数为(   )。

    A. 17.531　　　B. 15.937　　　C. 14.579　　　D. 12.579

15. 某公司向银行借款 30 万元，借款期限为 5 年，每年年末的还本付息额为 8 万元，则借款利率为(   )。

    A. 11.32%　　　B. 9.25%　　　C. 10.44%　　　D. 10.02%

16. 假设预付年金和普通年金的期数和年金额相同，在利率为 10% 的情况下，已知预付年金的现值为 110 元，则普通年金的现值为(   )元。

    A. 121　　　B. 100　　　C. 135　　　D. 90

17. 根据资金时间价值理论，在普通年金现值系数的基础上，期数减 1、系数加 1 的计算结果，应当等于(   )。

    A. 递延年金现值系数　　　　B. 后付年金现值系数

    C. 预付年金现值系数　　　　D. 永续年金现值系数

18. 在 10% 利率下，一至五年期的复利现值系数分别为 0.9091、0.8264、0.7513、0.6830、0.6209，则五年期的普通年金现值系数为(   )。

    A. 2.5998　　　B. 3.7907　　　C. 5.2298　　　D. 4.1694

19. 某企业于每半年末存入银行 10000 元，假定年利息率为 6%，每年复利两次，则第 5 年末的本利和为(   )元。

    A. 53091　　　B. 56371　　　C. 114640　　　D. 131810

20. 一项 600 万元的借款，借款期 3 年，年利率为 8%，若每半年复利一次，有效年利率会高出报价利率(   )。

    A. 4%　　　B. 0.24%　　　C. 0.16%　　　D. 0.8%

21. 已知（F/A，8%，4）=4.5061，（F/A，8%，5）=5.8666，则 5 年、8% 的预付年金终值系数为(   )。

    A. 6.3359　　　B. 5.5061　　　C. 6.8666　　　D. 无法确定

22. 某公司向银行借入 12000 元，借款期为 3 年，每年的还本付息额为 4600 元，

（P/A，7%，3）＝2.6243， （P/A，8%，3）＝2.5771，则借款利率
为（ ）。

    A. 6.53%   B. 7.32%   C. 7.68%   D. 8.25%

23. 下列关于货币时间价值的计算公式，不正确的有（ ）。

    A. 预付年金现值 $P = A \times (P/A, i, n) \times (1+i)$

    B. 普通年金终值 $F = A \times [(1+i)^n - 1]/i$

    C. 递延年金现值 $P = A \times (P/A, i, n) \times (P/F, i, m)$

    D. 年资本回收额 $A = P \times [1 - (1+i)^{-n}]/i$

24. 在利率和计息期相同的条件下，以下公式中，正确的是（ ）。

    A. 普通年金终值系数×普通年金现值系数 ＝1

    B. 普通年金终值系数×偿债基金系数 ＝1

    C. 普通年金终值系数×资本回收系数 ＝1

    D. 普通年金终值系数×预付年金现值系数 ＝1

25. 有一项年金，前2年无流入，后6年每年初流入100元，则下列计算其现值的
表达式不正确的有（ ）。

    A. $P = 100 \times (P/A, i, 6)(P/F, i, 2)$

    B. $P = 100 \times (P/A, i, 6)(P/F, i, 1)$

    C. $P = 100 \times (F/A, i, 6)(P/F, i, 7)$

    D. $P = 100 \times [(P/A, i, 7) - (P/F, i, 1)]$

三、多项选择题

1. 年金的收付款形式有多种，包括（ ）。

    A. 普通年金   B. 预付年金

    C. 递延年金   D. 永续年金

2. 下列各项中，其数值等于预付年金终值系数的有（ ）。

    A. $(P/A, i, n)(1+i)$ B. $\{(P/A, i, n-1) + 1\}$

    C. $(F/A, i, n)(1+i)$ D. $\{(F/A, i, n+1) - 1\}$

3. 通常情况下，按下列方法计提的折旧费不属于年金形式的有（ ）。

    A. 采用工作量法所计提的各年折旧费

    B. 采用年限平均法所计提的各年折旧费

    C. 采用年数总和法所计提的各年折旧费

    D. 采用双倍余额递减法所计提的各年折旧费

4. 根据对未来情况的掌握程度，投资决策的类型有（ ）。

    A. 风险性投资决策   B. 确定性投资决策

    C. 长期投资决策   D. 不确定性投资决策

5. 若甲的期望报酬率等于乙的期望报酬率，且甲的标准离差小于乙的标准离差，下列表述不正确的是(　　)。

　　A. 甲的风险小

　　B. 乙的风险小

　　C. 甲的风险与乙的风险相同

　　D. 难以确定，需要进一步计算标准离差率

6. 下列关于资金时间价值系数关系的表述中，正确的有(　　)。

　　A. 普通年金现值系数×投资回收系数 = 1

　　B. 普通年金终值系数×偿债基金系数 = 1

　　C. 普通年金现值系数×（1 + 折现率）= 预付年金现值系数

　　D. 普通年金终值系数×（1 + 折现率）= 预付年金终值系数

7. 下列说法不正确的有(　　)。

　　A. 当计息周期为　年时，名义利率与有效年利率相等

　　B. 当计息周期短于一年时，有效年利率小于名义利率

　　C. 当计息周期长于一年时，有效年利率大于名义利率

　　D. 当计息周期长于一年时，有效年利率小于名义利率

8. 下列可以表示资金时间价值的利息率是 (　　)。

　　A. 没有风险的公司债利率

　　B. 在通货膨胀率很低的情况下，国债的利率

　　C. 没有风险和没有通货膨胀条件下社会资金平均利润率

　　D. 加权资本成本率

9. 在下列各项中，可以直接或间接利用普通年金终值系数计算出确切结果的项目有(　　)。

　　A. 偿债基金

　　B. 预付年金终值

　　C. 永续年金现值

　　D. 永续年金终值

10. 有一笔递延年金，前两年没有现金流入，后四年每年年初流入 100 万元，折现率为 10%，则关于其现值的计算表达式正确的是(　　)。

　　A. $100 \times (P/F, 10\%, 2) + 100 \times (P/F, 10\%, 3) + 100 \times (P/F, 10\%, 4) + 100 \times (P/F, 10\%, 5)$

　　B. $100 \times [(P/A, 10\%, 6) - (P/A, 10\%, 2)]$

　　C. $100 \times [(P/A, 10\%, 3) + 1] \times (P/F, 10\%, 2)$

　　D. $100 \times [(F/A, 10\%, 5) - 1] \times (P/F, 10\%, 6)$

四、判断题

1. 一定时期内每期期初等额收付的系列款项是普通年金（　　）。

2. 定期定额支付的养老金属于年金形式（　　）。

3. 某公司从本年度起每年年末存入银行一笔固定金额的款项，若按复利制用最简便算法计算第 n 年末可以从银行取出的本利和，则应选用的时间价值系数是普通年金终值系数（　　）。

4. 预付年金终值无法计算出确切结果（　　）。

5. 普通年金终值系数和普通年金现值系数互为倒数（　　）。

五、计算分析题

1. 某人拟在 5 年后还清 10 000 元债务，从现在起每年末等额存入银行一笔款项。假设银行利率为 10%，则每年需存入多少元？

2. 某企业借得 1 000 万元的贷款，在 10 年内以年利率 12% 等额偿还，则每年应付的金额为多少？

3. 某企业有一项付款业务，付款方式有两种方案可供选择。

甲方案：现付 18 万元，一次性结清。

乙方案：分 5 年付款，每年年初的付款额均为 4 万元，复利计息，年利率为 8%。

要求：（1）求出甲方案付款的现值；

（2）求出乙方案付款的现值；

（3）确定应选择哪种付款方案。

4. 某企业向银行借入一笔款项，银行贷款的年利率为 10%，每年复利一次。银行规定前 10 年不用还本付息，但从第 11 年 ~ 第 20 年每年年末偿还本息 5 000 元。

要求：用两种方法计算这笔款项的现值。

5. A 矿业公司决定将其一处矿产开采权公开拍卖，因此它向世界各国煤炭企业招标开矿。已知甲公司和乙公司的投标书最具有竞争力，甲公司的投标书显示，如果该公司取得开采权，从获得开采权的第 1 年开始，每年末向 A 公司交纳 10 亿美元的开采费，直到 10 年后开采结束。乙公司的投标书表示，该公司在取得开采权时，直接付给 A 公司 40 亿美元，在 8 年后开采结束，再付给 60 亿美元。如 A 公司要求的年投资回报率达到 15%，问应接受哪个公司的投标？

6. 某公司拟购置一处房产，有两种付款方案：

方案一：从现在起，每年年初支付 40 万元，连续支付 5 次，共 200 万元；

方案二：从第 2 年开始，每年年末支付 35 万元，连续支付 7 次，共 245 万元。

假设该公司的资金成本（即最低报酬率）为 10%，你认为该公司应选择哪个方案？

第三章 筹资管理

学习目标

➡ 了解筹资渠道与筹资方式；

➡ 掌握各种筹资方式的优缺点；

➡ 掌握企业资金需要量的预测方法；

➡ 掌握债券的发行价格和融资租赁租金的计算；

➡ 能运用筹资需求预测模型对企业资金需求进行简单预测；

➡ 在掌握各种筹资方式的基础上，能对企业的资金筹集进行简单决策。

知识导航

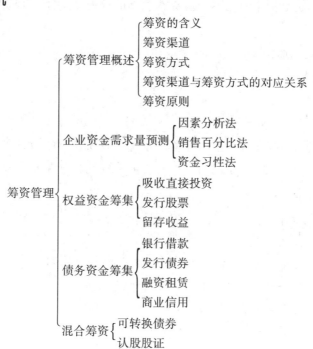

第一节　筹资管理概述

一、筹资的含义

企业筹资是指企业根据其生产经营、对外投资及调整资本结构等需要，通过一定的筹资渠道，采取适当的筹资方式，经济有效地为企业筹集所需资金的一种财务活动。资金筹集是企业资金运动的起点，是企业主要的财务活动之一，在企业中有不可替代的地位。及时筹措企业所需资金是保证企业生产经营正常进行的前提，是企业谋求发展的基础。

筹资的基本目的是为了自身的维持与发展。企业具体的筹资活动通常受特定动机的驱使。企业的筹资动机通常包括四类：

（一）新建筹资动机

新建筹资动机是指在企业新建时为满足正常生产经营活动所需的铺底资金而产生的筹资动机。

（二）扩张筹资动机

扩张筹资动机是指企业因扩大生产经营规模或追加对外投资而产生的筹资动机。

（三）调整筹资动机

调整筹资动机是指企业在不增减资本总额的情况下为了改变资本结构而形成的筹资动机。其形式有：

1. 借新债还旧债；

2. 以债转股；

3. 以股抵债。

（四）双重筹资动机

双重筹资动机是指企业为扩大经营而增加长期资金又需要改变原有的资本结构而产生的筹资动机，即双重筹资动机。这种双重筹资动机的结果，既会增加企业资本总额，又会调整企业结构。

二、筹资渠道

企业筹资渠道是指筹措资金的来源方向和通道。它说明"资金从哪里来"。认识筹资渠道的种类及每种筹资渠道的特点，有利于企业充分开拓和正确利用筹资渠道。我国企业的筹资渠道主要有以下几种：

（一）国家财政资金

国家对企业的直接投资是国有企业最主要的资金来源渠道，特别是国有独资企业，其资本全部由国家投资形成。随着我国市场经济的快速发展，国家对国有企业的投资逐渐减少，国有企业的筹资渠道越来越多样化。

（二）银行信贷资金

银行对企业的各种贷款，是各类企业重要的资金来源。银行一般分为商业性银行和政策性银行。我国商业银行主要有：中国银行、工商银行、农业银行、建设银行、交通银行、华夏银行等，商业银行为各类企业提供商业性贷款，追求贷款的盈利性；政策性银行包括：国家开发银行、中国进出口银行等，它们主要为特定企业提供政策性贷款。

（三）非银行金融机构

非银行金融机构包括保险公司、信托投资公司、信用合作社、证券公司、租赁公司等。非银行金融机构除了经营存贷款业务、承接证券的推销或包销业务以外，也有一些机构为了达到一定的目的而聚集资金，他们可以将一部分不会立即投入使用的资金以各种方式投资于企业。非银行金融机构的资金实力虽然比银行弱，但由于其资金供应比较灵活，并且可以提供其他方面的服务，因而这种筹资渠道具有广阔的发展前景。

（四）其他企业资金

企业在生产经营过程中，往往形成部分暂时闲置的资金，并为一定的目的而相互进行投资。而且，随着横向经济联合的开展，此种筹资渠道得到了广泛运用。

（五）居民个人资金

企业职工和城乡居民的投资都属于个人资金来源。企业职工和城乡居民手中暂时不用的货币，银行难以全部集中，企业可以通过合理地调整资金使用上的经济关系，充分利用这一取之不尽的筹资渠道。

（六）企业自留资金

企业内部形成的资金，主要是提取公积金以及资本公积以及未分配利润等形成的资金。这些资金的特征之一是，它们无需企业通过一定的方式去筹集，而直接由企业内部自动生成或转移，它是企业进行自我筹资的渠道。

（七）外商资金

外商资金包括境外投资者投入资金和借用外资。吸引外资不仅可以满足我国建设资金的需要，而且能够引进先进技术和管理经验。

三、筹资方式

筹资方式是企业筹集资金所采取的具体形式，体现着不同的经济关系（所有权关系或债权关系），它说明："如何筹措资金"。筹资渠道是客观存在的，而筹资方式则由企业自主决定，是主观的行为。

我国企业筹资方式一般有以下几种：

（一）吸收直接投资

（二）发行股票

（三）企业内部积累

（四）银行借款

（五）发行债券

（六）融资租赁

（七）商业信用

其中前三种筹资方式筹措的资金为权益资金，是由投资人提供的，一般不需偿还。剩下的四种筹资方式筹措的资金为负债资金，是由债权人提供的，到期要偿还本金和利息。

四、筹资渠道与筹资方式的对应关系

筹资渠道解决的是资金来源问题，属于客观存在，筹资方式则解决通过何种形式取得资金的问题，属于企业主观能动行为。企业的筹资方式与筹资渠道有密切关系，一定的筹资方式可能适用多种筹资渠道，同一渠道的资金也往往可采用不同的方式去取得。筹资渠道与筹资方式之间存在着紧密的联系，企业筹集资金时，必须实现两者的密切合理配合。它们之间的对应关系见表 3 - 1。

表 3 - 1　筹资渠道与筹资方式的对应关系表

筹资渠道 ＼ 筹资方式	吸收直接投资	发行股票	利用留存收益	银行借款	商业信用	发行债券	融资租赁
国家财政资金	√	√					
银行信贷资金				√			
非银行金融机构资金	√	√		√		√	√
其他企业资金	√	√			√	√	√
居民个人资金	√	√					
企业自留资金	√		√				
外商资金	√	√				√	

五、筹资原则

企业采取一定的筹资方式，有效地组织资金供应，是一项重要而复杂的工作。在筹资过程中企业要遵循一定的原则，具体地说，企业筹资基本原则主要有以下四种。

（一）规模适度原则

企业筹资规模受到注册资本限额、企业债务契约约束、企业规模大小等多方面因素的影响，且不同时期企业的资金需求量并不是一个常数。企业财务人员要认真分析科研、生产、市场状况等因素，采用一定的方法，预测资金需要量，合理确定筹资规模。避免筹集资金过少，影响生产经营的正常进行，防止筹集资金过多，造成资金浪费。

（二）来源合理原则

企业筹集资金的渠道有很多，每种筹资渠道所付出的代价是不一样的，各有优缺点，企业应根据自身条件，确定合理的资金渠道和资本结构，以便降低成本，减少风险。

（三）方式经济原则

企业筹集资金要付出一定的代价，即资本成本。在不同的筹资方式下，企业的资本成本、财务风险是不同的。因此企业应对各种筹资方式进行比较分析，尽量选择经济、合理、适当的筹资方式，使得综合资本成本最少。

（四）筹措及时原则

企业财务人员在筹集资金时，必须熟知资金时间价值的原理和计算方法，以便根据资金需求的具体情况，合理安排资金的筹集时间，适时获取所需资金。时间对于企业的生存至关重要，如果过早筹集资金形成资金闲置浪费，如果筹集资金时间延迟，会错过投资最佳时机，给企业带来损失。

第二节　企业资金需求量预测

企业进行筹资决策前，首先必须用科学的方法预测本企业未来一定时期的资金需要量。只有这样才能使筹集的资金既能保证企业的需要，又不会产生不合理的闲置。目前企业资金需求量预测的方法主要有因素分析法，销售百分比法和资金习性法。

一、因素分析法

因素分析法又称分析调整法，是以有关资本项目上年度的实际平均需要量为基础，根据预测年度的生产经营任务和加速资本周转的要求，进行分析调整，来预测资本需要量的一种方法。这种方法，计算简便，容易掌握，但预测结果不太准确。它通常用于品种繁多、规格复杂、用量较少、价格较低的资本占用项目，也可以用于匡算企业全部资本的需要量。

采用这种方法时，应在上年度资本平均占用额的基础上，剔除其中呆滞积压等不合理部分，然后根据预测期的生产经营任务和加速资本周转的要求进行测算。因素分析法的计算公式如下：

资本需要量 = （上年资本实际平均占用量 – 不合理平均占用额）

× （1 ± 预测年度销售增减率） × （1 ± 预测期资本周转速度变动率）

【例 3-1】 甲企业上年度资本实际平均占用量 1500 万元，其中不合理部分为 50 万元，预计本年度销售增长 10%，资本周转速度加快 3%。预测年度资本需要量。

【解】 甲企业年度资本需要量为：

（1500 – 50） × （1 + 10%） × （1 – 3%） = 1547（万元）

二、销售百分比法

（一）销售百分比法的基本依据

销售百分比法是根据销售增长与资产增长之间的关系，预测未来资金需要量的方法。当企业的销售规模扩大时，就需要增加流动资产，销售规模扩大到一定的程度，可能还需要增加长期资产。资产体现为资金的占用，企业要取得由于销售规模扩大而需要增加的资产，就需要筹措资金；另一方面，企业的资金来源主要有两种，一是来自企业内部的留存收益，二是来自企业外面资金。企业要筹集的资金总额是指企业所需资金总额扣除内部留存提供之外所需要筹集的资金数额。因此企业首先要对随销售规模扩大而需要增加的资金占用数进行预测，然后对企业内部所能提供的资金数做一定的预测，最后对企业需要对外筹集的资金数额做出预测。

当 △资产 > △负债 + △留存收益时，就需要进行外部筹资。

该方法有两个基本假设：一是部分资产和负债随销售额的变化而成正比例变化，其他资产和负债固定不变。所有者权益中扣除留存收益变动外，其他项目不变；二是假设未来的销售额可以准确预测。

（二）按预测公式预测外部筹资额

销售百分比法首先假设企业的某些资产和负债与销售额存在稳定的百分比关系，根据这种稳定的百分比关系和预知销售额，可以预测出企业随销售额增加而需要增加的资产以及随销售额增加而自然而然增加的那部分负债，其中增加的资产需要增加企业资金占用，而增加的负债会给企业提供一种不需要企业主观去筹集的资金来源。因此，我们可以用以下公式对企业需要外部筹集的资金数额进行预测：

需追加的外部筹资额 = 增加的资产 – 随收入自然增加的负债 – 增加的留存收益

> 增加的资产＝增量收入×基期变动资产占基期销售额的百分比
> 自然增加的负债＝增量收入×基期变动负债占基期销售额的百分比
> 增加的留存收益＝预计销售收入×销售净利率×收益留存率
> （注意这不是增量的收入）

（备注：经营性项目，也称为敏感性项目，是指与销售额有基本不变比率关系的项目。一般包括现金、存货、应收账款等资产和应付账款、应付票据等负债项目；固定资产、长期投资、短期借款、长期负债等通常列为非经营性项目，也称为非敏感性项目；运用销售百分比法要选定经营性项目进行预测。）

如果企业销售规模扩大到一定程度，除了部分经营性资产会随销售额变化外，可能还要增加长期资产，比如增加一台设备，这样企业预测增加的资产数额要在上述公式的基础上再加上非经营性资产调整数，这个数额是已知的、固定的。

【例3-2】某公司2014年的销售收入为100 000万元，销售净利率为10%，股利支付率为60%，该公司2014年12月31日的资产负债表如下表所示。

表3-2　资产负债表（简表）

万元

资产	期末数	负债及所有者权益	期末数
货币资金	5 000	应付账款	10 000
应收账款	15 000	预收账款	5 000
存货	30 000	短期借款	25 000
固定资产	30 000	长期债券	10 000
		实收资本	20 000
		留存收益	10 000
资产总计	80 000	负债及所有者权益总计	80 000

公司现有生产能力尚未饱和，增加销售无需追加固定资产投资。经预测，2015年公司销售收入将提高到120 000万元，企业销售净利率和利润分配政策不变。

【解】

步骤：

①区分经营性项目和非经营性项目

该公司资产负债表中，资产方除固定资产外都将随销售量的增加而增加，因为较多的销售量需要占用较多的存货，发生较多的应收账款，导致现金需求增加。在负债与所有者权益一方，应付账款和预收账款也会随销售的增加而增加，但实收资本、公司债券、短期借款等不会自动增加。公司的利润如果不全部分配出去，留存收益也会有适当增加。

②计算经营性项目的销售百分率＝基期变动性资产或（负债）/基期销售收入

表 3-3 销售额比率表

%

资　产	占销售收入	负债与所有者权益	占销售收入
货币资金	5	应付账款	10
应收账款	15	预收账款	5
存货	30	短期借款	不变动
固定资产	不变动	长期借款	不变动
		实收资本	不变动
		留存收益	不变动
合计	50	合计	15

③计算需要增加的资金 = 增加的资产 - 增加的负债

△资产 = △收入 × 占收入百分比 = 20 000 × 50% = 10 000（万元）（增加的资金占用）

△负债 = △收入 × 占收入百分比 = 20 000 × 15% = 3 000（万元）（随收入增加自然增加的资金）

得出需要增加的资金 = 10 000 - 3 000 = 7 000 万元

④计算需追加的外部筹资额

△留存收益 = 预计收入 × 销售净利率 10% ×（1 - 股利支付率 60%）

△留存收益 = 120 000 × 10% × 40% = 4 800（万元）

需追加的外部筹资额 = 7 000 - 4 800 = 2 200（万元）

【例 3-3】辰宇公司 2014 年销售收入为 32 000 万元，销售净利润率为 15%，净利润的 60% 分配给投资者。2014 年 12 月 31 日的资产负债表（简表）如下：

表 3-4 资产负债表（简表）

万元

资　产	期末余额	负债及所有者权益	期末余额
货币资金	2 000	应付账款	2 600
应收账款净额	6 000	应付票据	2 200
存货	8 000	长期借款	9 000
固定资产净值	12 000	实收资本	18 000
无形资产	6 000	留存收益	2 200
资产总计	34 000	负债与所有者权益总计	34 000

该公司 2015 年计划销售收入比上年增长 30%，为实现这一目标，公司需新增设备一台，价值 200 万元。据历年财务数据分析，公司流动资产与流动负债随销售额同比率增减。假定该公司 2015 年的销售净利率和利润分配政策与上年保持一致。

要求：

（1）计算 2015 年公司需增加的营运资金；

（2）预测 2015 年需要对外筹集资金量。

【解】

（1）计算 2015 年公司需增加的营运资金

流动资产占销售收入的百分比 = 16 000/32 000 = 50%

流动负债占销售收入的百分比 = 4 800/32 000 = 15%

增加的销售收入 = 32 000 × 30% = 9 600（万元）

增加的营运资金 = 9 600 × 50% – 9 600 × 15% = 3 360（万元）

（2）预测 2015 年需要对外筹集资金量

增加的留存收益 = 32 000 ×（1 + 30%）× 15% ×（1 – 60%）= 2 496（万元）

对外筹集资金量 = 200 + 3 360 – 2 496 = 1 064（万元）

三、资金习性预测法

（一）按资金习性对资金的分类

资金习性预测法，是指根据资金习性预测未来资金需要量的一种方法。所谓资金习性是指资金的变动同销售量变动之间的依存关系。按照资金习性可以将资金分为变动资金、不变资金和半变动资金。具体见下表：

表 3 – 5　资金分类表

分　类	特　点	举　例
不变资金	在一定的产销量范围内与产销量无关。Y = a	为维持营业而占用的最低数额的现金，原材料的保险储备，必要的成品储备，厂房、机器设备等固定资产占用的资金
变动资金	在一定产销量范围内与产销量成同比例变动。Y = bX	直接构成产品实体的原材料、外购件占用的资金；在最低储备以外的现金、存货、应收账款等
半变动资金	随产销量变动而变动，但不成正比例变动。Y = a + bX	辅助材料上占用的资金

资金习性预测方法有两种形式：一种是根据资金占用总额同产销量之间的关系来预测资金需要量；另一种是采用先分项后汇总的方式预测资金需要量。预测公式为：

$$Y = a + bX$$

式中：Y——资本需要量；

　　　a——不变资本；

　　　b——单位业务量所需的变动资本；

　　　X——业务量。

其中 a，b 的数值可以通过回归直线法和高低点法求得，下面分别介绍这两种方法。

（二）估计参数 **a** 和 **b** 的方法

估计参数 a 和 b 的方法可以根据资金占用总额与产销量的关系预测，也可以采用逐项目分析法预测。

1. 回归直线分析法

回归直线法是根据若干期业务量和资金占用的历史资料，运用最小平方法原理计算不变资金和单位销售额变动资金的一种资金习性分析方法。其计算公式为：

$$\begin{cases} \sum y_i = na + b\sum x_i \\ \\ \sum x_i y_i = a\sum x_i + b \times \sum x_i^2 \end{cases} \quad \begin{cases} a = \dfrac{\sum x_i^2 \sum y_i - \sum x_i \sum x_i y_i}{n\sum x_i^2 - (\sum x_i)^2} \\ \\ b = \dfrac{n\sum x_i y_i - \sum x_i \sum y_i}{n\sum x_i^2 - (\sum x_i)^2} \ 或\ b = \dfrac{\sum y_i - na}{\sum x_i} \end{cases}$$

【例3-4】某企业产销量和资金变化情况如下表所示。2015 年预计销售量为 170 万件，试计算 2015 年的资金需要量。

表3-6　产销量与资金变化情况表

年　度	产销量（X_i）（万件）	资金占用（Y_i）（万元）
2009	120	100
2010	110	95
2011	100	90
2012	120	100
2013	130	105
2014	140	110

【解】

（1）根据上表整理出：

表3-7　资金需要量预测表（按总额预测）

年　度	产销量（X_i）（万件）	资金占用（Y_i）（万元）	$X_i Y_i$	X_i^2
2009	120	100	12 000	14 400
2010	110	95	10 450	12 100
2011	100	90	9 000	10 000
2012	120	100	12 000	14 400
2013	130	105	13 650	16 900
2014	140	110	15 400	19 600
合计 n = 6	$\sum X_i = 720$	$\sum Y_i = 600$	$\sum X_i Y_i = 72500$	$\sum X_i^2 = 87400$

（2）把上表的有关资料代入公式：

$$a = \frac{\sum x_i^2 \sum y_i - \sum x_i \sum x_i y_i}{n\sum x_i^2 - (\sum x_i)^2} = \frac{87\,400 \times 600 - 720 \times 72\,500}{6 \times 87\,400 - 720^2} = 40\ （万元）$$

$$b = \frac{n\sum x_i y_i - \sum x_i \sum y_i}{n\sum x_i^2 - (\sum x_i)^2} = \frac{6 \times 72\,500 - 720 \times 600}{6 \times 87\,400 - 720^2} = 0.5$$

或：$b = \dfrac{\sum y_i - na}{\sum x_i} = \dfrac{600 - 6 \times 40}{720} = 0.5$

（3）把 $a = 40$、$b = 0.5$ 代入 $Y = a + bX$ 得：$Y = 40 + 0.5X$

（4）把 2015 年预计销售量 170 万件代入上式，

得出：

2015 年资金需要量 $= 40 + 0.5 \times 170 = 125$（万元）

从理论上讲，回归直线法是一种计算结果最为精确的办法。回归分析法的特点是比较科学，精确度高，但是计算繁杂。

2. 高低点法

资金预测的高低点法是指根据企业一定期间资金占用的历史资料，按照资金习性原理，选用最高收入期和最低收入期的资金占用量之差，同这两个收入期的销售额之差进行对比，先求 b 值，然后带入原直线方程，求出 a 的值，从而估计推测资金的发展趋势。其计算公式为：

$$b = \frac{最高业务量期的资金占用 - 最低业务量期的资金占用}{最高业务量 - 最低业务量}$$

$a = 最高业务量期的资金占用 - b \times 最高业务量$

或：$= 最低业务量期的资金占用 - b \times 最低业务量$

【提示】选择高点和低点的依据是业务量，而非资金占用量。

【例3-5】某企业历年现金占用与销售额之间的关系如下表：

表 3－8　现金与销售额变化情况表

万元

年　度	销售收入：X	现金占用：Y
2010	1 100	120
2011	1 300	130
2012	1 500	140
2013	1 800	150
2014	2 100	170

根据以上资料，采用适当的方法来计算不变资金和变动资金的数额。

【解】

本题采用高低点法来求 a 和 b 的值：

$$b = \frac{最高业务量期的资金占用 - 最低业务量期的资金占用}{最高业务量 - 最低业务量}$$

$$= \frac{170 - 120}{2100 - 1100} = 0.05$$

将 b = 0.05 的数据代入 2014 年 $Y = a + bX$

得：

$$a = 170 - 0.05 \times 2\,100 = 65$$

第三节　权益资金的筹集

企业资金的筹集由两部分构成，一部分是投资人提供的，一部分是债权人提供的。分别形成企业的权益性资金和企业的债务性资金。权益性资金的筹资方式主要包括吸收直接投资，发行股票，采用留存收益。

一、吸收直接投资

非股份制企业以协议等形式吸收国家、其他企业、个人和外商等直接投入的资本，形成企业投入资本的一种筹资方式。吸收投入资本和发行股票都是权益性资本筹资方式，区别就是发行股票有股票这样的有价证券作为中介。吸收直接投资不以股票为媒介，无需公开发行证券，吸收直接投资中的出资者都是企业的所有者，并按出资比例分享利润、承担损失。

（一）吸收直接投资的渠道

吸收直接投资是企业筹集自有资金的重要方式，资金的筹集主要有以下四种渠道：

1. 吸收国家投资

吸收国家投资主要是国家财政拨款，由此而形成国家资本金。其特点是产权归属国家，资金的运用和处置受国家约束比较大，吸收国家直接投资是国有企业筹集自有资金的主要方式之一。

2. 吸收法人投资

由此形成法人资本金。其特点是发生在法人单位之间，以参与企业利润分配为目的，出资方式灵活多样。

3. 吸收个人投资

由此形成个人资本金。其特点是参与人员较多，每人投资的数额相对较少，以参与企业利润分配为目的。

4. 吸收外商投资

吸收外国投资者和我国港、澳、台地区投资者的直接投资，形成外商资本。

（二）吸收直接投资的出资形式

企业在采用吸收直接投资方式筹集资金时，投资者可以用现金、厂房、机器设备、材料物资、无形资产等多种方式向企业投资。具体而言，主要有以下几种出资方式：

1. 现金投资

现金投资是吸收直接投资中最重要的出资形式。企业有了现金，就可以购置各种物质资料，支付各种费用，比较灵活方便，以满足企业正常生产经营和日常周转需要。吸收投资中所需投入现金的数额，取决于投入的实物及工业产权之外建立企业的开支和日常周转需要。外国的《公司法》或《投资法》对现金投资占资本总额的多少，一般都有规定，我国需要在投资过程中由出资各方协商加以确定。

2. 实物投资

实物投资是指以房屋、建筑物、设备等固定资产和材料、燃料、商品等流动资产所进行的投资。一般来说，企业吸收的实物投资应符合如下条件：①确为企业科研、生产、经营所需；②技术性能比较好；③作价公平合理。投资实物的具体作价，可由双方按公平合理的原则协商确定，也可以聘请各方同意的专业资产评估机构评定。

3. 工业产权投资

工业产权投资是指以专有技术、商标权、专利权等无形资产所进行的投资。一般来说，企业吸收的工业产权投资应符合以下条件：①能帮助企业研究和开发出高新技术产品；②能帮助企业生产出适销对路的高科技产品；③能帮助企业改进产品质量，提高生产效率；④能帮助企业大幅度降低各种消耗；⑤作价公平合理。

此外，还应注意符合法定比例，即吸收工业产权的出资额一般不能超过注册资本的20%（不包括土地使用权），对于高新技术等特殊行业，经有关部门审批最高放宽至30%。

4. 土地使用权投资

土地使用权是按有关法规和合同的规定使用土地的权利，使用权人依法可对土地使用权进行投资。企业吸收土地使用权投资应符合以下条件：①符合企业科研、生产、销售活动的需要；②地理交通条件比较适宜；③作价公平合理。

（三）吸收直接投资的优缺点

1. 吸收直接投资的优点

（1）有利于增强企业信誉。吸收直接投资筹集的资金属于自有资金，与借入资金相比，能增强企业的信誉，进而增强企业的借款能力，对扩大企业经营规模、壮大企业实力具有重要作用。

（2）筹资速度快。吸收直接投资不仅可以筹集现金，而且能够直接获得所需的先进设备和技术，与筹集现金的筹资方式相比，能尽快形成生产能力，尽快开拓市场。

（3）有利于降低财务风险。吸收直接投资可根据企业的经营状况向投资者支付报酬，企业经营状况好，就向投资者多支付一些报酬；反之，可以向投资者少支付一些报酬或不支付报酬，比较灵活，因此财务风险比较小。

2. 吸收直接投资的缺点

（1）资金成本较高。向投资者支付的报酬是根据其出资的数额和企业经营状况的好坏来确定的，当企业经营状况和盈利能力较强时，企业就要向投资人支付较多的报酬；另外，由于向投资者支付报酬是税后支付，不能减免所得税，从而导致资金成本较高。

（2）分散企业的控制权。吸收直接投资的新投资者享有企业的经营管理权，这会造成原有投资者控制权的分散与减弱。

（3）不利于产权交易。吸收直接投资由于没有证券为媒介，产权关系有时不明确，因此不便于进行产权交易。

二、发行股票

（一）股票的含义及种类

1. 股票的含义

股票是股份有限公司为筹集自有资金而发行的有价证券，是持有人拥有公司股份的入股凭证。股票具有盈利性、风险性、流通性、价格波动性及权益稳定性等特征。

2. 股票的种类

（1）按股东权利和义务分为普通股和优先股

普通股是享有普通权利、承担普通义务的股票，即是股份公司发行的具有管理权、股利不固定的股票。普通股是股份公司资本的最基本部分。具有表决权、红利分配、追发股票优先认购权。

优先股是股份公司依法发行的具有一定优先权的股票。优先股优先取得股息、优先分配剩余财产，股息率在发行时就预先确定。企业对优先股不承担法定的还本义务，利用优先股筹集的资金属于企业的自有资金。

（2）按股票票面是否记名分为记名股票和无记名股票

记名股票是指股票票面上载有股东姓名并将股东姓名记于公司股东名册的股票。对记名股票要发股东名册，股东只有同时拥有股票和股东名册才能领取股利。记名股票的转让、继承要办理过户手续。

无记名股票是指在股票票面上不记载股东姓名，公司也不准备股东名册，只记载股票数量、编号和发行日期的股票。凡是持有无记名股票的人，自然地成为公司的股东。无记名股票的转让、继承无须办理过户手续，买卖双方办理交割手续后就可完成股票的转移。

我国《公司法》规定，股份有限公司向发起人、国家授权的机构、法人发行的股票，应当为记名股票；向社会公众发行的股票，可为记名股票，也可为无记名股票。

（3）按股票票面有无金额分为面值股票和无面值股票

面值股票是在股票的票面上记载每股金额的股票。持有这种股票的股东，股票面值的主要功能是确定每股股票在公司所占有的份额，也表明股东对每股股票所负有限责任的最高限额，便于会计核算。

无面值股票是指不在股票的票面上标出金额，只载明其占公司股本总额的比例或股份数的股票。无面值股票的价值随公司财产的增减而变动，股东对公司享有的权利和承担的义务的大小直接依据股票票面上标明的比例而定。

我国《公司法》规定，股票应标明票面金额，而且股票的发行价格不得低于其票面金额。

（4）按发行对象和上市地区分为 A 股、B 股、H 股、N 股和 S 股

A 股是人民币股票，只供我国境内的机构、组织和个人认购和交易，不向外国和我国港、澳、台地区的投资者出售。B 股、H 股、N 股、S 股均属于人民币特种股票，指以人民币标明面值，以外币认购和交易，专供外国和我国港、澳、台地区的投资者买卖，我国境内的居民和单位不得买卖。B 种股票在上海、深圳证券交易所上市的外币购买，H 种股票在香港联合交易所上市，S 种和 N 种股票分别在新加坡和纽约上市。

（二）普通股筹资

普通股是股份制企业筹集权益性资金的最主要的方式，具备股票的一般特征，普通股股票的持有人称为股东。

1. 普通股股东的权利

按我国《公司法》的规定，普通股股东主要享有以下权利：

（1）公司管理权。普通股股东享有对公司的管理权，主要表现为：

一是投票权：普通股股东在董事会选举中有选举权和被选举权，对公司重大问题进行投票。二是查账权：通常股东的查账权是受限制的，但是股东可以委托会计师进行查账。

（2）分享盈余权。普通股股利分配在优先股之后进行，并依公司盈利情况而定；普通股股东可以按照股份的占有比例分享利润，即按出资比例分取红利。

（3）出售或转让股份权。普通股股东可以依照国家法规和公司章程出售或转让股票。

（4）优先认股权。原有普通股股东有权按持有公司股票的比例，优先认购公司新增发股票。它区别于优先股的优先权。

（5）剩余财产要求权。当公司进入解散、清算阶段，股东有权分享公司的剩余财产，普通股股东对公司剩余财产的请求权位于优先股之后。

2. 普通股筹资的优缺点

（1）普通股筹资的优点

①能增强公司的信誉。发行普通股筹集的是自有资金，较多的自有资金为债务人

提供了较大的偿债保障，这有助于增强公司的信誉，也有助于提高企业的再筹资能力，为债务提供基础。

②筹资风险小。由于普通股股本没有固定的到期日，一般也不用支付固定的股利，不存在不能偿付的风险，因此筹资风险小。

③无固定到期日，不用偿还。发行普通股所筹资金是公司的永久性资金，除非公司破产清算时才予以偿还，否则无需偿还。这对保证公司运营对资金的最低需要，促进公司长期持续稳定发展具有重要意义。

④无固定利息负担。公司有盈余并认为适合分配股利，就向股东支付股利；公司盈余少，或虽有盈余但资金短缺或有更好的投资机会，就可以少支付或不支付股利。

（2）普通股筹资的缺点

①资金成本较高。一般而言，普通股筹资的成本要高于债务资金。这是因为普通股股东的投资风险最高，他们要求的报酬率也高；另外，普通股的发行费也高于其他证券，筹资成本大，这些都造成了发行普通股较高的资金成本，再者，股利要从税后支付，而债务资金的利息要在税前扣除，这样也相对地增加了普通股的资本成本。

②容易分散控制权。发行公司若增发新股，改变股本结构，稀释原有股权结构，出售新股票，引进新股东会分散公司的控制权。

（三）优先股筹资

优先股是股份有限公司发行的一种具有优先权的股票。它既具有普通股的某些特征，又与债权有相似之处。从法律上讲，优先股属于自有资金，因为优先股没有到期日，不用偿还。优先股股利从税后净利中支付。这些特征都与普通股相似；但是，优先股股息固定，对于盈利和剩余财产的分配较普通股具有优先权，这些又具有债券的某些特征。

1. 优先股股东的权利

（1）优先分配股利权。优先股股利的分配在普通股之前，其股利是固定的。

（2）优先分配剩余财产权。当企业清算时，优先股有优先于普通股分配剩余财产的权利，但其权利位于债权人之后。

（3）部分管理权。优先股股东的管理权是有严格限制的，比普通股股东的管理权要小。优先股股东一般没有投票表决权，只在研究与优先股有关的事项时，优先股才有表决权。

2. 优先股筹资的优缺点

（1）优先股筹资的优点

①有利于增强公司信誉，改善公司资本结构。发行优先股筹集的是权益资金，可增强公司的资金实力，提高公司的举债能力。

②股利支付既固定，又具有一定的弹性。虽然优先股都采用固定股利，但固定的

股利支付并不构成公司的法定义务，当公司财务状况不佳时，也可暂不支付，优先股股东不能像债权人那样迫使公司破产。

③无固定到期日，不用偿还本金。发行优先股筹集到是自有资金，不用偿还，可供企业长期使用。

④可以避免股份分散，保持普通股股东的控制权。

（2）优先股筹资的缺点

①筹资成本较高。优先股股利要从税后利润中支付，不像债权利息可以税前支付，因此，优先股筹资成本高。

②筹资限制多。发行优先股，通常有许多限制条款，如对普通股股利支付的限制，对企业借款的限制等。

三、留存收益

企业留存收益也是权益资金的一种，是指企业的盈余公积、未分配利润等。与其他筹资方式相比，留存收益取得更为便捷，不需任何筹资活动，没有筹资费用，因此这种方式既节约了成本又增强了企业信誉；同时利用企业的留存收益，在取得自有资金的同时不会分散原有股东的控制权。

第四节　债务资金的筹集

债务资金又称负债资金或借入资金，是企业筹集的需要偿还的资金。债务资金是企业一项重要的资金来源，几乎没有一家企业是只靠自有资本，而不运用负债就能满足资金需求的。债务资金的筹集方式主要有银行借款、发行债券、融资租赁和商业信用等。

一、银行借款

银行借款是企业向银行或者非银行金融机构借入的需要还本付息的款项。

（一）银行借款的种类

1. 按提供贷款的机构可分为政策性银行贷款、商业性银行贷款和非银行金融机构贷款

政策性银行贷款一般由执行国家政策性银行贷款业务的银行向企业提供贷款。如国家开发银行主要为满足企业承建国家基础设施、基础产业和支柱产业的大中型基建和技术改造项目及其配套工程所需资金而发放政策性贷款。

商业性银行贷款指各商业银行向工商企业提供贷款。该类贷款主要为满足企业生产经营的资金需要。

非银行金融机构贷款是指企业从保险公司、信托投资公司、财务公司等非银行金融机构取得的借款。该类借款一般较商业银行贷款的期限要长，要求的利率较高，对借款企业的信用和担保品的选择也比较严格。

2. 按贷款有无抵押品可分为抵押贷款和信用贷款

抵押贷款是指以特定的抵押品为担保的贷款。银行向财务风险较大的企业或对其信誉不甚把握的企业发放贷款，有时需要有抵押品担保，以减少自己蒙受损失的风险。抵押贷款的抵押品通常是企业的不动产，如：机器设备、车辆等实物资产和股票、债券等有价证券。如果贷款到期，借款企业没有偿还，银行则取消企业对抵押品的赎回权并有权处理抵押品。

信用贷款是指银行或非银行金融机构无需企业提供抵押品，仅凭其信用或担保人信誉而发放的贷款。

（二）银行借款的一般程序

1. 向银行提出申请

借款申请内容主要包括借款原因、期限、数额，用款的时间与计划，还款期限与计划。

2. 银行审核申请

银行接到企业借款申请后，要求借款企业提供必要的财务信息及其他信息，有可能派人对企业进行调查。审核企业提出的申请时，主要审查企业的财务状况、信用情况、盈利的稳定性、发展前景、借款用途和期限、借款抵押品、借款投资项目的可行性等。

3. 签订借款合同

银行审查同意企业贷款后，双方进一步协商借款的条件，然后签订正式借款合同。

借款合同保护性条款有：一是一般保护性条款。包括对借款企业流动资产持有量的规定，对现金股利支付的限制，限制其他长期债务的发生等。二是例行性保护条款。借款企业必须定期向银行提交财务报表，不准在正常情况下出售较多的资产，按期清缴应交税金，支付到期债务，不得为其他单位或个人提供担保等。三是特殊性保护条款。包括贷款专用，不准企业投资于短期不能收回资金的项目，限制高级管理人员的工资、奖金支出，要求企业主要管理者在合同有效期内担任主要管理任务，要求企业主要管理人员购买人身保险，等等。

4. 企业取得资金

（三）银行借款的信用条件

向银行借入的短期借款往往附带一些信用条件，主要有：

1. 补偿性余额

补偿性余额是银行要求借款企业在银行中保持按贷款限额或实际借用额一定百分比的最低存款余额。银行通常都有这种要求，目的是减低银行的贷款风险，补偿其可能遭受的损失。对于借款企业来讲，补偿性余额则提高了借款的实际利率，减少了借款企业的实际用资额，加重了企业的利息负担。

【例3-6】某企业按年利率9%向银行借款120万元，银行要求维持贷款限额10%的补偿性余额，求该项借款的实际利率。

【解】企业借款的实际利率 = $\dfrac{\text{年实际承担的利息}}{\text{实际可用的借款额}}$

$$= \frac{120 \times 9\%}{120 \times (1 - 10\%)} \times 100\%$$

$$= 10\%$$

【例3-7】某公司需借入170万元资金，如果银行要求将贷款数额的15%作为补偿性余额，要求计算该公司应向银行申请贷款的金额。

【解】该公司最终需要到手的资金为170万元，而银行要求补偿性余额，所以，该企业向银行申请贷款的金额一定要大于170万元，根据15%的补偿性余额的要求：

$$\text{该公司应向银行申请贷款的金额} = \frac{170}{(1 - 15\%)}$$

$$= 200 \text{（万元）}$$

2. 信贷额度

信贷额度又称"信贷限额"，是借款人与银行在协议中规定的允许借款人的最高限额。但是这一规定并不具有法律约束力，如果银行缺乏信贷资金或客户财务状况较差，银行可根据情况改变信用限额或拒绝提供贷款。

通常在信贷额度内，企业可随时向银行申请借款。如借款人超过规定限额继续向银行借款，银行则停止办理，银行并不承担提供全部信贷额度的义务。如果企业信誉恶化，即使银行曾经同意按信贷额度提供贷款，企业也可能得不到借款，这时，银行不会承担法律责任。同理，若企业在期限内没有使用完限额，也不会承担责任。信贷额度是银企之间的一种协议，不具有法律效力。

3. 周转信贷协定

周转信贷协定是银行具有法律义务地承诺提供不超过某一最高限额的贷款协定。在协定的有效期内，只要企业的借款总额未超过最高限额，银行必须满足企业任何时候提出的借款要求。与一般信用额度不同，银行对周转信用额度负有法律义务，企业享用周转信贷协定，通常要对贷款限额的未使用部分付给银行一笔承诺费。

【例3-8】某企业取得的为期一年的周转信贷额为1 200万元，承诺费率为0.5%，借款企业年度内使用了750万元。要求计算企业应向银行支付的承诺费。

【解】企业应付的承诺费 = （1 200 – 750） ×0.5%

$$= 2.25 （万元）$$

这是银行向企业提供此项贷款的一种附加条件。

（四）银行借款的保护性条款

长期借款由于其借款期限长，金额高，风险大，除了借款合同的一般条款之外，债权人通常会在借款合同中附加各种保护性条款，以保证企业能按规定及时还本付息，降低贷款风险。银行借款的保护性条款一般包括以下三部分内容：

1. 例行性保护条款

这类条款作为例行常规，在大多数借款合同中都会出现。主要包括：

①要求定期向提供贷款的金融机构提交财务报表，以使债权人随时掌握公司的财务状况和经营成果。

②不准在正常情况下出售较多的非产成品存货，以保持企业正常生产经营能力。

③如期清偿应缴纳税金和其他到期债务，以防被罚款而造成不必要的现金流失。

④不准以资产作其他承诺的担保或抵押。

⑤不准贴现应收票据或出售应收账款，以避免或有负债等。

2. 一般性保护条款

一般性保护条款是对企业资产的流动性及偿债能力等方面的要求条款，这类条款应用于大多数借款合同，主要包括：

①保持企业的资产流动性。要求企业需持有一定最低限度的货币资金及其他流动资产，以保持企业资产的流动性和偿债能力，一般规定了企业必须保持的最低营运资金数额和最低流动比率数值。

②限制企业非经营性支出。如限制支付现金股利、购入股票和职工加薪的数额规模，以减少企业资金的过度外流。

③限制企业资本支出的规模。控制企业资产结构中的长期性资产的比例，以减少公司日后不得不变卖固定资产以偿还贷款的可能性。

④限制公司再举债规模。目的是以防止其他债权人取得对公司资产的优先索偿权。

⑤限制公司的长期投资。如规定公司不准投资于短期内不能收回资金的项目，不能未经银行等债权人同意而与其他公司合并等。

3. 特殊性保护条款

这类条款是针对某些特殊情况而出现在部分借款合同中的条款，只有在特殊情况下才能生效。主要包括：要求公司的主要领导人购买人身保险；借款的用途不得改变；违约惩罚条款等。

（五）银行借款的付息方式

1. 收款法

收款法是指在借款到期时向银行支付利息的方法，又称为利随本清法。采用这种方法，企业借款的名义利率等于其实际利率。

2. 贴现法

贴现法是银行向企业发放贷款时，先从本金中扣除利息部分，而到期时借款企业再偿还全部本金的一种借款计息方法。采用这种方法，企业可利用的贷款额只有本金扣除利息后的差额部分，因此，其实际利率高于名义利率。贴现贷款实际利率的计算公式：

$$贴现贷款实际利率 = \frac{利息}{贷款总额 - 利息} \times 100\% = \frac{名义利率}{1 - 名义利率} \times 100\%$$

【例3-9】某企业从银行取得借款100万元，期限一年，年利率6%，按贴现法计息。要求计算该笔借款的实际利率。

【解】企业实际可动用的贷款为（100 - 100 × 6%）= 94万元

$$贷款实际利率 = \frac{100 \times 6\%}{94} \times 100\%$$

$$= 6.38\%$$

3. 加息法

加息法是银行发放分期等额偿还贷款时采用的利息收取方法。由于贷款分期等额偿还，企业实际只平均使用了贷款本金的半数，因此，使用这种方法的实际利率是名义利率的2倍。

【例3-10】某公司从银行借入200万元，年利率8%，采用加息法，要求计算该笔贷款的实际利率。

【解】$$贷款实际利率 = \frac{200 \times 8\%}{200 \div 2} \times 100\%$$

$$= 16\%$$

【例3-11】某公司向银行借入2 000万元贷款，银行提出以下付息方案：如采用收款法，则利息率为10%；如采用贴现法，利息率为8%，如采用加息法，利息率为6%。请问：该公司应该采用哪种付息方案？

【解】

（1）采用收款法，实际利率 = 名义利率 = 10%

（2）采用贴现法，实际利率 $= \frac{2\,000 \times 8\%}{2\,000 \times （1 - 8\%）} \times 100\%$

$$= 8.7\%$$

（3）采用加息法，实际利率 $= \frac{2\,000 \times 6\%}{2\,000 \div 2} \times 100\%$

$$= 12\%$$

从上面计算可知，公司采用贴现法承担的实际利率最低，所以应该采用贴现法付息。

（六）银行借款的优缺点

1. 银行借款的优点

（1）筹资速度快。发行各种证券筹集资金所需时间一般较长，如印刷证券、申请批准、证券发行等都需要一定的时间。而银行借款与发行各种证券相比，一般所需时间较短，筹资速度较快。

（2）借款弹性较大。企业与银行在借款时直接接触，商定借款的时间、数量和利息。在借款期间，如果企业情况发生变化，也可以与银行协商，修改借款条件，借款到期后，如有正当理由还可延期归还。

（3）借款成本较低。银行借款利率一般比债券利率低，而且银行借款属于直接筹资，筹资费用较少。另外，借款利息可在税前支付，起到抵减所得税的作用，相对降低了筹资成本。

（4）可发挥财务杠杆作用。利用借款筹资，利息固定，在企业盈利较多的情况下，普通股股东权益会大幅度增加。

（5）有利于股东保持其控制权。银行借款只是一种债务，债权人无权参与经营管理，因此银行借款筹资不会引起原有股东控制权的稀释。

2. 银行借款筹资的缺点

（1）筹资风险较大。借款必须按期归还本息，一旦企业经营不利时，很可能无力偿付到期债务，甚至会导致企业破产，因此给企业带来较大的财务风险。

（2）限制条款较多。企业与银行签订的借款合同，通常都附有一些限制性条款，这些条款可能会影响企业以后的筹资和投资活动。

（3）筹资数额有限。银行一般不愿借出巨额的长期借款，所以不如股票、债券那样可以一次筹集到大笔资金。

二、发行债券

债券是债务人为筹集资金而发行的、承诺按期向债权人支付利息和偿还本金的书面债务凭证。发行债券是企业筹集资金的重要方式。

（一）债券的种类

1. 按发行主体分为政府债券、金融债券和企业债券

政府债券是由中央政府或地方政府发行的债券；金融债券是由银行或非银行金融机构发行的债券；企业债券是由各类企业发行的债券。

2. 按照是否存在抵押担保分为信用债券、抵押债券和担保债券

信用债券是指仅凭债券发行者的信用发行的、没有抵押品作抵押或担保人作担保的债券。抵押债券是指由特定的财产作抵押品的债券。这里的"财产"可以是不动产

抵押，可以是动产抵押，也可以是证券抵押。担保债券是需要一个担保人对借款做出担保。

3. 按债券是否记名分为记名债券和无记名债券

记名债券是在票面上记载债权人姓名的债券。记名债券在转让时，持有人需要在债券上背书和在公司债权人名册上更换债权人姓名办理过户手续。记名债券丢失后，可以挂失，比较安全。无记名债券是票面上不记载债权人姓名的债券。债券上附有息票，企业见票付息，无记名债券转让方便，流动性较好，但是不安全。

4. 按照利率是否固定分固定利率债券和浮动利率债券

固定利率债券的利率在发行债券时即已确定并载于债券票面。浮动利率债券的利率水平在发行债券时不固定，而是定期根据某种基本利率加以调整确定。企业发行浮动利率债券的目的在于对付通货膨胀。

5. 按能否转换为公司股票分为可转换债券和不可转换债券

可转换债券是指在一定时期内，可按规定的价格或一定比例，由持有人自由选择是否转换为发行公司普通股股票的债券。反之，为不可转换债券。

（二）债券发行价格的确定

1. 债券发行价格的影响因素

（1）债券面值。即债券券面上标明的价值，是债券到期时偿还本金的金额，也是计算债券利息的依据。票面金额印在债券上，固定不变，到期必须足额偿还。

（2）票面利率。即在发行债券时就已经确定并在债券上注明的名义利率。是将来支付利息的依据，面值与利率相乘即为年利息。

（3）市场利率。即债券发行时的市场利率。

（4）债券期限。是指债券从发行之日起，至到期之日时的时间间隔。

2. 债券发行价格的确定

债券发行价格其实就是债券的价值，也就是看债券在未来能给投资者带来多少经济流入的一个求现值的过程，等于未来各期利息的现值和到期还本的现值之和，折现率以市场利率为折现率。用公式表示为：

$$债券的发行价格 = \frac{债券面值}{(1+市场利率)^n} + \sum_{t=1}^{n} \frac{债券票面年利息}{(1+市场利率)^t}$$

式中：t——债券付息期数；

n——债券期限。

当票面利率等于市场利率时，平价发行；当票面利率大于市场利率时，溢价发行；当票面利率小于市场利率时，折价发行。

【例3-12】某企业发行面值为1 000元的债券，债券票面利率为10%，每年年末付息一次，五年到期。若发行时的市场利率为12%，求该债券的发行价格。

【解】债券发行价格 = 1 000 × （P/F，12%，5）+ 1 000 × 10% × （P/A，12%，5）

= 927（元）

【例 3-13】 某企业发行期限为 5 年，票面利率 10%，面值 1 000 元的债券，分别计算下面情况的发行价格。

（1）市场利率 8%，每年年末支付一次利息，到期一次还本。

（2）市场利率 8%，到期连本带息一次付清。

【解】价格 = 利息现值 + 还本现值

（1）债券发行价格 = 1 000 × 10% × （P/A，8%，5）+ 1 000 × （P/F，8%，5）

= 1 000 × 10% × 3.992 7 + 1 000 × 0.680 6

= 1 079.87（元）

（2）债券发行价格 = 1 000 × （1 + 5 × 10%）× （P/F，8%，5）

= 1 020.9（元）

（三）债券筹资的优缺点

1. 债券筹资优点

（1）资金成本较低。债券持有人的投资风险要比股东的投资风险低，因此要求的投资报酬就低，债券筹资的发行费也较股票低，另外，债券利息在税前支付，筹资人可获得抵税收益，从而降低筹资成本。

（2）保证控制权。债权人无权干涉企业的管理事务，发行债券筹资，公司的所有者不会损失其对本公司的控制权。

（3）发挥财务杠杆作用。债券的利率在发行时就确定，债权人只能得到固定的利息，不能参与企业的盈利分配，当企业的投资报酬率高于债券利息率时，发行债券筹资，便可提高自有资金利润率，从而更多地增加股东财富。

2. 债券筹资缺点

（1）筹资风险高。债券有固定的到期日，并定期支付利息，要承担到期还本付息的义务。当企业经营不善时，企业可能因为不能偿还债务而陷入财务危机，甚至导致企业破产。

（2）限制条件多。债券持有人为保障债权的安全，往往有很多限制条款，这可能影响企业的正常发展和再筹资能力。

（3）筹资数额有限。债券筹集的是债务资金，所以其筹集数量是有限的。

三、融资租赁

（一）融资租赁的含义

融资租赁是由租赁公司按照承租企业的要求融资购买设备，并在契约或合同规定的期限内提供给承租企业使用的信用性业务，它是现代租赁的主要类型。承租企业采用融资租赁的主要目的是融通资金。一般融资的对象是资金，而融资租赁集融资与融物于一身，具有借贷性质，是承租企业筹集长期借入资金的一种特殊方式。

（二）融资租赁的程序

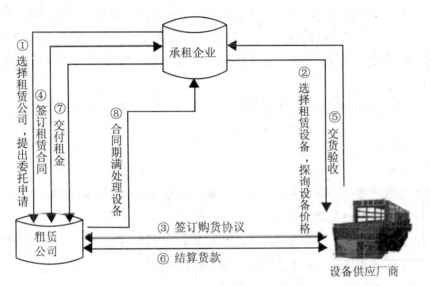

图3-1 融资租赁程序示意图

（三）融资租赁与经营租赁的区别

表3-9 融资租赁与经营租赁对比表

对比项目	融资租赁	经营租赁
业务原理	融资融物于一体	无融资特征，只是一种融物方式
租赁目的	融通资金，添置设备	暂时性使用，预防无形损耗风险
租期	较长，相当于设备经济寿命的大部分	较短
租金	包括设备价款	只是设备使用费
契约法律效力	不可撤销合同	经双方同意可中途撤销合同
租赁标的	一般为专用设备，也可为通用设备	通用设备居多
维修与保养	专用设备多为承租人负责，通用设备多为出租人负责	全部为出租人负责
承租人	一般为一人	设备经济寿命期内轮流租给多个承租人
灵活方便	不明显	明显

（四）融资租赁租金的计算

1. 平均分摊法

平均分摊法是指先以商定的利息率和手续费率计算出租赁期间的利息和手续费，然后连同租赁设备租赁成本的应摊总额按租金支付次数平均计算出每次应付租金数额的方法。平均分摊法没有考虑资金的时间价值。

平均分摊法下，每次应付租金数额的计算公式为：

$$每次支付租金 = \frac{（设备原价 - 预计净残值）+ 利息 + 手续费}{租金支付次数}$$

【例 3-14】某企业于 2015 年 1 月 1 日从租赁公司租入一套设备，价值 10 万元，租期为 5 年，预计租赁期满时的残值为 6 000 元，归租赁公司，年利率按 9% 计算，租赁手续费为设备价值的 2%。租金每年年末支付一次。求租赁该设备每次支付的租金。

【解】

$$租金 = \frac{（100\,000 - 6\,000）+ 100\,000（1 + 9\%）^5 - 100\,000 + 100\,000 \times 2\%}{5} \times 100\%$$

$$= 29\,972（元）$$

2. 等额年金法

等额年金法是将租赁资产在未来各租赁期内的租金按一定的贴现率予以折现，使其正好等于租赁资产的成本。在这种方法下，要将利息率和手续费率综合在一起确定一个租费率，作为贴现率。等额年金法考虑了资金的时间价值，结论更加客观性。

租金有先付租金和后付租金，所以，每期租金的计算方法也分两种：

（1）后付租金

根据年资本回收额的计算公式，可确定出后付租金方式下每年年末支付租金数额的计算公式：

$$A = \frac{P}{(P/A,\ i,\ n)}$$

【例 3-15】根据【例 3-14】资料，假定设备残值归属承租企业，租费率为 11%。求承租企业每年年末支付的租金。

【解】由于设备残值归属承租企业，所以计算租金的时候不需要考虑残值。

$$每年年末支付租金 = \frac{100\,000}{(P/A,\ 11\%,\ 5)}$$

$$= 27\,056（元）$$

【例 3-16】方方公司采用融资租赁方式于 2015 年 1 月 1 日从一租赁公司租入一设备，设备价款为 800 000 元，租期为 10 年，到期后设备归企业所有，为了保证租赁公司完全弥补融资成本、相关的手续费并有一定盈利，双方商定采用 10% 的折现率，试计算该企业每年年末应付的等额租金。

【解】

$$A = \frac{800\,000}{(P/A,\ 10\%,\ 10)}$$

$$= \frac{800\,000}{6.1446}$$

$$= 130\,195.62（元）$$

【例 3-17】某企业于 2015 年 1 月 1 日从租赁公司租入一套设备，价值为 200 万元，租期 8 年，租赁期满时预计残值 20 万元，归租赁公司。双方商定的租赁费率为 12%。租金每年年末支付一次，要求计算每期支付的租金。

【解】本题残值归属租赁公司，所以残值在计算租金的时候要被减掉，本题的现金流量图如下：

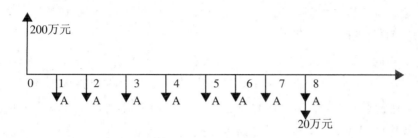

图 3-2　租金现金流量示意图

$$A = \frac{2\,000\,000 - 200\,000\ (P/F,\ 12\%,\ 8)}{(P/A,\ 12\%,\ 8)}$$

$$= \frac{2\,000\,000 - 200\,000 \times 0.4039}{4.9676}$$

$$= 386\,347.53\ （元）$$

（2）先付租金

根据先付年金的现值公式，可得出先付等额租金的计算公式：

$$A = \frac{P}{(P/A,\ i,\ n-1)\ +1}$$

【例 3-18】同样根据【例 3-14】资料，假设设备残值归属承租企业，采用先付等额租金方式，求每年年初支付的租金。

【解】
$$A = \frac{100\,000}{(P/A,\ 11\%,\ 4)\ +1}$$
$$= 24\,378\ 元$$

（五）融资租赁的优缺点

1. 融资租赁的优点

（1）筹资速度快，迅速获得所需资产。融资租赁集"融资"与"融物"于一身，融资租赁使企业在资金短缺的情况下引进设备成为可能。特别是针对中小企业、新创企业而言，融资租赁是一条重要的融资途径。

（2）限制条件少。企业运用股票、债券、长期借款等筹资方式，都受到相当多的资格条件的限制，如足够的抵押品，或银行贷款的信用标准、发行债券的政府管制等。相比之下，租赁筹资的限制条件很少。

（3）减少设备陈旧过时遭淘汰的风险。随着科学技术的不断进步，设备陈旧过时的风险很高，而多数租赁协议规定此种风险由出租人承担，承租企业可免受这种风险。

（4）财务风险小。融资租赁与购买一次性支出相比，能够避免一次性支付的负担，而且租金支出是未来的、分期的，企业无须一次筹集大量资金偿还。还款时，租金可以通过项目本身产生的收益来支付，是一种基于未来的"借鸡生蛋、卖蛋还钱"的筹资方式。

（5）税收负担轻。租金可在所得税前扣除，具有抵减所得税的作用。

2. 融资租赁的缺点

（1）资本成本高。租金通常比举借银行借款或发行债券所负担的利息高得多，租金总额通常要高于设备价值的30%。尽管与借款方式比，融资租赁能够避免到期的一次性集中偿还的财务压力，但高额的固定租金也给各期的经营带来了一定的负担。

（2）固定的租金支付构成较重的财务负担。

四、商业信用

（一）商业信用的概念

商业信用是指商品交易中延期付款或延期交货或预收货款进行购销活动而形成的借贷关系，是企业之间的一种直接信用关系。它是由商品交易中货与钱在时间与空间上的分离，靠双方的信用而形成的企业间的直接信用行为。商业信用形式多样，适用范围很广，是企业筹集短期资金的重要方式。

（二）商业信用的形式

商业信用筹资主要用于满足短期资金占用需要，包括应付账款、应付票据、预收货款等形式。

1. 应付账款

应付账款是最典型、最常见的商业信用形式。应付账款是供应商给企业提供的一个商业信用。是企业购买了货物但暂时未支付的款项，即赊购商品。

2. 应付票据

应付票据是指企业在商品购销活动时，采用商业汇票结算方式而发生的，由出票人出票，委托付款人在指定日期无条件支付确定的金额给收款人或者持票人的票据。应付票据是一种期票，是反映应收账款和应付账款的书面证明，其付款期限由交易双方商定，但最长不超过6个月。

3. 预收账款

预收账款是指销货单位按照合同和协议规定，在发出货物之前向购货单位预先收取部分或全部货款的信用行为。在采用预收货款方式交易的情况下，卖方要先向买方收取部分或全部货款，但要延迟到一定时期以后再交货。它等于是供货方向购买方先借一笔款项，然后用货物抵偿。

此外，企业在生产经营活动中往往还形成一些应付费用，如应付水电费、应付工资、应交税金、应付利息等。这些项目的发生受益在先，支付在后，支付期晚于发生期，因此它们为企业形成一种"自动性筹资"。这些筹资项目通常不花费代价，但其支付具有时间规定性，如按月支付工资、按规定期限缴纳税金等。

（三）商业信用决策

1. 信用条件

信用条件是销货人对付款时间和现金折扣所做的具体规定。信用条件中包括现金折扣百分比，折扣期限和信用期限。信用条件通常表示为"2/10，n/30"的形式。它表明现金折扣百分比为2%，折扣期是10天，信用期是30天。即发票开出后10天内付款，按货款总额的98%付款，超过10天后没有折扣，30天内必须付清款项。

2. 放弃现金折扣的成本

如果销售企业在给予商业信用的同时，附加提前付款提供现金折扣的销售条件，如"2/10，n/30"。在这种销售条件下，购买单位应尽量争取获得此项折扣，因为丧失现金折扣的机会成本很高。买方舍弃了享受现金折扣的机会损失就是商业信用的筹资机会成本，以年为单位用相对数表示放弃现金折扣成本，其计算公式为：

$$放弃现金折扣的成本 = \frac{现金折扣百分比}{1 - 现金折扣百分比} \times \frac{360}{延期付款天数}$$

3. 决策原则

企业在决定是否享受对方企业给出的现金折扣成本时，应依据这样的原则：

如果放弃现金折扣的信用成本率大于短期借款利率（或短期投资报酬率），应选择享受折扣；如果放弃现金折扣的信用成本率小于短期借款利率（短期投资报酬率），应选择放弃折扣。

【例3-19】某企业采购材料100万元，对方企业给出的信用条件为"2/10，n/30"，要求计算企业放弃现金折扣的成本。

【解】放弃现金折扣的成本 $= \dfrac{2\%}{1-2\%} \times \dfrac{360}{30-10} = 36.73\%$

由于放弃现金折扣会使这笔商业信用筹资成本的年利率高达36.73%，因此，企业应该向银行借款支付享受现金折扣。银行年利率是不会超过36.73%的。由此可见，利用商业信用筹资，如果销货条件规定有现金折扣，这时企业应将放弃现金折扣的成本与短期借款利率或短期投资报酬率进行比较，以做到合理使用商业信用筹资。

【例3-20】公司采购一批材料，供应商报价为80万元，付款条件为：4/10、3/40、2/60、n/100。目前企业用于支付账款的资金需要在100天时才能周转回来，在100天内付款，只能通过银行借款解决。如果银行利率为14%，确定公司材料采购款的付款时间和价格。

【解】

1. 计算放弃折扣信用成本率

（1）10 天付款方案，放弃折扣的信用成本率为：

$$放弃现金折扣的成本 = \frac{4\%}{1-4\%} \times \frac{360}{100-10} = 16.67\%$$

（2）40 天付款方案，放弃折扣的信用成本率为：

$$放弃现金折扣的成本 = \frac{3\%}{1-3\%} \times \frac{360}{100-40} = 18.56\%$$

（3）60 天付款方案，放弃折扣的信用成本率为：

$$放弃现金折扣的成本 = \frac{2\%}{1-2\%} \times \frac{360}{100-60} = 18.37\%$$

初步结论：由于各种方案放弃折扣的信用成本率均高于借款利息率，因此要享受现金折扣，借入银行借款以偿还货款。

2. 选择付款方案：

元

方案	10 天付款方案	40 天付款方案	60 天付款方案
折扣收益	32 000	24 000	16 000
利息	768 000 ×（14%/360）×90 = 26 880	776 000 ×（14%/360）×60 = 18 107	784 000 ×（14%/360）×40 = 12 196
净收益	32 000 - 26 880 = 5 120	24 000 - 18 107 = 5 893	16 000 - 12 196 = 3 804

总结论：第 40 天付款是最佳方案，其净收益最大。

（四）商业信用的优缺点

1. 商业信用的优点

（1）商业信用容易获得。商业信用与商品买卖同时进行，属于一种自然性融资，不用做特殊的安排。

（2）商业信用的限制少。

（3）商业信用的弹性好。

2. 商业信用的缺点

（1）如果放弃现金折扣，则要付出较高的资金成本。

（2）商业信用时间较短。

第五节* 混合筹资

混合筹资的方式主要包括发行可转换债券和认股权证。混合筹资筹集的资金兼具股权和债务资金的特征。

一、可转换债券

（一）含义及种类

1. 含义

可转换债券是一种混合型证券，是公司普通债券与证券期权的组合体。可转换债券的持有人在一定期限内，可以按照事先规定的价格或者转换比例，自由地选择是否转换为公司普通股。

一般来说，可转换债券可以分为两类。按照转股权是否与可转换债券分离分为不可分离的可转换债券和可分离交易的可转换债券。不可分离的可转换债券是其转股权与债券不可分离，持有者直接按照债券面额和约定的转股价格，在约定的期限内将债券转换为股票。可分离交易的可转换债券是债券在发行时附有认股权证，是认股权证和公司债券的组合，发行上市后公司债券和认股权证各自独立流通、交易。

（二）可转换债券的基本要素

1. 标的股票

标的股票一般是发行公司自己的普通股票，不过也可以是其他公司的股票，如该公司的上市子公司的股票。

2. 票面利率

可转换债券的票面利率一般会低于普通债券的票面利率，因为可转换债券在收益中，除了债券的利息收益外，还附加了股票买入期权的收益部分。

3. 转换价格

转换价格是指可转换债券在转换期间内据以转换为普通股的折算价格，即将可转换债券转换为普通股的每股普通股的价格。由于可转换债券在未来可以行权转换为股票，在债券发售时，所确定的转换价格一般比发售日股票市场价格高出一定比例，如高出 10%—30%。由于转换价格高于公司发债时的股价，投资者一般不会在发行后立即行使转换权。

4. 转换比率

转换比率指每一份可转换债券在既定的转换价格下能转换为普通股股票的数量。

$$转换比率 = \frac{债券面值}{转换价格}$$

5. 转换期

可转换债券的转换期是指可转换债券持有人能够行驶转换权的有效期限。可转换债券的转换期可以与债券的期限相同，也可以短于债券的期限。

6. 赎回条款

赎回条款是指发债公司按事先约定的价格买回未转股债券的条件规定。一般发生在公司股票价格在一段时期内连续高于转股价格达到某一幅度时。赎回条款的主要的功能是强制债券持有者积极行使转股权，因此又被称为加速条款。同时也能使发债公司避免在市场利率下降后，继续向债券持有人支付较高的债券利率所蒙受的损失。

7. 回售条款

回售条款是指债券持有人有权按照事先约定的价格将债券卖回给发债公司的条件规定。回售一般发生在公司股票价格在一段时间内连续低于转股价格达到某一幅度时。回售对于投资者而言实际上是一种卖权，有利于降低投资者的持券风险。

8. 强制性转换调整条款

强制性转换调整条款是指在某些条件具备之后，债券持有人必须将可转换债券转换为股票，无权要求偿还债权本金的规定。强制性转换调整条款可以保证可转换债券顺利地转换成股票，预防投资者到期集中挤兑引发公司破产的悲剧。

（三）可转换债券筹资特点

1. 筹资灵活性

可转换债券就将传统的债务筹资功能和股票筹资功能结合起来，筹资性质和时间上具有灵活性。

2. 资本成本较低

可转换债券的利率低于同一条件下普通债券的利率，降低了公司的筹资成本；此外，在可转换债券转换为普通股时，公司无需另外支付筹资费用，又节约了股票的筹资成本。

3. 筹资效率高

可转换债券在发行时，规定的转换价格往往高于当时本公司的股票价格。在公司发行新股时机不佳时，可以先发行可转换债券，以其将来变相发行普通股。

4. 存在一定的财务压力

可转换债券存在不转换的财务压力。如果在转换期内公司股价处于恶化性的地位，债券持有者到期不转股，会造成公司因集中兑付债券本金而带来的财务压力。

二、认股权证

（一）含义

认股权证全称为股票认购授权证，是一种由上市公司发行的证明文件，持有人有权在一定时间内以约定价格认购该公司发行的一定数量的股票。

（二）基本性质

1. 认股权证的期权性

认股权证本质上是一种股票期权，属于衍生金融工具，它没有普通股的红利收入，也没有普通股相应的投票权。

2. 认股权证是一种投资工具

投资者可通过购买认股权证获得市场价与认购价之间的股票差价收益，因此它是一种具有内在价值的投资工具

（三）认股权证的筹资特点

1. 认股权证是一种融资促进工具

2. 有助于改善上市公司的治理结构

在认股权证有效期间，上市公司管理层及其大股东任何有损公司价值的行为，都可能降低上市公司的股价，从而降低投资者执行认股权证的可能性，这将损害上市公司管理层及其大股东的利益。所以，认股权证能够约束上市公司的败德行为，并激励他们更加努力地提升上市公司的市场价值。

3. 有利于推进上市公司的股权激励机制

通过给予管理者和重要员工一定的认股权证，可以把管理者和员工的利益与企业价值成长紧密联系在一起，建立一个管理者与员工通过提升企业价值在实现自身财富增值的利益驱动机制。

本 章 小 结

筹资是企业通过一定的筹资渠道和资金市场，采用适当的筹资方式，经济有效地为企业筹集所需资金的一种行为。企业筹资是资金运动的起点，是企业财务活动的重要内容。本章主要介绍了企业筹集资金的几种方式，总的来说，企业筹资方式包括两大类：权益资金筹集和债务资金筹集，权益资金筹集的是企业的自有资金，它的特点是不需要偿还，是企业可以使用的永久性资金，资金成本不固定，可随企业盈利情况自行决定，所以筹集权益性资金对企业来说风险较小；但是，如果企业盈利情况很好，权益资金的投资者是要跟企业一起分享的；另一方面，投资者由于对未来盈利情况不确定，所以认为自身投资风险较大，要求的报酬率也会很高，从而导致企业筹集权益性资金的成本很高。而债务资金的筹集特点刚好相反，企业债权人要求企业及时还本付息，这会对企业造成很大的财务压力，特别当企业经营状况不好的时候，负债是有可能导致企业破产的，因此，企业筹集债务性资金的风险较大；同时，由于债权人要求的利息是固定的，所以债务资金会产生财务杠杆效应，当企业经营状况较好时，给企业带来巨大的财务杠杆利益，因此，企业筹集的债务资金成本较低。

随 堂 练 习

一、思考题

1. 简述企业筹资的动机。

2. 企业的筹资渠道和筹资方式分别有哪些？

3. 筹资管理的原则主要包括哪些内容？

4. 什么是销售百分比法，销售百分比法考虑的基本步骤是什么？

5. 股权筹资的方式主要有哪些？各自的优缺点是什么？

6. 债务筹资的方式主要有哪些？各自的优缺点是什么？

二、单项选择题

1. 企业为了优化资本结构，合理利用财务杠杆效应所产生的筹资动机属于(   )。

   A. 新建筹资动机　　　　　　　　B. 双重筹资动机

   C. 扩张筹资动机　　　　　　　　D. 调整筹资动机

2. 要求公司的主要领导人购买人身保险，属于长期借款保护条款中的(   )。

   A. 例行性保护条款

   B. 一般性保护条款

   C. 特殊性保护条款

   D. 例行性保护条款或一般性保护条款

3. 不准在正常情况下出售较多的非产成品存货，以保持企业正常生产经营能力描述的是(   )。

   A. 例行性保护条款　　　　　　　B. 一般性保护条款

   C. 特殊性保护条款　　　　　　　D. 其他条款

4. 下列筹资方式中，常用来筹措短期资金的是(   )。

   A. 商业信用　　　　　　　　　　B. 发行股票

   C. 发行债券　　　　　　　　　　D. 融资租赁

5. 下列各项中，不属于融资租赁租金构成项目的是(   )。

   A. 租赁设备的价款　　　　　　　B. 租赁期间利息

   C. 租赁手续费　　　　　　　　　D. 租赁设备维护费

6. 东方公司从租赁公司租入一套设备，价值 100 万元，租期 5 年，租赁期满预计残值 5 万元，归租赁公司，租赁的折现率为 10%，租金在每年年初支付，则每期租金为(   )元。

   A. 276 543. 12　　　　　　　　　B. 232 368. 88

   C. 223 415. 24　　　　　　　　　D. 212 345. 66

7. 某企业于 2014 年 1 月 1 日从租赁公司租入一套价值 10 万元的设备，租赁期为 10 年，租赁期满时预计残值率为 10%，归租赁公司所有。年利率为 12%，租金每年年末支付一次，那么每年的租金为(   )元。

   A. 17 128. 6　　　　B. 1 847. 32　　　　C. 1 945. 68　　　　D. 1 578. 94

8. 甲企业于本年年初从租赁公司租入一套专用设备，该设备价值 100 万元，预计可以使用 6 年,与租期相等。租赁期满时预计残值为 4 万元,归甲企业所有。租金于每年年末支付,假定基准折现率为 10%,则每年的租金为( )万元。

 A. 22.44   B. 22.04   C. 22.96   D. 22.01

9. 某企业拟以"2/20,N/40"的信用条件购进原料一批,则企业放弃现金折扣的机会成本率为( )。

 A. 2%   B. 36.73%   C. 18%   D. 36%

10. 下列各项中,属于非经营性负债的是( )。

 A. 应付账款   B. 应付票据

 C. 应付债券   D. 预收账款

11. 相对于普通股股东而言,优先股股东所拥有的优先权是( )。

 A. 优先表决权   B. 优先购股权

 C. 优先分配股利权   D. 优先查账权

12. 下列关于留存收益筹资的说法中,正确的是( )。

 A. 筹资途径为未分配利润   B. 筹资费用较高

 C. 资本成本比普通股低   D. 导致控制权的分散

13. 下列关于发行普通股筹资特点的表述中,不正确的是( )。

 A. 会分散企业控制权   B. 资本成本高于吸收直接投资

 C. 能增强公司的社会声誉   D. 不易及时形成生产能力

14. 某公司 2015 年预计营业收入为 50 000 万元,预计销售净利率为 10%,股利支付率为 60%。据此可以测算出该公司 2015 年内部资金来源的金额为( )。

 A. 2 000 万元   B. 3 000 万元   C. 5 000 万元   D. 8 000 万元

15. 相对于借款购置设备而言,融资租赁设备的主要缺点是( )。

 A. 筹资速度较慢   B. 融资成本较高

 C. 到期还本负担重   D. 设备淘汰风险大

16. 在财务管理中,将资金划分为变动资金、不变资金和半变动资金,并据以预测企业未来资金需要量的方法称为( )。

 A. 定额预测法   B. 比率预测法

 C. 资金习性预测法   D. 成本习性预测法

17. 吸收直接投资的筹资特点不包括( )。

 A. 能够尽快形成生产能力

 B. 资本成本较高

 C. 相对于股票筹资,企业控制权集中

 D. 有利于产权交易

18. 某企业按年利率 4.5% 向银行借款 200 万元,银行要求保留 10% 的补偿性余额，则该项借款的实际利率为(　　)。

    A. 4. 95%　　　　B. 5%　　　　　C. 5. 5%　　　　D. 9. 5%

19. 某公司拟发行面值为 1 000 元，不计复利，5 年后一次还本付息，票面利率为 10% 的债券。已知发行时资金市场的年利率为 12%。则该公司债券的发行价格为(　　)元。

    A. 851. 10　　　　B. 907. 84　　　　C. 931. 35　　　　D. 993. 44

20. 某企业与银行商定的周转信贷额为 800 万元，年利率 12%，承诺费率为 0. 5%，年度内企业使用了 500 万元，则企业本年度应向银行支付的承诺费为 (　　)万元。

    A. 6. 83　　　　B. 0. 42　　　　C. 1. 92　　　　D. 1. 5

21. 相对于负债融资方式而言，采用吸收直接投资方式筹措资金的优点是(　　)。

    A. 有利于降低资金成本　　　　B. 有利于集中企业控制权

    C. 有利于降低财务风险　　　　D. 有利于发挥财务杠杆作用

22. 下列各项中不属于利用商业信用筹资形式的是(　　)。

    A. 赊购商品　　　　　　　　　B. 预收货款

    C. 短期借款　　　　　　　　　D. 商业汇票

23. 采用销售百分比法预测的对外筹资需要量，下列影响因素的变动会使对外筹资需要量增加的是(　　)。

    A. 降低股利支付率　　　　　　B. 固定资产增加

    C. 利润留存率提高　　　　　　D. 销售净利率增大

24. 某企业基期的销售额为 1 500 万元，经营性资产和经营性负债占销售收入的百分比分别为 90% 和 30%，计划销售净利率为 10%，股利支付率为 60%，如果企业的销售增长率为 8%，预计该企业的外部融资需求量为(　　)万元。

    A. 9. 8　　　　B. 7. 2　　　　C. 8. 6　　　　D. 8

25. 下列不属于企业资金需要量预测方法的是(　　)。

    A. 因素分析法　　　　　　　　B. 资金习性预测法

    C. 连环替代法　　　　　　　　D. 销售百分比法

三、多项选择题

1. 相对于股票筹资，下列关于吸收直接投资的说法中，正确的是(　　)。

    A. 能够尽快形成生产能力

    B. 吸收投资的手续相对比较简便，筹资费用较低

    C. 企业控制权分散，不利于企业治理

    D. 不利于产权交易

2. 某上市公司决定以发行普通股股票进行筹资，下列属于该筹资方式优点的

是( )。

  A. 所有权和经营权集中，不易分散公司的控制权

  B. 没有固定的股息负担，财务风险小

  C. 筹资费用较低

  D. 有利于增强企业信誉

3. 下列各项中，属于经营租赁特点的有( )。

  A. 租赁期较短

  B. 租赁合同较为稳定

  C. 出租人提供租赁资产的保养和维修等服务

  D. 租赁期满后，租赁资产常常无偿转让或低价出售给承租人

4. 相对权益资金的筹资方式而言，银行借款筹资的缺点主要有( )。

  A. 财务风险较大   B. 资金成本较高

  C. 筹资数额有限   D. 筹资速度较慢

5. 下列权利中，属于优先股股东优于普通股股东的权利有( )。

  A. 股利分配优先权   B. 分取剩余财产优先权

  C. 公司管理权   D. 优先认股权

6. 企业进行筹资需要遵循的基本原则包括( )。

  A. 规模适当原则   B. 筹措及时原则

  C. 来源合理原则   D. 方式经济原则

7. 筹资的动机有( )。

  A. 新建筹资动机   B. 扩张筹资动机

  C. 调整筹资动机   D. 双重筹资动机

8. 与股权筹资相比，债务筹资的优点包括( )。

  A. 产生财务杠杆作用   B. 分散控制权

  C. 资本成本负担较轻   D. 稳定公司控制权

9. 关于银行借款的筹资特点，下列说法正确的有( )。

  A. 筹资弹性较大   B. 筹资成本较高

  C. 限制条件多   D. 筹资速度快

10. 下列各项中，属于留存收益筹资特点的有( )。

  A. 不用发生筹资费用   B. 维持公司的控制权分布

  C. 筹资数额有限   D. 资本成本高于普通股筹资

四、判断题

1. 与股权筹资相比，债务筹资的资本成本负担较轻。( )

2. 经营租赁是由租赁公司向承租单位在短期内提供设备，并由承租单位提供维

修、保养的一种服务型业务。（　　）

3. 相对于发行股票筹资而言，发行公司债券的成本高。（　　）

4. 相对于银行借款来说，融资租赁的资本成本要小一些。（　　）

5. 留存收益筹资不用发生筹资费用，资本成本低于普通股筹资。（　　）

五、计算分析题

1. 有一面值为 1000 元的债券，期限 5 年，票面利率为 8%，每年支付一次利息，到期还本。假设折现率为 6%，要求：

（1）如果每年付息一次，计算其价值。

（2）如果每半年付息一次，计算其价值。

2. 某企业于 2015 年 1 月 1 日从租赁公司租入一套设备，价值 60 万元，租期 6 年，租赁期满时预计残值 5 万元，归租赁公司。租费率每年 10%。租金每年年末支付一次，则每年租金是多少？

3. 某企业从银行借入 180 万元，年利率为 10.2%，银行要求企业按贷款额的 15% 保持补偿性余额。计算该项贷款的实际利率以及企业实际动用的借款。

4. B 公司 2010—2014 年资金占用与销售收入之间关系如下：

年　度	销售收入（元）	资金占用（元）
2010	160 000	120 000
2011	210 000	130 000
2012	200 000	125 000
2013	260 000	150 000
2014	220 000	160 000

预计 B 公司 2015 年的销售额为 305 000 元。

要求：根据以上资料运用高低点法预测 2015 年的资金占用量。

5. 南通公司 2014 年销售收入为 20000 万元，销售净利润率为 12%，净利润的 60% 分配给投资者。2014 年 12 月 31 日的资产负债表（简表）如下：

2014 年 12 月 31 日资产负债表（简表）

单位：万元

资　产	期末余额	负债及所有者权益	期末余额
货币资金	1 000	应付账款	1 000
应收账款	3 000	应付票据	2 000
存货	6 000	长期借款	9 000
固定资产净值	7 000	实收资本	4 000
无形资产	1 000	留存收益	2 000
资产总计	18 000	负债及所有者权益总计	18 000

该公司 2015 年计划销售收入比上年增长 30%，为实现这一目标，公司需新增设备一台，价值 148 万元。据历年财务数据分析，公司流动资产与流动负债随销售额同比

率增减。假定该公司 2015 年的销售净利率和利润分配政策与上年保持一致。

要求：

（1）计算 2015 年公司需增加的营运资金。

（2）预测 2015 年需要对外筹集的资金量。

6. 鼎博公司只经销一种产品，产品单价 5 元，公司的信用政策，采用"2/10，1/20，n/30"，若吉艾公司从鼎博公司购买商品 1000 件，假设 D 公司资金不足，可向银行借入短期借款，银行短期借款利率为 10%，每年按 360 天计算。

要求：

（1）按照鼎博公司提出的付款条件，计算吉艾公司放弃现金折扣的成本。

（2）并选择对吉艾公司最有利的付款日期。

7. 2014 年天地公司拟采购一批原材料，供应商提供的有关报价如下：

（1）立即付款，价格为 4800 元；

（2）30 天内付款，价格为 4875 元；

（3）31 至 60 天内付款，价格为 4935 元；

（4）61 至 90 天内付款，价格为 5000 元。

若银行短期贷款利率为 15%，每年按 360 天计算。

要求：计算放弃现金折扣的成本，并确定对公司最有利的付款日期和价格。

第四章　资本成本与资本结构

学习目标

➡ 了解资本成本的含义及构成内容；

➡ 掌握个别资本成本、综合资金成本和边际资本成本的计算；

➡ 理解经营杠杆、财务杠杆和复合杠杆的含义及对企业的影响；

➡ 掌握杠杆效应的计算方法；

➡ 掌握资本结构的优化方法；

➡ 能够运用各种资本成本的计算方法确定企业各种筹资方案的资本成本；

➡ 能运用杠杆系数确定企业的杠杆效应；

➡ 能运用资本结构的优化方法为企业的筹资方案做出决策。

知识导航

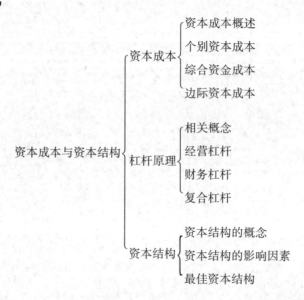

第一节 资 本 成 本

一、资本成本概述

（一）资本成本的概念

资本成本是指企业为筹集和使用资金而付出的代价，包括资金筹集费用和资金占用费用两部分。

1. 资金筹集费

资金筹集费用是指企业在筹措资金过程中为获取资金而支付的费用，如支付的银行借款手续费，发行股票、债券支付的评估费、注册费、审计费、销售佣金等有关发行费用，它通常是在筹措资金时一次性支付。

2. 资金占用费

资金占用费用是指企业在生产经营、投资过程中因占用资金而支付的代价，如向股东支付的股利、向债权人支付的利息等，这是资本成本的主要内容。

（二）资本成本的作用

资本成本是企业选择筹资来源和方式、拟定筹资方案的依据，也是评价投资项目的重要因素。资本成本在企业筹资决策中的作用主要表现在以下几个方面：

1. 资本成本是比较筹资方式、选择筹资方案的依据

企业可以从多种来源、采用多种方式筹集资金，但究竟选用哪种来源、采用哪种方式，要考虑的首要因素就是资金成本的高低。个别资本成本是比较各种筹资来源及筹资方式优劣的一个尺度。

2. 综合资本成本是衡量资本结构是否合理的依据

企业的长期资金通常是采用多种筹资方式组合而成的。不同的筹资方式组合会形成不同的综合资本成本，综合资本成本是企业进行资本结构决策的基本依据，它是影响企业筹资总额的重要因素。

3. 资本成本是评价投资项目可行性的主要标准

资本成本是企业评价投资项目、比较投资方案和追加投资决策的主要经济标准。在计算投资评价指标净现值时，常以资本成本作为折现率。当净现值为正数时，投资项目可行，否则不可行。用内部报酬率指标评价投资方案的可行性时，有时以资本成本作为基准收益率，只有当投资方案的内部报酬率大于资本成本时，方案才可行，否则不可行。因此，国际上通常将资本成本视为投资项目的"最低收益率"或是否采用投资项目的取舍率。

（三）资本成本的影响因素

1. 总体经济环境

总体经济环境变化的影响，反映在无风险报酬率上，如果国民经济保持健康、稳定、持续增长，整个社会经济的资金供给和需求相对均衡且通货膨胀水平低，资金所有者投资的风险小，预期报酬率低，筹资的资本成本相应就比较低；反之，则资本成本高。

2. 资本市场条件

如果资本市场缺乏效率，证券的市场流动性低，投资者投资风险大，要求的预期报酬率高，那么通过资本市场融通的资本，其资本成本就比较高。

3. 企业经营状况和融资状况

如果企业经营风险高，财务风险大，则企业总体风险水平高，投资者要求的预期报酬率大，企业筹资的资本成本相应就大。

4. 企业对筹资规模和时限的需求

企业一次性需要筹集的资金规模大、占用资金时限长，资本成本就高。

（四）资本成本的表现形式

资本成本在企业筹资管理中占有重要的地位，我们不仅要从性质上理解资本成本，还要从量上对资本成本进行估算，以便对不同资本成本进行比较，为企业做好筹资决策。

资本成本的计量可以用绝对数表示，也可以用相对数表示。资本成本用绝对数表示即资本总成本，是筹资费和全部用资费之和。由于企业筹资规模和筹资时间的不同，使用资本成本绝对数进行不同方案资本成本比较，不够准确和客观。因此，在财务管理中一般用相对数表示，即用资本成本率表示。它是资金占用费与企业筹资净额的比率，其中筹资净额为筹资数额扣除筹资费用后的差额。一般而言，资本成本多指资本成本率。其计算公式为：

$$资本成本 = \frac{年资金占用费}{实际用资额} = \frac{年资金占用费}{筹资总额 - 筹资费}$$

由于企业筹资费一般以筹资总额的一定百分比计算，因此，上述计算公式也可以表示为：

$$资本成本 = \frac{年资金占用费}{筹资总额（1 - 筹资费率）}$$

由于债务资本的资金占用费在缴纳所得税之前扣除，可以帮助企业抵减一部分所得税。而自有资本的占用费是在缴纳所得税之后扣除，不能抵减所得税。因此债务资本在计算其资本成本时，要考虑其对所得税的抵减作用，也就是要在上述公式的基础上再乘以（1 - 所得税税率）。

上述公式是对企业资本成本的一般表现形式，说明企业每使用 1 元资金所付出的实际代价。企业的筹资渠道和筹资方式很多，不同筹资方式下的资本成本是有所不同的，企业应根据资本成本计算的一般表现形式推导出不同筹资方式的资本成本计算方法。

为了便于比较计算，通常采用上述方法进行成本比较。此外，对于金额大、时间长的长期资本，更为准确地成本计算方式是采用贴现模式，即将债务未来还本付息或股权未来股利分红的贴现值与目前筹资净额相等时的贴现率作为资本成本率。

二、个别资本成本

个别资本成本是指各种筹资方式的成本。主要包括银行借款资本成本、债券资本成本、优先股资本成本、普通股资本成本和留存收益资本成本。前两者统称为债务资本，后三者统称为权益资本成本。

（一）银行借款资本成本

银行借款资本成本包括借款利息及筹资费用两部分。其中银行借款的利息可以在缴纳所得税前扣除，可以起到抵税作用。银行借款的筹资费用主要指借款手续费，在筹资当时一次性扣除，银行借款手续费用很少，一般可忽略不计。企业银行借款的资本成本可按以下公式计算：

$$K_1 = \frac{I_1 \ (1-T)}{P_1 \ (1-f_1)}$$

当银行借款的手续费很少时，也可以忽略不计。上式可简化为：

$$K_1 = \frac{I_1 \ (1-T)}{P_1}$$

式中：K_1——银行借款资本成本；

I_1——银行借款年利息；

T——所得税税率；

P_1——银行借款筹资总额；

f_1——银行借款筹资费率。

【例4-1】某企业取得五年期银行借款200万元，年利率12%，每年付息一次，到期一次还本，筹资费率为0.2%，企业所得税税率为25%。

要求：计算该银行借款的资本成本。

【解】

$$银行借款资本成本 = \frac{200 \times 12\% \times \ (1-25\%)}{200 \times \ (1-0.2\%)} = 9.02\%$$

【例4-2】某企业从银行取得长期借款300万元，年利率10%，期限3年，每年年末付息一次，筹资费率为0.1%，企业所得税税率为25%，筹资费忽略不计，要求计算该借款的资本成本。

【解】

$$银行借款资本成本 = \frac{300 \times 10\% \times (1 - 25\%)}{300} = 7.5\%$$

（二）债券资本成本

债券资本成本包括债券利息和债券筹资费用两部分。其中债券利息可以在所得税前抵扣，可以起到抵税的作用。而债券筹资费一般是指债券的发行费，包括申请费、注册费、印刷费、上市费及推销费等，债券的发行费用一般比较高，所以予以充分考虑。此外债券的价格有溢价、平价和折价等情况，会导致债券筹资总额的变化。债券资本成本可按下列公式计算：

$$K_2 = \frac{I_2 (1 - T)}{P_2 (1 - f_2)}$$

式中：K_2——债券资本成本；

I_2——债券年利息；

P_2——债券筹资额，按发行价格确定；

f_2——债券筹资费率。

【例4-3】某企业按面值发行面值为1 000元，期限3年，票面利率10%的债券100 000张，每年付息一次。发行费率为4%，所得税税率为25%。要求计算该批债券的资本成本。

【解】 $债券筹资成本 = \dfrac{1\,000 \times 10\% \times (1 - 25\%)}{1\,000 \times (1 - 4\%)} \times 100\%$

$= 7.8\%$

【例4-4】上例中，若债券溢价100元发行，试计算该批债券的资本成本。

【解】 $债券筹资成本 = \dfrac{1\,000 \times 10\% \times (1 - 25\%)}{1\,100 \times (1 - 4\%)} \times 100\%$

$= 7.1\%$

【例4-5】上例中，若债券折价100元发行，试计算该批债券的资本成本。

【解】 $债券筹资成本 = \dfrac{1\,000 \times 10\% \times (1 - 25\%)}{900 \times (1 - 4\%)} \times 100\%$

$= 8.68\%$

【例4-6】某公司计划发行公司债券10万张，面值为100元，5年期，票面利率8%，每年付息一次。预计发行时的市场利率为12%，发行费用为发行额的2%，适用的所得税率为25%。试计算该债券的资本成本。

【解】

发行价格 $= 100 \times 8\% \times (P/A, 12\%, 5) + 100 \times (P/F, 12\%, 5)$

$= 100 \times 8\% \times 3.6048 + 100 \times 0.5674$

$$= 28.8384 + 56.74$$

$$= 85.58 \ 元$$

$$债券资金成本 = \frac{100 \times 8\% \times (1 - 25\%)}{85.58 \times (1 - 2\%)}$$

$$= 7.15\%$$

在实际中，由于债券利率水平通常高于长期借款利率，同时债券发行费用较多，因此，债券成本一般高于长期借款成本。

（三）优先股资本成本

优先股的资本成本包括优先股股息和优先股筹资费。优先股股息通常每年保持不变，这与债券利息类似；与债券不同的是优先股股息是在所得税之后支付，不能抵减所得税，且没有固定到期日。优先股资本成本的计算公式如下：

$$K_3 = \frac{D}{P_3 (1 - f_3)}$$

式中：K_3——优先股资本成本；

D——优先股每年股利；

P_3——发行优先股总额；

f_3——优先股筹资费率。

【例4-7】某企业按面值发行优先股10万股，每股发行价格为10元，筹资费率为2%，优先股每年股利为1.2元/股。

要求：计算优先股的资本成本。

【解】

$$优先股资本成本 = \frac{1.2 \times 10}{10 \times 10 \times (1 - 2\%)} = 12.25\%$$

【例4-8】企业发行一批优先股，面值为200万元，溢价为210万元发行，每年优先股股利支付率为12%，筹资费率4%。

要求：计算优先股的资本成本。

【解】

$$优先股资本成本 = \frac{200 \times 12\%}{210 \times (1 - 4\%)} = 11.9\%$$

一方面，优先股股利税后支付，不能抵减所得税，债券利息税前支付，可以帮助企业抵减一部分所得税；另一方面，当公司破产时，优先股股东的求偿权在债券持有人之后，所以优先股股东风险大于债券持有人，优先股股东要求的报酬率要高于债券的利率，因此，优先股成本明显高于债券成本。

（四）普通股资本成本

普通股的特点是没有到期日，没有固定股利，股利随企业经营情况和财务情况而定。因此普通股资本成本需要进行估算，计算比较复杂，存在多种不同方法，主要包括股利增长模型法和资本资产定价模型法。

1. 股利增长模型法

股利增长模型法是利用普通股价值的计算公式来计算普通股成本的一种方法。在理论上，普通股价值可定义为预期未来股利按股东要求的收益率贴现后的现值之和，股东要求的收益率即为普通股成本。由于股票没有到期日，普通股价值的计算公式为：

$$P_4 = \sum_{i=1}^{\infty} \frac{D_i}{(1+K_4)^i}$$

式中：P_4——普通股的发行价格，即普通股价值；

D_i——第 i 期支付的股利；

K_4——普通股成本。

普通股筹资费一般比较高，因此，应予以考虑，所以上式可以表示为：

$$P_4 (1-f) = \sum_{i=1}^{\infty} \frac{D_i}{(1+K_4)^i}$$

许多公司的股利都是不断增长的，假设年增长率为 g，则普通股成本的计算公式为：

$$K_4 = \frac{D_1}{P_4 (1-f_4)} + g = \frac{D_0 (1+g)}{P_4 (1-f_4)} + g$$

式中：D_1——普通股预计第一年股利；

D_0——基期普通股股利，即刚刚支付过的股利。

如果每年股利固定不变，假定为 D，则可视为永续年金，则普通股成本的计算公式为：

$$K_4 = \frac{D}{P_4 (1-f)}$$

【例4-9】某企业普通股市价 20 元，筹资费用率 4%，刚刚支付股利为每股 1.5 元，预期股利年增长率为 6%。

要求：计算该企业普通股资本成本。

【解】

$$普通股资本成本 = \frac{1.5 (1+6\%)}{20 (1-4\%)} + 6\% = 14.28\%$$

【例4-10】某企业以每股 25 元发行普通股 100 万股，筹资费率为 5%，预计第一年股利为 3 元/股，以后每年增长 5%。

要求：计算普通股资本成本。

【解】

$$普通股资本成本 = \frac{3 \times 100}{25 \times 100 \times (1-5\%)} + 5\% = 17.63\%$$

2.*　资本资产定价模型法

资本资产定价模型法是利用资本资产定价模型来估计普通股成本的一种方法，可以简单描述为：普通股投资的必要报酬率等于无风险报酬率加上风险报酬率。其计算公式为：

$$K_4 = R_f + \beta (R_m - R_f)$$

式中：R_f——无风险报酬率；

β——股票的贝塔系数；

R_m——平均风险股票必要报酬率。

【例4-11】某股票的贝塔系数为1.2，市场平均风险股票必要报酬率为12%，无风险报酬率为10%。

要求：计算该股票的资本成本。

【解】

$$该股票成本 = 10\% + 1.2 \times (12\% - 10\%)$$
$$= 12.4\%$$

（五）留存收益成本

留存收益是由企业税后利润形成，是企业资金的一项重要来源。这部分留用利润从表面上看无明显成本，但实际是原有股东对企业的再投资，应计算其成本。股东对这部分投资与以前投给企业的股本一样，也要求有一定的报酬，所以，留存收益的成本计算一般是参照普通股成本计算，区别在于留存收益是企业内部利润留存，因此不会发生筹资费用。其计算公式为：

$$K_5 = \frac{D_1}{P_4} + g$$

式中：K_5 为留存收益成本；其他符号含义与普通股成本计算公式相同。

【例4-12】某企业普通股目前市价为15元/股，本年发放股利为1.5元/股，股利预计年增长率为6%，股票筹资费率为2%。

要求：计算该企业留存收益成本。

【解】

$$留存收益成本 = \frac{1.5 \times (1 + 6\%)}{15} + 6\% = 16.6\%$$

三、综合资金成本

由于受多种因素的制约，企业的筹资方式不可能是单一的，每个企业都可以从多种渠道，采用多种方式来筹集资金。因此，在计算个别资本成本的基础上，还应从企业整体角度计算整个企业的综合资金成本。综合资金成本是以各项个别资本在企业总资本中所占比重为权数，对各项个别资本成本进行加权平均而得的资本成本，所以又称加权平均资本成本。该指标反映的是企业所筹集资金的平均成本，反映企业资本成本总体水平的高低。

从以上定义中可以看出，加权资本成本是由个别资本成本和各种长期资金比例这两个因素所决定的。加权平均资本成本计算公式为：

加权平均资本成本 = $\sum$（某种资金占总资金的比重 × 该种资金的成本）

或：

$$K_w = \sum_{j=1}^{n} K_j W_j$$

式中：K_W——加权平均资本成本；

K_j——第 j 种个别资本成本；

W_j——W_j 代表第 j 种资金占总资金的比重。

【例 4-13】某企业拟筹资 1 000 万元。其中，按面值发行 3 年期债券 400 万元，债券票面利率为 6%，筹资费率为 3%；普通股为 600 万元，每股面值 1 元，发行价为 10 元/股，筹资费率为 5%，第一年预期股利为 1.5 元/股，以后每年增长 5%。所得税税率为 25%。

要求：计算该筹资方案的综合资金成本。

【解】

（1）计算各种资金比重：

$$债券比重 = \frac{400}{1\,000} \times 100\% = 40\%$$

$$普通股比重 = \frac{600}{1\,000} \times 100\% = 60\%$$

（2）计算各种资金个别资金成本

$$债券资金成本 = \frac{400 \times 6\% \times (1-25\%)}{400 \times (1-3\%)} \times 100\% = 4.64\%$$

$$普通股资金成本 = \frac{1.5}{10 \times (1-5\%)} + 5\% = 20.79\%$$

（3）计算综合资金成本

$$综合资金成本 = 40\% \times 4.64\% + 60\% \times 20.79\%$$
$$= 14.33\%$$

【例 4-14】某企业需筹集资金 7 000 万元，拟采用三种方式筹资。

（1）向银行借款 2 000 万元，期限 5 年，年利率为 8%，借款费用忽略不计；

（2）溢价发行 3 年期债券 1 000 万元，该债券票面金额为 900 万元，票面年利率为 10%，筹资费用率为 2%；

（3）发行普通股 400 万股，每股发行价格 10 元，筹资费用率为 5%，预计第一年股利为 2 元/股，以后每年增长 3%。假设该公司适用的所得税税率为 25%。

要求：（1）分别计算三种筹资方式的个别资本成本；

（2）计算新筹措资金的加权平均资本成本。

【解】（1）银行借款资本成本 $= \dfrac{2\,000 \times 8\% \times (1 - 25\%)}{2\,000}$

$$= 6\%$$

债券资本成本 $= \dfrac{900 \times 10\% \times (1 - 25\%)}{1\,000\,(1 - 2\%)}$

$$= 6.89\%$$

普通股资本成本 $= \dfrac{2}{10\,(1 - 5\%)} + 3\%$

$$= 24.05\%$$

（2）计算加权平均成本 $= 6\% \times \dfrac{2\,000}{7\,000} + 6.89\% \times \dfrac{1\,000}{7\,000} + 24.05\% \times \dfrac{4\,000}{7\,000}$

$$= 1.71\% + 0.98\% + 13.74\%$$

$$= 16.43\%$$

四、边际资本成本

（一）边际资本成本的含义

边际资本成本是追加筹资时所使用的加权平均成本，即资金每增加一个单位而增加的成本。企业不可能以固定的资本成本筹措无限多的资金，当企业以某一种筹资方式筹集某种资金超过一定额度时，该种资金的成本就会发生变化，即边际资本成本就会上升。此时，即使保持原有的资本结构，企业的综合资金成本也会上升。边际资本成本一般适用于在资本结构既定的条件下，计算新筹集资金的成本。边际资本成本是企业进行追加筹资的决策依据。

（二）边际资本成本的计算步骤

计算边际资本成本可按如下步骤进行：

（1）确定公司目标资本结构。假定企业新追加资金始终保持该目标资本结构。

（2）确定各种筹资方式的个别资本成本。

（3）计算筹资总额分界点

筹资总额分界点是某种筹资方式的成本分界点与目标资本结构中该种筹资方式所占比重的比值，反映了在保持某一资本成本不变的条件下，可以筹集到的资金总额的限度。一旦筹资额超过筹资分界点，即使维持现有的资本结构，其资本成本也会增加。筹资总额分界点的计算公式为：

$$筹资总额分界点 = \dfrac{某种筹资方式的成本分界点}{目标资本结构中该种筹资方式所占比重}$$

如：企业目标资本结构为普通股：长期借款 $= 6 : 4$。企业长期借款在 80 万元及以下成本为 10%；80 万元以上成本为 12%。因此，长期借款的成本分界点为 80 万元，由此可以得出筹资总额分界点 $\frac{80}{40\%} = 200$ 万元。

（4）计算边际资本成本

根据计算出的分界点，可得出若干组新的筹资范围，对各筹资范围分别计算加权平均资本成本，即可得到各种筹资范围的边际资本成本。

（三）边际资本成本计算举例

【例4-15】某企业目前资本结构为债务资金 400 万元，权益资金 600 万元。且该资本结构为公司理想的资本结构。公司拟筹集新的资金，并维持目前的资本结构。随筹资额增加，各种资金成本的变化如下表：

表 4-1 企业筹资资料表表

资金种类	新筹资额（万元）	资金成本（%）
发行债券	100 万元以下（含 100 万元）	8
	100 万元以上	10
普通股	120 万元以下（含 120 万元）	12
	120 万元以上	14

【解】

（1）确定目标资本结构

企业目标资本结构为负债资金占 40%，权益资金占 60%。

（2）计算筹资总额分界点

发行债券的筹资总额分界点 $= \frac{100}{40\%} = 250$ （万元）

普通股的筹资总额分界点 $= \frac{120}{60\%} = 200$ （万元）

（3）计算边际资本成本

根据筹资总额分界点，可得出三组新的筹资范围：

①200 万元以下；

②200~250 万元；

③250 万元以上。

对以上三个筹资范围分别计算加权平均资金成本，即可得到各种筹资范围的资金边际成本。

边际资金成本（0~200 万元）$= 40\% \times 8\% + 60\% \times 12\% = 10.4\%$

边际资金成本（200~250 万元）$= 40\% \times 8\% + 60\% \times 14\% = 11.6\%$

边际资金成本（250 万元以上）$= 40\% \times 10\% + 60\% \times 14\% = 12.4\%$

第二节 杠 杆 原 理

杠杆原理是物理学中的概念，其杠杆效应是指利用杠杆，可以用较小的力量移动较重物体的现象。财务管理中的杠杆效应是指由于特定费用的存在，导致一个变量以较小幅度变动时，引起另一相关变量较大幅度的变动。具体来说，财务管理中的杠杆主要有三种：经营杠杆、财务杠杆和复合杠杆。

一、相关概念

（一）杠杆

财务管理中的杠杆效应是指由于特定固定支出或费用的存在，导致当某一财务变量以较小幅度变动时，另一相关变量会以较大幅度变动。财务管理中的杠杆效应包括经营杠杆、财务杠杆和复合杠杆三种效应形式。

（二）成本习性

所谓成本习性是指成本总额与业务量之间在数量上的依存关系。按成本习性可以把全部成本分为固定成本、变动成本和混合成本三类。固定成本是指其总额在一定时期和一定业务量范围内不随业务量发生任何变动的那部分成本，如按直线法计提的折旧、保险费、管理人员工资、办公费等。变动成本是指其总额在一定范围内随着业务量成正比例变动的那部分成本，如直接材料、直接人工等。混合成本是指成本虽然也随着业务量的变动而变动，但不成同比例变动，不能简单地归入变动成本或固定成本。但混合成本又可以按一定方法分解成变动部分和固定部分。那么，总成本习性模型可以表示为：

$$y = a + bx$$

式中：y——总成本；

　　　x——业务量；

　　　a——固定成本；

　　　b——单位变动成本。

（三）边际贡献和息税前利润

1. 边际贡献（M）

边际贡献是指销售收入减去变动成本以后的差额。其计算公式为：

边际贡献 = 销售收入 – 变动成本

　　　　 =（销售单价 – 单位变动成本）× 产销量

　　　　 = 单位边际贡献 × 产销量

2. 息税前利润（EBIT）

息税前利润是指企业支付利息和交纳所得税前的利润，它可以用边际贡献减去固定成本求得，也可以用利润总额加上利息费用求得。其计算公式为：

$$息税前利润 = 销售收入 - 变动成本 - 固定成本$$
$$= （销售单价 - 单位变动成本）\times 产销量 - 固定成本$$
$$= 边际贡献总额 - 固定成本$$

3. 边际贡献与息税前利润之间的关系

$$息税前利润 = 边际贡献 - 固定成本$$

即：

$$EBIT = S - V - F = （P - V_c）Q - F = M - F$$

式中：EBIT——息税前利润；

S——销售收入；

V——变动性经营成本；

F——固定性经营成本；

Q——产销业务量；

P——销售单价；

V_c——单位变动成本；

M——边际贡献。

二、经营杠杆

（一）经营杠杆的含义

经营杠杆是指由于固定性经营成本的存在，而使得企业的息税前利润变动率大于业务量变动率的现象。在其他条件不变的情况下，产销业务量的增加虽然不会改变固定成本总额，但会降低单位固定成本，从而提高单位利润，使息税前利润的增长率大于产销业务量的增长率。反之，产销业务量的减少会提高单位固定成本，降低单位利润，使息税前利润下降率也大于产销业务量下降率。如果不存在固定成本，所有成本都是变动的，这时息税前利润变动率就同产销业务量变动率完全一致。经营杠杆利益是指在扩大营业额的条件下，经营成本中固定成本这个杠杆所带来的增长程度更大的经营利润。

（二）经营杠杆系数

企业只要存在固定性经营成本，就存在经营杠杆效应。通常采用经营杠杆系数指标来度量经营杠杆效应。经营杠杆系数是指息税前利润变动率相当于产销量变动率的倍数，用 DOL 表示。在固定性经营成本不变的情况下，经营杠杆系数说明了销售额的变动所引起息税前利润变动的幅度。

经营杠杆系数的定义公式如下：

$$经营杠杆系数 = \frac{息税前利润变动率}{业务量变动率}$$

即：

$$DOL = \frac{\Delta EBIT / EBIT_0}{\Delta S / S_0}$$

式中：DOL——报告期经营杠杆系数；

ΔEBIT——息税前利润变动数；

$EBIT_0$——基期息税前利润；

ΔS——产品销售收入变动数；

S_0——基期产品销售收入。

由上述定义公式可以推导出经营杠杆系数的计算公式：

$$经营杠杆系数 = \frac{基期边际贡献}{基期息税前利润}$$

即：

$$DOL = \frac{M_0}{EBIT_0} = \frac{M_0}{M_0 - F} = \frac{EBIT_0 + F}{EBIT_0}$$

式中：M_0——基期边际贡献；

$EBIT_0$——基期息税前利润；

F——固定性经营成本。

【例4-16】某公司近两年相关资料如下表：

表4-2 企业销售情况资料表

万元

项　目	2013	2014
销售额	120	160
变动成本	72	96
固定成本	20	20

要求：（1）采用定义公式计算该公司2014年的经营杠杆系数；

（2）采用计算公式计算该公司2014年和2015年的经营杠杆系数。

【解】

（1）该企业2013年的相关数据计算如下：

边际贡献 = 销售额 – 变动成本 = 120 – 72 = 48（万元）

息税前利润 = 边际贡献 – 固定成本 = 48 – 20 = 28（万元）

2014年相关数据计算如下：

边际贡献 = 销售额 – 变动成本 = 160 – 96 = 64（万元）

息税前利润 = 边际贡献 − 固定成本 = 64 − 20 = 44（万元）

$$息税前利润变动率 = \frac{(44-28)}{28} \times 100\% = 57.14\%$$

$$产销量变动率 = \frac{(160-120)}{120} \times 100\% = 33.33\%$$

$$该公司 2014 年经营杠杆系数 = \frac{息税前利润变动率}{业务量变动率}$$

$$= \frac{57.14\%}{33.33\%}$$

$$= 1.71$$

（2）采用计算公式计算企业 2014、2015 年经营杠杆系数：

$$2014 年经营杠杆系数（DOL） = \frac{M_0}{EBIT_0}$$

$$= \frac{48}{28} = 1.71$$

$$2015 年经营杠杆系数（DOL） = \frac{M_0}{EBIT_0}$$

$$= \frac{64}{44} = 1.46$$

（三）经营杠杆系数与经营风险

经营风险指企业因经营上的原因而导致利润变动的风险，尤其是利用经营杠杆而导致息税前利润变动的风险，也称营业风险。通过上面的分析可以看到，只要企业存在固定性经营成本，就存在经营杠杆效应。而且，企业固定成本越高、产品销售数量和销售价格水平越低，经营杠杆效应越大，反之亦然。如一个企业的经营杠杆系数为2，企业的销售量增加了20%，则企业的息税前利润增加40%，如果销售量下降20%，则息税前利润要下降40%；假设企业的经营杠杆系数为4，销售量若要增加20%，则息税前利润要增加80%，销售量若为下降20%，则息税前利润下降80%。因此，经营杠杆放大了市场和生产等因素变化对利润波动的影响。经营杠杆系数越高，表明资产报酬等利润波动程度越大，经营风险也就越大。经营杠杆系数将随固定成本的变化呈同方向变化，即在其他因素一定的情况下，固定成本越高，经营杠杆系数越大，利润变动越剧烈，企业的经营风险也越大；如果固定成本为零，则经营杠杆系数等于1。

三、财务杠杆

（一）财务杠杆的含义

财务杠杆是指由于固定性资本成本的存在，而使得企业的普通股每股收益变动率大于息税前利润变动率的现象。在计算普通股每股收益中，企业从息税前利润中支付的债务利息、优先股股息等资本成本是相对固定的。这样，当企业息税前利润增加时，固定的资本成本不会随之增加，从而导致每一元利润所负担的固定资本成本减少，使普通股每股收益以更快的速度增长；反之，当息税前利润下降时，每一元利润所负担的资本成本就会增加，从而使普通股每股收益以更快的速度下降。

（二）财务杠杆系数

企业只要存在固定性的资本成本，就会产生杠杆效应，但不同企业财务杠杆的作用程度是不完全一致的。通常，固定性资本成本产生的财务杠杆效应是用财务杠杆系数来衡量。所谓财务杠杆系数是指普通股每股收益的变动率相当于息税前利润变动率的倍数，用 DFL 表示，表明息税前利润增长引起的普通股每股利润的增长幅度。

财务杠杆系数的定义公式如下：

$$财务杠杆系数 = \frac{每股收益变动率}{息税前利润变动率}$$

即：

$$DFL = \frac{\Delta EPS / EPS_0}{\Delta EBIT / EBIT_0}$$

式中：DFL——报告期财务杠杆系数；

ΔEPS——普通股每股收益变动额；

EPS_0——基期普通股每股收益；

$EBIT_0$——基期息税前利润额；

$\Delta EBIT$——息税前利润变动额。

由上述定义公式可以推导出财务杠杆系数的计算公式：

$$财务杠杆系数 = \frac{基期息税前利润}{基期息税前利润 - 利息 - 优先股股利 / （1 - 所得税率）}$$

即：

$$DFL = \frac{EBIT_0}{EBIT_0 - I - D / （1 - T）}$$

式中：DFL——报告期财务杠杆系数；

$EBIT_0$——基期息税前利润额；

I——债务利息；

D——优先股股利；

T——所得税税率。

若企业没有发行优先股，上述公式可以简化为：

$$财务杠杆系数 = \frac{基期息税前利润}{基期息税前利润 - 利息}$$

【例 4-17】某企业发行在外普通股 100 万股，适用所得税率为 25%，近两年利润相关数据如下表所示：

表 4 – 3　企业普通股每股利润资料

万元

年份 项目	2013	2014
息税前利润	1 000	1 200
利息	500	500
税前利润	500	700
所得税	125	175
净利润	375	525
普通股每股收益	3.75	5.25

要求：分别利用定义公式和计算公式计算 2014 年的财务杠杆系数。

【解】

由上表可以计算出：

$$每股收益变动率 = \frac{(5.25 - 3.75)}{3.75} \times 100\% = 40\%$$

$$息税前利润变动率 = \frac{(1\,200 - 1\,000)}{1\,000} \times 100\% = 20\%$$

由定义公式：

$$财务杠杆系数（DFL） = \frac{每股收益变动率}{息税前利润变动率} = \frac{40\%}{20\%} = 2$$

由计算公式：

$$财务杠杆系数 = \frac{基期息税前利润}{基期息税前利润 - 利息} = \frac{1\,000}{1\,000 - 500} = 2$$

由上面计算可知，采用两种方法计算出的结果是完全一致的。

（三）财务杠杆系数与财务风险

财务风险是指企业在经营活动过程中与筹资有关的风险。即当企业取得财务杠杆利益而利用负债资金时，增加了破产机会或普通股利润大幅度变动的机会所带来的风险。只要企业存在固定性资本成本，就会产生杠杆效应，且财务杠杆系数越大，财务风险也就越大；反之，财务杠杆系数越小，产生的财务杠杆效用也越小，财务风险也越小。如一个企业财务杠杆系数为 2，若企业的息税前利润上升 20%，最终给股东带来的每股收益将上升 40%；反之，若企业息税前利润下降 20%，则每股收益会下降40%；由于财务杠杆的作用，在息税前利润下降时，股东的每股收益会以更快的速度下降，从而给企业所有者造成财务风险。财务杠杆放大了息税前利润变化对普通股每股收益的影响，财务杠杆系数越高，表明普通股收益的波动程度越大，财务风险也就越大。如果企业固定财务费用为零，则财务杠杆系数为1。反之，财务杠杆系数为1，说明企业无负债，利息为零。

四、复合杠杆

（一）复合杠杆的含义

复合杠杆也叫做总杠杆、联合杠杆，是指由于固定生产经营成本和固定财务费用的共同存在而导致的普通股每股收益变动率大于产销量变动率的杠杆效应。通常把经营杠杆和财务杠杆的连锁作用称为复合杠杆作用，也就是用复合杠杆来反映企业综合利用经营杠杆和财务杠杆给企业普通股股东收益带来的影响。经营杠杆放大了企业销量对息税前利润的影响，而财务杠杆放大了息税前利润对股东每股收益的影响。复合杠杆把两种杠杆联合起来对企业产生综合影响，即直接放大了企业销量对股东每股收益的影响。企业如果同时利用经营杠杆和财务杠杆，那么企业销售额的变动会对股东每股收益产生更大的影响，企业总的风险也就更高。

（二）复合杠杆系数

只要企业存在固定性生产经营成本和固定性资本成本，就会存在复合杠杆的效应，复合杠杆效用用复合杠杆系数来衡量。所谓复合杠杆系数是指普通股每股收益变动率相当于产销量变动率的倍数。

其计算的定义公式为：

$$复合杠杆系数 = \frac{普通股每股收益变动率}{产销量变动率}$$

即：

$$DCL = \frac{\Delta EPS/EPS_0}{\Delta S/S_0} = \frac{\Delta EPS/EPS_0}{\Delta EBTI/EBIT_0} \times \frac{\Delta EBIT/EBIT_0}{\Delta S/S_0}$$

$$= DOL \times DFL$$

式中：DCL——报告期总杠杆系数；

    ΔEPS——普通股每股收益变动额；

    EPS_0——基期普通股每股收益；

    $EBIT_0$——基期息税前利润额；

    $\Delta EBIT$——息税前利润额变动额。

由定义公式推导出复合杠杆系数的计算公式为：

$$DCL = \frac{M_0}{EBIT_0 - I - \dfrac{D}{1-T}}$$

式中：DCL——报告期复合杠杆系数；

    M_0——基期边际贡献；

$EBIT_0$——基期息税前利润；

I——债务利息；

D——优先股股利；

T——所得税税率。

若企业不存在优先股，则上述公式可以简化为：

$$DCL = \frac{M_0}{EBIT_0 - I_0}$$

三种杠杆系数的关系如下图所示：

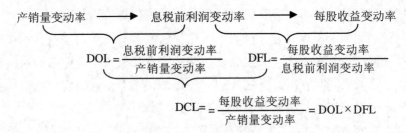

图 4 - 1　三种杠杆系数的关系

【例4-18】某企业发行在外普通股股数为 100 万股，变动成本率为 40%，适用的所得税税率为 25%，其他资料见下表：

表 4 - 4　企业每股收益计算表

万元

年份 项目	2013	2014
销售收入	1 000	1 400
变动成本	400	560
边际贡献	600	840
固定成本	200	200
息税前利润	400	640
利息	100	100
税前利润	300	540
所得税	75	135
税后利润	225	405
每股收益	2.25	4.05

要求：计算该企业 2014 年总杠杆系数。

【解】

根据上表中的数据，该企业 2014 年的总杠杆系数：

由定义公式：

$$DCL = \frac{(4.05 - 2.25) \ /2.25}{(1\ 400 - 1\ 000) \ /1\ 000} = 2$$

由计算公式：

$$DCL = \frac{600}{400 - 100} = 2$$

计算结果表明，两个公式计算出的结果完全相同。

【例4-19】某企业2014年销售额为2 000万元，变动成本率为50%，固定成本为500万元。资产总额2 000万元，资产负债率是50%，负债的平均利息率是10%。如果预计2015年销售收入会提高30%，其他条件不变。

要求：

（1）计算2015年的财务杠杆、经营杠杆和复合杠杆系数；

（2）预计2015年每股收益增长率。

【解】

（1）计算该企业2015年的财务杠杆、经营杠杆和复合杠杆系数

变动成本 = 销售收入×变动成本率 = 2 000×50% = 1 000（万元）

边际贡献 = 销售收入 - 变动成本 = 2 000 - 1 000 = 1 000（万元）

固定成本 = 500（万元）

息税前利润 = 1 000 - 500 = 500（万元）

利息 = 2 000×50%×10% = 100（万元）

由上面数据，计算三种杠杆系数：

$$经营杠杆系数（DOL） = \frac{边际贡献}{息税前利润}$$

$$= \frac{1\ 000}{500}$$

$$= 2$$

$$财务杠杆系数（DFL） = \frac{息税前利润}{息税前利润 - 利息}$$

$$= \frac{500}{500 - 100}$$

$$= 1.25$$

$$复合杠杆系数（DCL） = \frac{边际贡献}{息税前利润 - 利息}$$

$$= \frac{1\ 000}{500 - 100}$$

$$= 2.5$$

或：复合杠杆系数 = DOL × DFL = 2 × 1. 25 = 2. 5

（2）预计2015年每股收益增长率

$$由复合杠杆系数 = \frac{普通股每收益变动率}{产销量变动率}$$

得：2015年每股收益增长率 = 复合杠杆系数 × 收入增长率

$$= 2. 5 × 30\%$$

$$= 75\%$$

（三）复合杠杆与企业风险

企业复合风险是指由于复合杠杆作用使普通股每股利润大幅度波动而造成的风险。复合风险直接反应企业的整体风险。只要企业同时存在固定的生产经营成本和固定的资本成本等财务支出，就会存在复合杠杆的作用。且在其他因素不变的情况下，复合杠杆系数越大，复合风险越大，企业风险越大；反之，复合杠杆系数越小，复合风险越小，企业风险越小。

通常固定资产比重较大的资本密集型企业，经营杠杆系数高，经营风险大，企业筹资主要依靠权益资本，以保持较小的财务杠杆系数和财务风险；变动成本比重较大的劳动密集型企业，经营杠杆系数低，经营风险小，企业筹资主要依靠债务资本，保持较大的财务杠杆系数和财务风险。一般来说，在企业初创阶段，产品市场占有率低，产销业务量小，经营杠杆系数大，此时企业筹资主要依靠权益资本，在较低程度上使用财务杠杆；在企业扩张成熟期，产品市场占有率高，产销业务量大，经营杠杆系数小，此时，企业资本结构中可扩大债务资本，在较高程度上使用财务杠杆。

第三节　资本结构

一、资本结构的概念

资本结构是指企业资本总额中各种资本的构成及其比例关系。资本结构有广义和狭义之分，广义的资本结构是指全部资金的结构，包括长期资金和短期资金；狭义的资本结构仅指长期资本结构，短期资金的需要量和筹集是经常变化的，且在整个资金总量中所占比重不稳定，因此不列入资本结构管理范围，而作为营运资金管理。本书所指的资本结构是指狭义上的资本结构。

不同的资本结构会给企业带来不同的后果，因此资本结构是企业筹资决策的核心问题。资本结构问题总的来说是负债资本的比例问题，即负债在企业全部资本中所占的比重。企业进行举债经营，既可以发挥财务杠杆效用，同时也会带来财务风险。因此，企业应综合考虑有关影响因素，运用适当的方法确定最佳资本结构，并在以后追加筹资中继续保持。

二、资本结构的影响因素

企业的资本结构是一个产权结构问题，企业在进行资本结构决策时，受到众多因素的影响，主要包括下面几种。

（一）企业经营状况

如果企业经营状况稳定，未来发展前景较好，企业可较多地负担固定的财务费用或采用高负债的资本结构，从而获得财务杠杆效应，提升权益资本的报酬；反之，应适当降低资本结构中负债比例，防止财务杠杆风险。

（二）企业财务状况

企业财务状况良好，信用等级高，债权人愿意向企业提供信用，企业容易获得债务资本。

（三）企业资产结构

企业的性质决定了企业的资产结构，资产是企业经营的基础，资产结构对企业的资本结构有着重要的影响。拥有大量固定资产的企业主要通过长期负债和发行股票融通资金；拥有较多流动资产的企业更多地依赖流动负债融通资金。资产适用于抵押贷款的企业负债较多，以技术研发为主的企业则负债较少。

（四）管理者的态度

管理者的态度包括对企业的控制权和对待风险的态度。增加负债融资，会增加企业的风险，因此，稳健的管理当局偏好于选择低负债比例的资本结构；而增加权益资本，有可能稀释原有股东的控制权。因此，管理者的态度是影响企业资本结构的一个重要的因素。

（五）企业发展周期

企业初创阶段，经营风险高，在资本结构安排上应控制负债比例；企业发展成熟阶段，产品产销业务量稳定和持续增长，经营风险低，可适度增加债务资本比重，发挥财务杠杆效应；企业收缩阶段，产品市场占有率下降，经营风险逐步加大，应逐步降低债务资本比重，保证经营现金流量能够偿付到期债务，保持企业持续经营能力，减少破产风险。

（六）贷款人和信用评级机构的影响

贷款人和信用评级机构的态度会对企业的资本结构产生一定的影响。因为，即使企业本身对未来充满信心，想充分发挥财务杠杆的作用，但是贷款人和信用评级机构的态度未必与企业一致。如果企业负债过多，信用评级机构就会对企业的信用级别评得较低，这样企业要去贷款就比较困难。所以，在涉及较大规模的债务筹资时，贷款人和信用评级机构的态度实际上往往成为影响企业的资本结构的关键因素。贷款人和信用评级机构的态度主要体现在对企业信用等级的认识上，而企业信用等级的高低，在很大程度上影响着企业的筹资活动乃至经营活动。

（七）所得税税率的高低

由于利息费用可以在缴纳所得税之前扣除，即负债利息具有抵减所得税的作用，因此，企业所得税税率越高，负债资本抵税作用就越大，税收因素对增加负债资本的客观上的刺激作用也就越明显，企业也可能因此增加负债在资本结构中的比重。

三、最佳资本结构

（一）最佳资本结构的含义

最佳资本结构是指在一定条件下使企业平均资金成本率最低、企业价值最大的资本结构。评价企业资本结构最佳状态的标准应该是能够提高股权收益或者降低资本成本，最终目标是提升企业价值。从理论上讲，最佳资本结构是存在的，但由于内部和外部环境的经常性变化，动态地保持最佳资本结构是困难的。因此，在实践工作中，最佳资本结构通常是企业结合自身实际情况适度进行负债经营所确立的资本结构。

（二）最佳资本结构的优化方法

资本结构的优化意在寻求最佳资本结构，资本结构优化的目标应该是降低平均资本成本或者提高普通股每股收益。资本结构优化的方法主要有比较综合资本成本法和每股利润无差别点法。

1. 比较综合资本成本法

比较综合资本成本法是指通过计算和比较各种可能的筹资组合方案的平均资本成本，选择平均资本成本率最低的方案，即能够降低平均资本成本的资本结构。

【例4-20】某公司需筹集1000万元长期资本，可以从银行借款、发行债券、发行普通股三种方式筹集，其个别资本成本率已分别测定，有关资料如下表所示。

表4-5　公司资本成本与资本结构数据表

%

筹资方式	资本结构			个别资本成本
	甲方案	乙方案	丙方案	
银行借款	40	30	25	6
发行债券	15	10	25	7
发行普通股	45	60	50	10
合计	100	100	100	—

要求：选择最佳筹资方案。

【解】

分别计算三个方案的综合资本成本：

甲方案：K = 40% × 6% + 15% × 7% + 45% × 10% = 7.95%

乙方案：K = 30% × 6% + 10% × 7% + 60% × 10% = 8.5%

丙方案：K = 25% × 6% + 25% × 7% + 50% × 10% = 8.25%

从上面计算可以看出，甲方案的综合资本成本最低。这样，该公司的资本结构为银行借款 400 万元，发行债券 150 万元，发行普通股 450 万元。

2. 每股收益无差别点法

每股收益无差别点是指两种筹资方式下每股利润相等时的息税前利润，这一点是两种筹资方式优劣的分界点。每股收益无差别点法是指通过分析资本结构与每股收益之间的关系，计算各种筹资方案的每股收益的无差别点，进而确定合理的资本结构的方法。每股收益无差别点法又称 EBIT - EPS 分析法。在每股收益无差别点，无论采用负债筹资还是权益筹资最终给股东带来的每股收益是一样的，即每股收益在该点不受筹资方式的影响。运用这种方法，根据每股利润无差别点，可以判断企业在什么情况下来安排债务筹资，进行资本结构决策。一般的，当企业实现的息税前利润足够大时，企业多负债有助于提高每股收益；反之则会导致每股收益下降。具体见下图：

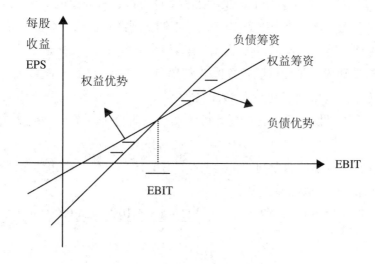

图 4 - 2 每股收益无差别点图

从上图可以看到，在每股收益无差别点上，无论是采用负债融资，还是采用权益融资，每股收益都是相等的。即如果预测企业未来的息税前利润刚好等于每股收益无差别点的利润，则每股收益不受企业筹资方式的影响。如果预测企业未来的息税前利润会大于无差别点的息税前利润，企业多负债有助于提高每股收益；反之则会导致每股收益下降。

每股收益无差别点处的息税前利润的计算公式为：

$$\frac{(\overline{EBIT}-I_1)(1-T)-D_1}{N_1}=\frac{(\overline{EBIT}-I_2)(1-T)-D_2}{N_2}$$

式中：$\overline{EBIT}$——每股收益无差别点的息税前利润；

I_1——负债融资条件下的年利息；

I_2——权益融资条件下的年利息；

D_1——负债融资条件下的优先股股利；

D_2——权益融资条件下的优先股股利；

N_1——负债融资条件下的流通在外的普通股股数；

N_2——权益融资条件下的流通在外的普通股股数；

T——所得税税率。

如果企业没有发行优先股，上式可以简化为：

$$\frac{(\overline{EBIT}-I_1)(1-T)}{N_1}=\frac{(\overline{EBIT}-I_2)(1-T)}{N_2}$$

每股收益无差别点的决策原则是当预计的 EBIT 高于每股利润无差别点的 EBIT 时，运用负债筹资可获得较高的每股利润；当预计的 EBIT 低于每股利润无差别点的 EBIT 时，运用权益筹资可获得较高的每股利润。

【例 4-21】某公司目前发行在外的普通股 600 万股，每股面值 1 元；按面值发行的公司债券 400 万元，票面年利率为 10%，五年期，到期一次还本付息。该公司拟投资一个新的建设项目需追加筹资 200 万元，现有两个筹资方案可供选择。

（1）发行普通股，预计每股发行价格为 10 元。

（2）按面值发行票面年利率为 8% 的公司债券（每年年末付息）。

假定该建设项目投产后，公司预计可实现息税前利润 400 万元。公司适用的所得税税率为 25%。

要求：计算两方案的每股利润无差别点；并为该公司做出筹资决策。

【解】首先计算每股收益无差别点：

$$\frac{(\overline{EBIT}-400\times10\%)(1-25\%)}{600+20}=\frac{(\overline{EBIT}-400\times10\%-200\times8\%)(1-25\%)}{600}$$

$$\overline{EBIT}=536（万元）$$

此时的每股收益为：

$$\frac{(536-40)\times(1-25\%)}{600+20}=0.6（元/股）$$

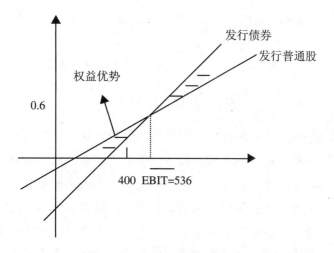

图 4 - 3 每股收益无差别点图

由上面计算可知，EBIT 为 536 万元是两个筹资之案的每股收益无差别点。在此点上，两个方案的每股收益相等，均为 0.6 元/股，企业新项目预计实现的息税前利润为 400 万元，低于无差别点 536 万元，应当采用财务风险较小的（2）方案，即增发普通股方案。

【例 4-22】某公司 2014 年发行在外普通股 1 000 万股，公司年初发行了一种债券，数量为 1 万张，每张面值为 1 000 元，票面利率为 10%，发行价格为 1 100 元，债券年利息为公司全年利息总额的 10%，发行费用占发行价格的 2%。该公司全年固定成本总额为 1 500 万元（不含利息费用），2014 年的净利润为 750 万元，所得税税率为 25%。

要求：根据上述资料计算下列指标。

（1）计算 2014 年债券筹资的资本成本；

（2）计算公司财务杠杆系数；

（3）2015 年，该公司打算为一个新的投资项目融资 5 000 万元，现有两个方案可供选择：A 方案为按 12% 的利率发行债券；B 方案为按每股 20 元发行新股。计算两个方案每股利润无差别点的息税前利润。

【解】

2014 年利润总额 = 750 / （1 - 25%）= 1 000 （万元）

债券利息 = 1 × 1 000 × 10% = 100 （万元）

全年总利息 = 100 ÷ 10% = 1 000 （万元）

2014 年息税前利润总额 = 1 000 + 1 000 = 2 000 （万元）

（1）2014 年债券筹资的资本成本 $= \dfrac{1\ 000 \times 10\% \times （1 - 25\%）}{1\ 100 \times （1 - 2\%）} \times 100\%$

$= 6.96\%$

（2）公司财务杠杆系数 = 2 000 / （2 000 - 1 000）= 2

$$(3) \frac{(\overline{EBIT} - 1\,000 - 5\,000 \times 12\%)(1 - 25\%)}{1\,000} = \frac{(\overline{EBIT} - 1\,000)(1 - 25\%)}{1\,000 + 5\,000/20}$$

$$\overline{EBIT} = 4\,000 \text{（万元）}$$

本章小结

本章主要阐述资本成本、杠杆原理以及资本结构优化三部分内容，是企业在筹资决策中需要重点考虑的问题。资本成本是指企业为筹集和使用资金而发生的代价，主要包括用资成本和筹资成本，其中用资成本是企业资本成本的重要部分。企业资金来源于多种渠道，需要计算企业加权平均资金成本。边际资金成本是指资金每新增加一个单位而增加的成本。在其他因素不变的情况下，固定性经营成本越高，经营杠杆系数越大，经营风险越大。只要企业有固定性资本成本，就会存在财务杠杆效应。在其他因素不变的情况下，利息、优先股息越大，财务杠杆系数越大，财务风险也越大；只要企业同时存在固定的生产经营成本和固定的资本成本，就会存在复合杠杆的作用。在其他因素不变的情况下，复合杠杆系数越大，复合风险越大。最佳资本结构的决策方法主要有比较资金成本法、每股利润无差别法等。比较资本成本法主要是对个别资本成本和加权平均资本成本的综合利用，要求选择加权平均资本成本低的方案；而每股利润无差别点法主要解决的是企业在目前资金结构的基础上，企业的息税前利润达到什么点时，无论采用什么筹资方式，最终给股东带来的每股利润是一样的。当预计的 EBIT 高于每股利润无差别点的 EBIT 时，运用负债筹资可获得较高的每股利润；当预计的 EBIT 低于每股利润无差别点的 EBIT 时，运用权益筹资可获得较高的每股利润。

随堂练习

一、思考题

1. 什么是资本成本？资本成本的作用是什么？

2. 简述资本成本的影响因素。

3. 什么是边际资本成本？

4. 简述筹资总额分界点的含义。

5. 什么是经营杠杆，经营杠杆系数如何计量？

6. 什么是财务杠杆，财务杠杆系数如何计量？

7. 什么是资本结构，资本结构理论有哪些？

8. 最佳资本结构的确定方法有哪些？

二、单项选择题

1. 某公司普通股目前的股价为 25 元/股，筹资费率为 6%，刚刚支付的每股股利为 2 元，股利固定增长率 2%，则该企业利用留存收益的资本成本为(　　)。

A. 10. 16%   B. 10%   C. 8%   D. 8. 16%

2. 如果财务杠杆系数为1，则以下表述正确的是(   )。

 A. 息税前利润增长率为零   B. 息税前利润为零

 C. 固定成本为零   D. 利息为零

3. 某公司发行总面额为500万元的10年期债券，票面利率12%，发行费用率为5%，公司所得税税率为25%。该债券采用溢价发行，发行价格为600万元，该债券的资本成本为(   )。

 A. 8. 46%   B. 7. 89%

 C. 10. 24%   D. 9. 38%

4. 在个别资本成本的计算中，不用考虑筹资费用影响因素的是(   )。

 A. 长期借款成本   B. 债券成本

 C. 留存收益成本   D. 普通股成本

5. 甲企业如果在2014年只有固定性的经营成本，未发生固定性的融资成本，据此可以判断甲企业存在的杠杆效应是(   )。

 A. 经营杠杆效应   B. 财务杠杆效应

 C. 复合杠杆效应   D. 风险杠杆效应

6. 已知某企业目标资金结构中长期债务的比重为20%，债务资金的增加额在0 - 10 000元范围内，其利率维持5%不变。该企业与此相关的筹资总额分界点位(   )。

 A. 5 000   B. 20 000

 C. 50 000   D. 200 000

7. 在不考虑筹款限制的前提下，下列筹资方式中个别资本成本最高的通常是(   )。

 A. 发行普通股   B. 留存收益筹资

 C. 长期借款筹资   D. 发行公司债券

8. 某公司的复合杠杆系数为2. 7，财务杠杆系数为1. 8，那么该公司销售额每增长一倍，会导致息税前利润增加(   )。

 A. 2 倍   B. 1. 8 倍

 C. 1. 5 倍   D. 2. 7 倍

9. 某公司全部资本为120万元，负债比率为40%，负债利率为10%，当销售额为100万元时，息税前利润为20万元，则该公司的财务杠杆系数为(   )

 A. 1. 25   B. 1. 43

 C. 1. 32   D. 1. 56

10. 某公司的年营业收入为600万元，变动成本率为30%，经营杠杆系数为1. 4，财务杠杆系数为3，如果固定成本增加40万元，那么复合杠杆系数变为(　　)。

A. 4.4

B. 5.6

C. 6

D. 7

11. 如果企业一定期间内的固定性经营成本和固定性资本成本均不为零，则由上述因素共同作用而导致的杠杆效应属于(　　)。

A. 经营杠杆效应

B. 财务杠杆效应

C. 复合杠杆效应

D. 风险杠杆效应

12. 上年A企业每股收益为0.50元/股，按照上年数据计算出来的经营杠杆系数为1.8，财务杠杆系数为2.2，若预计今年销售额增长10%，则今年的每股收益预计为(　　)。

A. 0.55元/股

B. 0.65元/股

C. 0.80元/股

D. 0.70元/股

13. 某公司经营风险较大，准备采取系列措施降低经营杠杆程度，下列措施中，无法达到这一目的的是(　　)。

A. 降低利息费用

B. 降低固定成本水平

C. 降低变动成水本

D. 提高产品销售单价

14. 2014年某企业销售额为10 000万元，2015年预计销售额为12 000万元，2014年息税前利润为2 000万元，2015年预计息税前利润为2 800万元，则该公司2015年经营杠杆系数为(　　)。

A. 1.5

B. 2.5

C. 2.0

D. 3.2

15. 如果企业的资本来源全部为自有资本，且没有优先股存在，则企业财务杠杆系数(　　)。

A. 等于0

B. 等于1

C. 大于1

D. 小于1

16. 如果预计的EBIT〉每股利润无差异点时，则运用(　　)筹资较为有利

A. 权益

B. 负债

C. 负债或权益均可

D. 无法确定

17. 只要企业存在固定性经营成本，在正常经营情况下经营杠杆系数一定(　　)。

A. 与销售量成正比

B. 大于1

C. 与固定成本成反比

D. 与风险成反比

18. 下列各项中，运用普通股每股收益无差别点法确定最佳资本结构时，需计算的指标是(　　)。

A. 息税前利润

B. 营业利润

C. 净利润

D. 利润总额

19. 某公司年固定性经营成本为100万元，经营杠杆系数为1.5，财务杠杆系数为

2。如果年利息增加 50 万元，那么，复合杠杆系数将变为(　　)。

    A. 3　　　　　　B. 6　　　　　　C. 5　　　　　　D. 4

20. 某公司普通股目前的股价为 10 元/股，筹资费率为 8%，刚刚支付的每股股利为 2 元，股利固定增长率 3%，则该股票的资金成本为(　　)。

    A. 22. 39%　　　B. 21. 74%　　　C. 24. 74%　　　D. 25. 39%

21. 企业向银行取得借款 100 万元，年利率 5%，期限 3 年。每年付息一次，到期还本，所得税税率 25%，手续费忽略不计，则该项借款的资金成本为(　　)。

    A. 3. 75%　　　B. 5%　　　　C. 4. 5%　　　　D. 3%

22. 公司增发的普通股的市价为 10 元/股，筹资费用率为市价的 5%，本年刚刚发放的股利为每股 0. 6 元，已知同类股票的资本成本为 11%，则维持此股价需要的股利年增长率为(　　)。

    A. 5. 24%　　　B. 5. 3%　　　　C. 4. 41%　　　D. 10%

23. 在计算长期资金的个别成本时，如果证券发行成本忽略不计，那么留存收益成本等于(　　)。

    A. 普通股成本　　　　　　　　　B. 优先股成本

      C. 公司的加权平均资本成本　D. 0，或者无成本

24. 以下筹资方式中，既能带来杠杆利益，又能产生抵税作用的是(　　)。

    A. 优先股　　　B. 增发新股　　　C. 发行债券　　　D. 留存收益

25. 在边际贡献大于固定成本的前提下，下列措施中不利于降低企业总风险的是(　　)。

    A. 增加固定成本的投资支出

    B. 提高产品的销售单价

    C. 增加产品的年度销量

    D. 降低有息负债在债务中的比重

26. 某企业销售收入为 500 万元，变动成本率为 65%，固定成本费用为 80 万元(其中利息 15 万元)，则经营杠杆系数为(　　)。

    A. 1. 33　　　　B. 1. 84　　　　C. 1. 59　　　　D. 1. 25

27. 某公司 2014 年的财务杠杆系数是 2. 5，经营杠杆系数是 4，普通股每股收益的预期增长率为 80%，假定其他因素不变，则 2014 年预期的销售增长率为(　　)。

    A. 6%　　　　　B. 8%　　　　　C. 7%　　　　　D. 10%

28. 某公司经营杠杆系数为 1. 5，财务杠杆系数为 1. 8，该公司目前每股收益为 1. 5 元，若使销售额增加一倍，则每股收益将增长(　　)元。

    A. 4. 05　　　　B. 1. 5　　　　C. 2. 7　　　　D. 3. 3

29. 某公司年营业收入为 500 万元，变动成本率为 40%，经营杠杆系数为 1.5，财务杠杆系数为 2。企业原来的利息费用为 100 万元。如果利息增加 20 万元，复合杠杆系数将变为(　　)。

　　A. 3.75　　　　B. 3.6　　　　C. 3　　　　D. 4

30. 若不考虑财务风险，利用每股收益无差别点进行企业资本结构分析时，以下说法中错误的是(　　)。

　　A. 当预计销售额高于每股收益无差别点时，采用权益筹资方式比采用负债筹资方式有利

　　B. 当预计销售额高于每股收益无差别点时，采用负债筹资方式比采用权益筹资方式有利

　　C. 当预计销售额低于每股收益无差别点时，采用权益筹资方式比采用负债筹资方式有利

　　D. 当预计销售额等于每股收益无差别点时，两种筹资方式的每股收益相同

三、多项选择题

1. 在计算下列各项资本的资本成本时，需要考虑筹资费用的有(　　)。

　　A. 普通股　　　B. 债券　　　C. 长期借款　　　D. 留存收益

2. 在边际贡献大于固定成本的情况下，下列措施中有利于降低企业整体风险的有(　　)。

　　A. 增加产品销量　　　　　　　B. 提高产品单价

　　C. 提高资产负债率　　　　　　D. 节约固定成本支出

3. 下列关于筹资决策中的复合杠杆的性质描述正确的有(　　)。

　　A. 复合杠杆系数越大，企业的财务风险越大

　　B. 复合杠杆系数可以反映销售量的变动对每股收益的影响

　　C. 复合杠杆系数越大，企业的整体风险越大

　　D. 复合杠杆能够起到财务杠杆和经营杠杆的综合作用

4. 业最佳资金结构的确定方法包括(　　)。

　　A. 因素分析法　　　　　　　　B. 每股利润无差别点法

　　C. 比较资金成本法　　　　　　D. 资金习性法

5. 如果在其他因素不变的情况下，当固定性经营成本越高时，则(　　)。

　　A. 经营杠杆系数越小　　　　　B. 经营风险越大

　　C. 经营风险越小　　　　　　　D. 经营杠杆系数越大

6. 在计算个别资金成本时，需要考虑所得税抵减作用的筹资方式有(　　)。

　　A. 银行借款　　　B. 长期债券　　　C. 优先股　　　D. 普通股

7. 企业要想提高边际贡献总额，可采取的措施有(　　)。

A. 降低固定成本　　　　　　　B. 提高销售单价

C. 降低单位变动成本　　　　　D. 扩大销售量

8. 下列各项中，会直接影响企业平均资本成本的有(　　　)。

A. 个别资本成本

B. 各种资本在资本总额中占的比重

C. 筹资速度

D. 企业的经营杠杆

9. 下列属于资金占用费用的有(　　　)。

A. 发行股票手续费　　　　　　B. 发行债券手续费

C. 银行借款利息　　　　　　　D. 股利

10. 甲企业在不考虑财务风险的情况下，采用权益筹资和负债筹资的每股收益无差别点为 160 万元，以下甲公司做出的资本结构决策正确的有(　　　)。

A. 当预计息税前利润高于 160 万元时，采用权益筹资比采用负债筹资能获得更高的每股收益

B. 当预计息税前利润高于 160 万元时，采用负债筹资比采用权益筹资能获得更高的每股收益

C. 当预计息税前利润低于 160 万元时，采用权益筹资比采用负债筹资能获得更高的每股收益

D. 当预计息税前利润低于 160 万元时，采用负债筹资比采用权益筹资能获得更高的每股收益

四、判断题

1. 其他条件不变的情况下，企业财务风险大，投资者要求的预期报酬率就高，企业筹资的资本成本相应就大。(　　　)

2. 经济危机时期，由于企业经营环境恶化、销售下降，企业应当逐步降低债务水平，以减少破产风险。(　　　)

3. 经营杠杆能够扩大市场和生产等因素变化对利润变动的影响。(　　　)

4. 无论是经营杠杆系数变大，还是财务杠杆系数变大，都可能导致企业的复合杠杆系数变大。(　　　)

5. 当预期息税前利润大于每股收益无差别点时，应当选择财务杠杆效应较大的筹资方案，因为此时该方案的每股收益高(　　　)。

五、计算分析题

1. 乙企业计划 2014 年的销售收入在 2013 年的基础上增加 20%，其他资料见下表：

单位：元

项目	基期	计划期
销售收入	60 000	（1）
边际贡献	（2）	（3）
固定成本	36 000	36 000
息税前利润	（4）	（5）
每股收益	（10）	4.56
变动成本率	20%	20%
经营杠杆系数		（7）
财务杠杆系数		（8）
复合杠杆系数		6.4
息税前利润增长率		（6）
每股收益增长率		（9）

要求：

计算表中未填列数字，并列出计算过程。

2. 某企业 2014 年销售收入为 6 000 万元，变动成本率为 60%，当年企业的净利润为 1 200 万元，企业所得税税率为 25%。企业的资产负债率为 20%，资产总额为 7 500 万元，债务资金的利息率为 10%，权益资金的成本为 15%。（不考虑债务资金的筹资费用）

要求分别计算：

（1）息税前利润 EBIT

（2）经营杠杆系数 DOL、财务杠杆系数 DFL、复合杠杆系数 DCL

（3）企业综合资金成本

3. 某公司计划筹集新的资金，并维持目前的资金结构（债券占 60%，普通股占 40%）不变。随筹资额的增加，各筹资方式的资金成本变化如下：

筹资方式	新筹资额	资金成本
债券	60 万元以下	8%
	60～120 万元	9%
	120 万元以上	10%
普通股	60 万元以下	14%
	60 万元以上	16%

要求：计算各筹资总额范围内资金的边际成本。

4. 某企业计划筹集资金 15 万元，所得税税率 25%。其方案为按溢价发行债券，债券面值 14 万元，溢价发行价格为 15 万元，票面利率 9%，期限为 5 年，每年支付一次利息，其筹资费率为 3%。要求计算债券筹资的资金成本。

5. 2014 年某公司资本总额为 500 万元，其中普通股 300 万元（12 万股），债券

200 万元，债券利率为 10%，假设所得税税率为 25%。2014 年该公司决定将资本总额增至 600 万元，需增加资本 100 万元，预计 2014 年息税前利润为 100 万元，现有两个筹资方案可供选择：

（1）发行债券，年利率 8%；

（2）增发普通股 4 万股

要求：

（1）计算 2014 年两个追加筹资方案无差异点的息税前利润和无差异点的普通股每股税后利润。

（2）计算两个追加筹资方案下，2014 年普通股每股税后利润，并以此做出评价。

6. 某公司原有资金 700 万元，其中债务资本 200 万元（每年负担利息费用 24 万元）；普通股资本 500 万元（发行普通股 10 万股，每股面值 50 元）。因为业务需要追加筹资 300 万元，其中有两种筹资方式：

A 方式：全部发行普通股。具体是增发 6 万股，每股面值 50 元；

B 方式：全部筹借长期债务，债务利率仍是 12%，利息 36 万元，所得税税率 25%。

要求：确定每股利润的无差别点，并决定如何筹资。

7. 光华公司目前的资本结构为：总资本 1 000 万元，其中债务资本 400 万元（年利息 40 万元），普通股资本 600 万元（600 万股，面值 1 元，市价 5 元）。企业由于有一个较好的新投资项目，需要追加筹资 300 万元，有两种筹资方案：

甲方案：向银行取得长期借款 300 万元，利息率 16%；

乙方案：增发普通股 100 万股，每股发行价 3 元。

根据财务人员测算，追加筹资后销售额可望达到 1 200 万元，变动成本率 60%，固定成本 200 万元，所得税率 20%，不考虑筹资费用因素。

要求：运用每股收益无差别点法，选择筹资方案。

8. 某公司原有资本 700 万元，其中债务资本 200 万元（每年负担利息 24 万元），普通股资本 500 万元（发行普通股 10 万股，每股面值 50 元）。由于扩大业务，需追加筹资 300 万元，假设没有筹资费用。其筹资方式有三个：

方案一：全部按面值发行普通股：增发 6 万股，每股发行价 50 元；

方案二：全部增加银行长期借款：借款利率仍为 12%，利息 36 万元；

方案三：增发新股 4 万股，每股发行价 47.5 元；剩余部分用发行债券筹集，债券按 10% 溢价发行，票面利率为 10%；

公司的变动成本率为 60%，固定成本为 180 万元，所得税税率为 25%。

要求：使用每股收益无差别点法计算确定公司应当采用哪种筹资方式。

9. A 公司适用的所得税税率为 25%。对于明年的预算出现三种方案。

第一方案：维持目前的经营和财务政策。预计销售 50 000 件，售价为 200 元/件，单位变动成本为 120 元，固定成本为 125 万。公司的资本结构为：500 万元负债（利息率 5%），普通股 50 万股。

第二方案：更新设备并用负债筹资。预计更新设备需投资 200 万元，生产和销售量以及售价不会变化，但单位变动成本将降低至 100 元/件，固定成本将增加至 120 万元。借款筹资 200 万元，预计新增借款的利率为 6%。

第三方案：更新设备并用股权筹资。更新设备的情况与第二方案相同，不同的只是用发行新的普通股筹资。预计新股发行价为每股 20 元，需要发行 10 万股，以筹集 200 万元资金。

要求：

（1）计算三个方案下的复合杠杆系数。

（2）根据上述结果分析：哪个方案的风险最大？

第五章 项目投资管理

学习目标

➡ 了解项目投资的含义及项目投资的类型；

➡ 理解现金流量的概念及构成内容；

➡ 掌握现金流量及净现金流量的计算方法；

➡ 掌握各种项目评价指标的含义及计算方法；

➡ 掌握各评价指标的具体应用；

➡ 能利用净现金流量的计算方法计算企业各投资项目的净现金流量；

➡ 能利用各种项目评价指标评价各独立方案的财务可行性。

知识导航

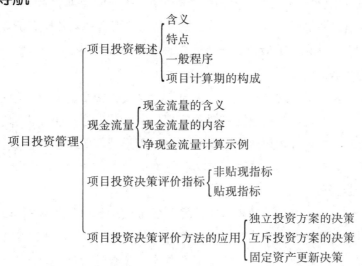

投资，广义地说是指企业为了在未来取得收益而发生的投入财力的行为。在市场经济条件下，企业能否把筹集到的资本投放到收益高、回报快、风险小的项目上去，对企业的生存和发展是十分重要的。财务管理中的投资概念既包括证券投资，也包括项目实体投资，本章主要讲述的是项目投资。

第一节　项目投资概述

一、项目投资的含义

（一）投资的含义

投资是指企业为了在未来可预见的时期内获得收益或使资金增值，在一定时间向一定领域的标的物投放足够数额的资金或实物等货币等价物以获取未来更大价值的一种经济行为。在市场经济条件下，企业能否把筹集到的资金投放到收益高、回收快、风险小的项目上去，对企业的生存与发展具有重要的意义。

（二）投资的种类

1. 按照投资回收的时间长短，分为短期投资和长期投资

（1）短期投资

短期投资是指能够随时变现并且投资期限不超过一年的投资，又称流动资产投资。这里主要指对现金、应收账款、存货和短期有价证券的投资。在投资里面，投资和投机最大的差别就是投资期限的长短。

（2）长期投资

长期投资主要指一年以上才能收回的投资，也是除短期投资以外的投资，主要指对厂房、机器设备等固定资产的投资，也包括对无形资产和长期有价证券的投资。

2. 按投资行为的介入程度，分为直接投资和间接投资

（1）直接投资

直接投资是指不借助金融工具，由投资人直接将资金转移交付给被投资对象使用的投资，包括企业内部直接投资和对外直接投资。前者形成企业内部直接用于生产经营的各项资产，如各种货币资金、实物资产、无形资产等，后者形成企业持有的各种股权性资产，如持有子公司或联营公司股份等。

（2）间接投资

间接投资是指通过购买被投资对象发行的金融工具而将资金间接转移交付给被投资对象使用的投资，如企业购买特定投资对象发行的股票、债券、基金等。

3. 按照投资的性质不同，分为权益性投资、债权性投资

（1）权益性投资

权益性投资是指为获得另一企业的权益或者净资产所做的投资，如：购买企业的股票等。这种投资除了获利之外，通常更多为了控制被投资企业。

（2）债权性投资

债权性投资是企业为了取得债权而取得的投资，如：购买国库券、公司债券等。这种投资未来的收益是确定的，与权益性投资相比，收益较低，但风险小，收益稳定。

4. 按投资方向不同，分为对内投资和对外投资

（1）对内投资

从企业角度来看，对内投资就是项目投资，是指企业将资金投资于为取得本企业生产经营使用的固定资产、无形资产、垫支流动资金等而形成的一种投资。

（2）对外投资

对外投资是指企业为了购买国家及其他企业发行的有价证券或其他金融产品，或以货币资金、实物资产、无形资产向其他企业投入资金而发生的投资。

投资的目的是获得收益，越高的收益越能使我们将来生活得更好。但是，高收益往往伴随着高风险，如果没有很好地配置和筹划，不仅无法给自己带来高收益，还可能使原有的资金亏损。所以，在投资前，一定要进行合理的投资规划，不能盲目投资，不能一味追求高收益而忽略了风险的存在。要根据自己的投资目标和风险偏好，细致地分析经济环境、行业、具体的投资产品，并合理地构建适合自己的投资组合，以便分散风险，获得长期稳定的收益。

（三）项目投资的含义

项目投资是一种实体性资产的长期投资，是一种以特定项目为对象，直接与新建项目或更新改造项目有关的长期投资行为。项目投资具有耗资大、时间长、风险大、收益高等特点，对企业的长期获利能力具有决定性影响。

二、项目投资的特点

与其他投资相比，项目投资的特点主要有：

（一）投资金额大

项目投资，特别是战略性的扩大生产能力投资，所投资产的单位价值较大、使用期限较长。因此，项目投资对企业未来的现金流量和财务状况都将产生深远的影响。

（二）影响时间长

长期投资项目发挥作用的时间比较长，至少一年或一个营业周期以上，需要几年、十几年甚至几十年才能收回投资。因此长期投资对企业今后长期的经济效益，甚至对企业的前途和命运都有着决定性的影响。

（三）变现能力差

长期投资项目一旦完成，要想改变是相当困难的，因为厂房和机器设备等固定资产以及其他长期资产的变现能力较差，用途也不易改变。

（四）投资风险大

由于项目投资的投资额大、影响的时间长和变现能力差，必然造成其投资风险比

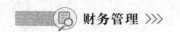

其他投资大，再加上固定资产本身存在着有形损耗和无形损耗，使其使用效益逐年递减，这些均加大了项目投资的风险性。

此外，项目投资还具有投资内容独特（每个项目都至少涉及一项固定资产投资）、发生频率低等特点。

三、项目投资的一般程序

项目投资的一般程序主要包括以下环节：

（一）项目提出

投资项目的提出是项目投资程序的第一步，是根据企业的长远发展战略、中长期投资计划和投资环境的变化，在把握良好投资机会的情况下提出的。它可以由企业管理当局或企业高层管理人员提出，也可以由企业的各级管理部门和相关部门领导提出。

（二）项目评价

投资项目的评价主要是对提出的投资项目进行适当分类，为分析评价做好准备；计算有关项目的建设周期，测算有关项目投产后的收入、费用和经济效益，预测有关项目的现金流入和现金流出；运用各种投资评价指标，把各项投资按可行程度进行排序；写出详细的评价报告。

（三）项目决策

投资项目评价后，应按分权管理的决策权限由企业高层管理人员或相关部门经理做最后决策。投资额小的战术性项目投资，一般由部门经理做出，特别大的项目投资还需报董事会或股东大会批准。不管由谁最后决策，其结论一般都可以分成以下三种：1. 接受这个投资项目，可以进行投资；2. 拒绝这个投资项目，不能进行投资；3. 发还给项目提出的部门，重新论证后，再行处理。

（四）项目执行

决定对某项目进行投资后，要积极筹措资金，实施项目投资。在投资项目的执行过程中，要对工程进度、工程质量、施工成本和工程概算进行监督、控制和审核，防止工程建设中的舞弊行为，确保工程质量，保证按时完成。

（五）项目再评价

在投资项目的执行过程中，应注意原来做出的投资决策是否合理，是否正确。一旦出现新的情况，就要随时根据变化的情况做出新的评价。如果情况发生重大变化，原来投资决策变得不合理，那么就要进行是否终止投资的决策，以避免更大的损失。

四、项目计算期的构成

项目计算期是指投资项目从投资建设开始到最终清理结束整个过程的全部时间。投资项目的整个时间分为建设期和运营期。其中建设期的第一年初称为建设起点，建设期的最后一年年末称为投产日；运营期是指从投产日到清理结束日之间的时间间隔。具体构成如下图所示：

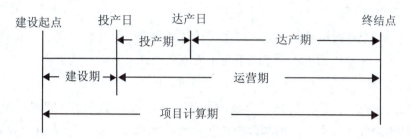

图 5 – 1　项目计算期的构成图

由上图可知，项目计算期 = 建设期 + 运营期；运营期 = 投产期 + 达产期

【例 5-1】 某企业拟投资新建一项目，建设投资于建设起点开始投入，历经三年后开始投产，试产期为 1 年，主要固定资产的预计使用寿命为 15 年。

要求：根据上述资料估算该项目的建设期、运营期、达产期、项目计算期。

【解】

项目建设期为 3 年；

运营期为 15 年；

达产期 = 15 – 1 = 14（年）；

项目计算期 = 3 + 15 = 18（年）。

提示：

本书不特指的情况下，固定资产的使用寿命与项目的运营期是一致的。

第二节　现金流量

一、现金流量的含义

企业进行项目投资，首要环节就是要估计项目的现金流量。所谓现金流量是指投资项目在计算期内因资金循环而可能或者应该发生的各项现金流入、流出的通称。现金流量对整个项目投资期间的现实货币资金收支情况进行了全面揭示，及时动态地反映了项目投资的流向与回收之间的投入产出关系。企业对投资项目进行投资评价，需要借助各种评价指标对其进行财务可行性分析，其中各种评价指标的计算都是以投资项目现金流量为基础的。所以说估算投资项目的现金流量是评价整个项目财务可行性的基础。

现金流量包括现金流入量、现金流出量和净现金流量。

二、现金流量的内容

（一）现金流入量

现金流入量是指投资项目实施后在项目计算期内所引起的企业现金流入的增加额，简称现金流入。现金流入主要包括以下几个方面的内容：

1. 营业收入

营业收入是指项目投产后每年实现的全部营业收入。作为经营期现金流入项目，本应按当期现销收入与回收以前年度应收款的合计数确认，但是为了简化计算，假定本期赊销额与回收的应收款大体相等，这样使得每期的营业收入均可以用本期的销售数量乘以单价来计算。营业收入是项目经营期主要现金流入项目。

2. 回收固定资产余值

固定资产的余值是指投资项目在项目运营期结束时，固定资产报废清理的残余价值收入，或中途转让时的变价收入，即处理固定资产净收益。假定主要固定资产的折旧年限等于运营期，则终结点回收的固定资产余值等于该主要固定资产的原值与其法定净残值率的乘积，或按事先确定的净残值估算。

3. 回收流动资金

回收流动资金主要指项目运营期结束时，即在项目终结点，收回原来投放在各种流动资产上的营运资金。

回收流动资金和回收固定资产余值统称为回收额。

4. 其他现金流入

其他现金流入是指除以上三项指标以外的现金流入项目。

（二）现金流出量

现金流出量是指投资项目实施后在项目计算期内所引起的企业现金流出的增加额，简称现金流出。现金流出主要包括以下几个方面的内容：

1. 建设投资

建设投资是指在建设期内按一定生产经营规模和建设内容进行的固定资产、无形资产和开办费等项投资的总和，含基建投资和更改投资。建设投资是项目建设期发生的主要现金流出量。

2. 垫支流动资金

垫支流动资金是指项目投产前后为开展正常经营活动而投放于流动资产上的营运资金。它既可以发生在建设期内，又可能发生在经营期内，而不像建设投资大多集中在建设期发生。

某年流动资金投资额（垫支数）＝本年流动资金需用额－上年流动资金需用额

本年流动资金需用数＝该年流动资产需用额－该年流动负债可用额

【例5-2】已知某投资项目预计投产第一年的流动资产需用数1 200万元，流动负债可用数为480万元；投产第二年的流动资产需用数为1 450万元，流动负债可用数为580万元。

要求：计算该项目投产第二年新增的流动资金额。

【解】

第一年流动资金投资额 ＝ 第一年的流动资产需用数 － 第一年流动负债可用数

＝ 1 200 － 480

＝ 720 （万元）

第二年流动资金需用额 ＝ 第二年的流动资产需用额 － 第二年流动负债可用数

＝ 1 450 － 580

＝ 870 （万元）

第二年流动资金投资额 ＝ 第二年流动资金需用数 － 第一年流动资金投资额

＝ 870 － 720

＝ 150 （万元）

3. 付现成本

付现成本是指在经营期内为满足正常生产经营而需要用现金支付的成本。它是生产经营阶段上最主要的现金流出项目。因为总成本费用中包含了一部分非付现成本的内容，如固定资产的折旧、无形资产的摊销，这些不需要动用现实货币资金支出，即不会导致现金流出企业，因此属于非付现成本费用。其计算公式如下：

某年付现成本 ＝ 当年总成本费用 － 当年非付现成本费用

＝ 当年的总成本费用 － 该年折旧额 － 该年摊销额

4. 所得税

所得税是指投资项目建成投产后，在经营期因应纳税所得额增加而增加的所得税。

5. 其他现金流出

其他现金流出是指不包括在以上内容中的现金流出项目。

（三）净现金流量

净现金流量又称现金净流量（NCF），是指在项目计算期内由建设项目每年现金流入量与同年现金流出量之间的差额形成的序列指标。由于投资项目的计算期超过一年，且资金在不同时点上具有不同的价值，所以净现金流量是以年为单位的。净现金流量是企业项目投资评价指标计算的重要依据。

净现金流量的具体公式可表示为：

某年净现金流量（NCF）＝ 该年现金流入量 － 该年现金流出量

即：

$$NCF_t = CI_t - CO_t \quad (t = 0, 1, 2, \cdots, n)$$

式中：NCF_t——任意第 t 年净现金流量；

　　　CI_t——第 t 年现金流入量；

　　　CO_t——第 t 年现金流出量。

从上述公式可以看出，当现金流入量大于流出量时，净现金流量为正值；反之，净现金流量为负值。项目在建设期内的净现金流量一般小于或等于零；在运营期内的净现金流量则多为正值。

净现金流量的计算可以按照计算期的不同阶段进行计算：

1. 建设期净现金流量的计算

建设期净现金流量的公式可以表示为：

$$建设期某年 NCF = 建设期现金流入 - 建设期现金流出$$

$$= 0 - （建设投资 + 流动资产投资）$$

$$= - 该年投资额$$

2. 经营期净现金流量的计算

经营期净现金流量是指投资项目投入使用后，在其寿命期内由于生产经营所带来的现金流入和现金流出的差额。

对营业净现金流量的估算有三种方法，公式具体如下：

①直接法

营业净现金流量（NCF）= 营业收入 - 付现成本 - 所得税

②间接法

营业净现金流量（NCF）= 税后营业利润 + 非付现成本

③分算法

$$营业净现金流量（NCF）= 收入 \times （1 - 所得税率）- 付现成本 \times （1 - 所得税率）+ 非付现成本 \times 所得税率$$

$$= （收入 - 付现成本）\times （1 - 所得税率）+ 非付现成本 \times 所得税率$$

注：进行项目投资决策不考虑借款利息的影响，若项目不存在利息费用，税后营业利润就等于净利润。

3. 终结点净现金流量的计算

终结点净现金流量是指在投资项目计算期结束时发生的净现金流量。终结点净现金流量的计算公式如下：

$$终结点净现金流量 = 经营期最后一年的经营净现金流量 + 该年回收额$$

$$= 经营期最后一年的经营 NCF + 固定资产残值 + 回收流动资金$$

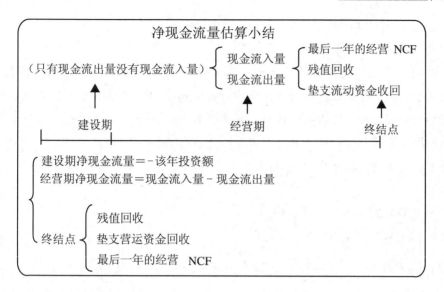

三、净现金流量计算示例

【例5-3】某企业拟新建一条生产线项目，建设期为 2 年，运营期为 5 年，全部建设投资分别安排在建设起点和建设期末分两次等额投入，共投资 160 万元；全部流动资金投资安排在建设期末投入，投资额为 20 万元。投产后每年的净利润为 48 万元，流动资金于终结点一次性收回。固定资产残值收入 10 万元，采用直线法计提折旧。

要求：计算该投资项目的净现金流量。

【解】

（1）项目计算期 = 2 + 5 = 7（年）

（2）固定资产原值 = 160（万元）

（3）固定资产折旧 = $\dfrac{160 - 10}{5} = 30$（万元）

（4）各年净现金流量情况如下：

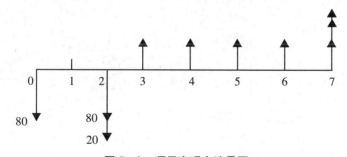

图 5 – 2　项目净现金流量图

$NCF_0 = -80$（万元）

$NCF_1 = 0$（万元）

$NCF_2 = -80 - 20 = -100$（万元）

$NCF_{3-6} = 48 + 30 = 78$（万元）

$NCF_7 = 78 + 20 + 10 = 108$（万元）

【例5-4】 某项目需要固定资产投资110万元，流动资金投资20万元。建设期为1年。固定资产投资于建设起点投入，流动资金于建设期末（第1年末）投入。该项目寿命期5年，固定资产按直线法折旧，期满有10万元净残值。预计投产后第1年获10万元净利润，以后每年递增5万元；流动资金于终结点一次回收。

要求：计算项目各年净现金流量。

【解】

（1）项目计算期 $= 1 + 5 = 6$（年）

（2）固定资产原值 $= 110$（万元）

（3）固定资产折旧 $= \dfrac{110 - 10}{5} = 20$（万元）

（4）投产后每年利润分别为10、15、20、25、30万元

（5）该项目各年净现金流量情况如下：

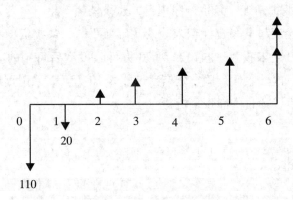

图5-3 项目净现金流量图

$NCF_0 = -110$（万元）

$NCF_1 = -20$（万元）

$NCF_2 = 10 + 20 = 30$（万元）

$NCF_3 = 10 + 5 + 20 = 35$（万元）

$NCF_4 = 15 + 5 + 20 = 40$（万元）

$NCF_5 = 20 + 5 + 20 = 45$（万元）

$NCF_6 = 25 + 5 + 20 \quad + \quad 10 \quad + \quad 20 = 80$（万元）

运营期最后一年经营净现金流量　　残值回收　收回垫支流动资金

146

【例5-5】某企业拟新建一条生产线项目,建设期为2年,运营期为5年,全部建设投资分别安排在建设起点和建设期末分两次等额投入,共投资170万元;全部流动资金投资安排在建设期末投入,投资额为40万元。投产后每年销售收入增加62万元。每年的经营成本增加18万元。固定资产残值收入20万元,所得税率25%,垫支流动资金在项目终结点一次性收回。

要求:计算该项目各年净现金流量。

【解】

(1) 项目计算期 $= 2 + 5 = 7$ (年)

(2) 固定资产原值 $= 170$ (万元)

(3) 年折旧 $= \dfrac{170 - 20}{5} = 30$ (万元)

(4) 经营期每年总成本 = 年经营成本 + 年折旧
$$= 18 + 30 = 48 \text{ (万元)}$$

经营期每年利润总额 $= 62 - 48 = 14$ (万元)

经营期每年净利润 $= 14 \times (1 - 25\%) = 10.5$ (万元)

由此,可求出项目计算期每年净现金流量:

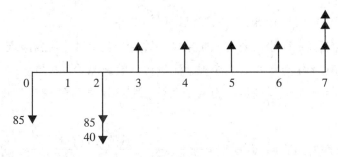

图 5 - 4　项目净现金流量图

$NCF_0 = -85$ (万元)

$NCF_1 = 0$

$NCF_2 = -85 - 40 = -125$ (万元)

$NCF_{3-6} = 10.5 + 30 = 40.5$ (万元)

$NCF_7 = 40.5 + 20 + 40 = 100.5$ (万元)

第三节　项目投资决策评价指标

为了科学、客观地评价各投资项目是否存在财务可行性,一般应使用不同的指标,从各方面反映项目的可行性问题,最后结合各指标的评价情况对投资项目做出一个综合评价。项目投资评价决策指标根据是否考虑资金时间价值，可分为非贴现指标和贴现指标两大类。

一、非贴现指标

非贴现指标是指没有考虑资金时间价值因素的指标，又称为静态指标。非贴现指标主要包括静态回收期、投资利润率等指标。

（一）静态投资回收期

1. 静态投资回收期的含义

静态投资回收期是指以投资项目经营净现金流量抵偿原始总投资所需要的全部时间。也是用项目资金的回收速度来衡量项目方案的一种静态评价方法。该指标以年为单位，一般分为包括建设期的投资回收期（PP）和不包括建设期的投资回收期（PP'）。

二者之间满足以下关系：

$$PP = PP' + 建设期$$

2. 静态回收期的计算方法

（1）特殊方法

计算项目静态回收期特殊方法需要满足下列条件：

①投资均集中发生在建设期内，而且投产后前若干年每年经营净现金流量相等；

②投产后前若干年每年相等的净现金流量合计数≥原始总投资。

如果投资项目现金流量满足上面两个条件，那么该项目的投资回收期可以用以下公式进行计算：

$$不包括建设期的回收期（PP'）= \frac{原始投资合计}{投产后前若干年每年相等现金净流量}$$

【例5-6】某投资项目的净现金流量情况如下表所示：

表5-1 投资项目净现金流量

万元

年份	0	1	2	3	4	5	6	7	8	9
NCF$_t$	-2000	0	0	600	600	600	600	700	800	860

要求：根据上述资料计算静态回收期。

【解】

该项目建设期为2年

投产后3~6年净现金流量相等

运营期前4年每年净现金流量 NCF$_{3~6}$ = 600万元

∵投产后前若干年每年相等的净现金流量合计数 = 4×600 = 2 400 > 原始投资额2 000

∴ 可以使用简化公式计算静态回收期

不包括建设期的投资回收期（PP′）$= \dfrac{2\,000}{600} = 3.3$（年）

包括建设期的投资回收期 $PP = 3.3 + 2 = 5.3$（年）

（2）一般方法

如果投资项目投产后每年的净现金流量不相等，或者即使相等也不满足采用特殊方法计算的条件，这时，我们可以找到使下面公式成立的投资回收期：

$$\sum_{t=0}^{n} NCF_t = 0$$

式中：NCF_t——第 t 年的净现金流量；

n——静态投资回收期。

如果能刚好找到使上述公式成立的 t，则 t 即为包含建设期的投资回收期。但是如果 $\sum_{t=0}^{n} NCF_t = 0$ 中的 t 值不能直接求出，则要运用下列公式进行计算：

$PP = $ 累计的现金净流量开始出现正值的年份 $- 1 + \dfrac{\left|上年末累计的现金净流量\right|}{出现正值年份的现金净流量}$

不包括建设期的静态投资回收期 $PP′ = PP - $ 建设期

【例5-7】某投资项目的净现金流量如下表所示：

表 5-2 投资项目净现金流量

万元

年份	0	1	2	3	4	5	6	7
NCF_t	-150	0	25	45	60	75	90	100

要求：计算该项目的静态回收期。

【解】

从投资项目净现金流量表中可以看出，该项目不能通过特殊方法计算投资回收期，根据净现金流量表可以用列表的方式计算投资回收期：

表 5-3 项目投资回收期计算表

万元

年份	0	1	2	3	4	5	6	7
NCF_t	-150	0	25	45	60	75	90	100
累计 NCF	-150	-150	-125	-80	-20	55	145	245

从上表可以看到：

第 4 年的累计净现金流量小于零；

第 5 年的累计净现金流量大于零。

因此：

包括建设期的投资回收期 $PP = 4 + \frac{|-20|}{75} \approx 4.27$ （年）

不包括建设期的投资回收期 $PP' = 4.27 - 1 = 3.27$ （年）

3. 静态回收期法的特点

（1）优点

①便于理解，计算简单，容易为决策人所正确理解；

②能够直观地反映原始投资的返本期限；

③可直观利用回收期之前的净现金流量信息。

（2）缺点

①没有考虑资金的时间价值；

②没有考虑投资回收期满后的现金流量的状况，舍弃了方案在投资回收期以后的收入、支出情况和期末残值，难以全面反映方案在整个寿命期内的真实效益，事实上，有战略意义的长期投资往往早期收益较低，而中后期收益较高，投资回收期指标可能导致决策者优先考虑急功近利的投资项目，可能导致放弃长期成功的方案，这类指标一般作为辅助方法使用，适用于方案的初选。

4. 静态投资回收期的决策原则

技术方案的决策面临着未来的不确定因素，这种不确定因素所带来的风险随着时间的延长而增加，因为未来的时间越远，人们所确知的东西就越少，风险就越大，为了减少风险，投资者必然希望投资回收期越短越好，所以该指标是反指标。运用静态投资回收期指标评价技术方案时，需要与基准投资回收期进行比较，只有静态投资回收期指标小于或等于基准投资回收期的投资项目才具有财务可行性。

（二）投资利润率（ROI）

1. 含义与计算

投资利润率又称投资报酬率，是指项目达到设计生产能力后的一个正常年份的年利润与项目总投资的比率。对经营期各年利润额变化较大的项目应计算其经营期内平均利润额与总投资的比率。具体计算公式如下：

$$投资收益率 = \frac{年平均利润额}{项目总投资}$$

【例5-8】某企业现有一个投资项目可供选择，其有关各年利润见表5-4，市场上基准投资利润率为25%，要求计算该投资项目的投资利润率。

表5-4 投资项目各年利润

万元

年份	0	1	2	3	4	5	6
项目各年利润	-1 200	100	150	200	400	700	800

【解】

该项目的投资利润率可计算如下：

$$ROI = \frac{(100 + 150 + 200 + 400 + 700 + 800)\,/6}{1\,200} = 32.64\%$$

由于该项目的投资利润率大于基准投资利润率，故应接受该方案。

2. 投资利润率指标特点

该指标简单、明了、易于掌握，且该指标不受建设期的长短、投资方式、回收额的有无以及净现金流量的大小等条件的影响，能够说明各投资方案的收益水平。但是，该指标仍然没有考虑资金时间价值因素，不能正确反映建设期长短及投资方式不同对项目的影响。且该指标的计算无法直接利用净现金流量信息。

3. 投资利润率指标决策原则

该指标是正指标，只有项目投资利润率指标大于或等于基准投资利润率，投资项目才具有财务可行性。

二、贴现指标

贴现指标也称为动态指标，是考虑资金时间价值因素的指标，主要包括净现值、净现值率、现值指数年金净流量及内部报酬率等指标。这些动态评价指标大部分是以项目在整个寿命期内收入与支出的全部经济数据为分析对象。因此，动态经济评价指标比静态评价指标更全面、更科学。

（一）动态回收期

动态回收期需要将投资引起的未来现金净流量进行贴现，以未来现金净流量的现值等于原始投资额现值时所经历的时间为回收期。

1. 未来每年净现金流量相等时

在这种年金形式下，假定经历几年所取得的未来现金净流量的年金现值系数为（P/A，i，n），则：

$$(P/A，i，n) = \frac{原始投资额现值}{每年现金净流量}$$

计算出年金现值系数后，通过查年金现值系数表，利用插值法，即可推算出回收期 n。

【例5-9】 蓝天公司有一个投资项目，初始投资为 36 000 元，投资于投资起点一次性投入，没有建设期，投入使用后，每年可获净现金流量 8 000 元，假定资本成本率为 9%。

要求：计算该项目的动态回收期：

该项目的年金现值系数 = 36 000/8 000 = 4.5

查表得知当 i = 9% 时，第 6 年年金现值系数为 4.486，第 7 年年金现值系数为

5.033。运用插值法计算，得知该项目的动态回收期 n = 6.03 年

2. 未来每年净现金流量不相等时

如果每年净现金流量不等，应把每年的净现金流量逐一贴现并加总，根据累计现金流量现值来确定回收期。

【例5-10】一项目初始投资 150 000 元，每年净现金流量如下表，计算其动态回收期。

表5－5　项目净现金流量表

单位：元

年份	净现金流量	净流量现值	累计现值
1	30 000	28 560	38 560
2	35 000	31 745	60 350
3	60 000	51 840	112 145
4	50 000	41 150	153 295
5	40 000	31 360	184 655

$$项目回收期 = 3 + \frac{150\ 000 - 112\ 145}{41\ 150} = 3.92\ （年）$$

3. 动态回收期的优缺点

（1）优点

动态回收期法计算简便，易于理解。与静态回收期相比，考虑了资金时间价值。这种方法是以回收期的长短来衡量方案的优劣，投资的时间越短，所冒的风险就越小。

（2）缺点

动态回收期与静态回收期有一个共同局限，这就是它们计算回收期时只考虑了未来现金流量小于和等于原投资额的部分，没有考虑超过原投资额的部分。显然，回收期长的项目，其超过原投资额的现金流量并不一定比回收期短的项目少。

（二）净现值（NPV）

1. 净现值的含义

净现值法是利用方案的净现值的大小来评价方案优劣与否的动态决策分析方法。净现值是指在项目计算期内，按一定折现率计算的各年净现金流量现值的代数和。即计算一个投资项目未来报酬的总现值超过原始投资额现值的金额。

2. 净现值的计算

净现值是各年净现金流量的现值合计，其实质是资金时间价值的计算现值的公式利用。

净现值 = 各年净现金流量的现值合计

或：= 投产后各年净现金流量现值合计 - 原始投资额现值

净现值计算的基本公式为：

$$NPV = \sum_{t=0}^{n} \frac{NCF_t}{(1+i)^t} = \Sigma NCF_t\ (P/F,\ i,\ t)$$

式中：NPV——净现值；

NCF$_t$——第 t 年的净现金流量；

n——项目计算期；

t——具体年份；

i——基准折现率或者必要报酬率。

【例5-11】某企业拟建一条生产线，需投资200万元，建设期为零，按直线法计提折旧，使用寿命10年，期末无残值。预计投产后每年可获净利润38万元。假定该项目的行业基准折现率12%。

要求：计算该项目的净现值。

【解】

项目计算期 = 10（年）

固定资产折旧 = $\dfrac{200}{10}$ = 20（万元）

项目各年净现金流量计算如下：

NCF$_0$ = −200（万元）

NCF$_{1-10}$ = 净利润 + 折旧 = 38 + 20 = 58（万元）

各年净现金流量可用下图表示：

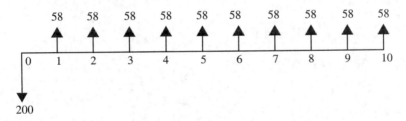

图 5−5　项目净现金流量图

NPV = −200 + 58 × （P/A，12%，10）

　　= −200 + 58 × 5.6502

　　= 127.71（万元）

【例5-12】假设其他资料与【例5-11】相同，假设固定资产报废时残值为10万元。其他条件不变。

要求：计算该项目的净现值。

【解】

项目计算期 = 10（年）

固定资产折旧 = $\dfrac{200 - 10}{10}$ = 19（万元）

项目各年净现金流量计算如下：

$NCF_0 = -200$（万元）

$NCF_{1-10} = $ 净利润 + 折旧 $= 38 + 19 = 57$（万元）

各年净现金流量可用下图表示：

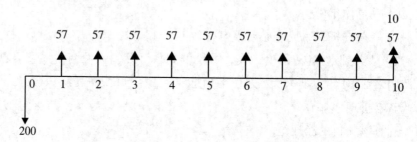

图5-6　项目净现金流量图

$$NPV = -200 + 57 \times (P/A, 12\%, 10) + 10 \times (P/F, 12\%, 10)$$
$$= -200 + 57 \times 5.6502 + 10 \times 0.322$$
$$= 125.28 （万元）$$

【例5-13】假定有关资料与例【例5-11】相同，建设期为一年，其他条件不变。

要求：计算该项目的净现值。

【解】

项目计算期 $= 11$（年）

固定资产折旧 $= \dfrac{200}{10} = 20$（万元）

项目各年净现金流量计算如下：

$NCF_0 = -200$（万元）

$NCF_1 = 0$（万元）

$NCF_{2-11} = $ 净利润 + 折旧 $= 38 + 20 = 58$（万元）

各年净现金流量可用下图表示：

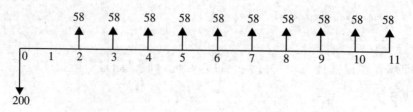

图5-7　项目净现金流量图

$$NPV = -200 + 58 \times (P/A, 12\%, 10) \times (P/F, 12\%, 1)$$
$$= -200 + 58 \times 5.6502 \times 0.8929$$
$$= 92.61 （万元）$$

【例5-14】假定有关资料与例【例5-11】相同，但建设期为一年，建设资金分别于年初、年末各投入 100 万元，期末无残值，其他条件不变。

要求：计算该项目的净现值。

【解】

项目计算期 = 11（年）

固定资产折旧 = $\frac{200}{10}$ = 20（万元）

项目各年净现金流量计算如下：

NCF_0 = − 100（万元）

NCF_1 = − 100（万元）

NCF_{2-11} = 净利润 + 折旧 = 38 + 20 = 58（万元）

各年净现金流量可用下图表示：

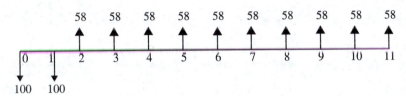

图 5 − 8　项目净现金流量图

NPV = − 100 − 100 × （P/F，12%，1）+ 58 × （P/A，12%，10）× （P/F，12%，1）

= − 100 − 100 × 0.8929 + 58 × 5.6502 × 0.8929

= 103.32（万元）

【例 5-15】某项目的各年净现金流量如下表所示，基准收益率为 10%，用净现值指标判断项目的可行性。

表 5 − 6　某项目的各年净现金流量

万元

年份	0	1	2	3	4	5	6	7	8	9	10
NCF_t	− 20	− 500	− 100	150	250	250	250	250	250	250	250

【解】

项目净现金流量图如下所示：

NPV = − 20 − 500（1 + 10%）$^{-1}$ − 100（1 + 10%）$^{-2}$ + 150（1 + 10%）$^{-3}$ + 250（1 + 10%）$^{-4}$ + ⋯ + 250（1 + 10%）$^{-10}$

或者 = − 20 − 500（1 + 10%）$^{-1}$ − 100（1 + 10%）$^{-2}$ + 150（1 + 10%）$^{-3}$ + 250（P/A，10%，7）（P/F，10%，3）= 469.94（万元）

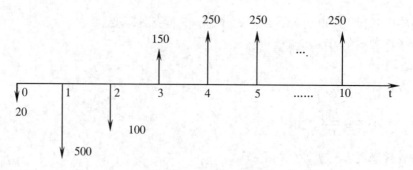

图 5－9　净现金流量图

项目净现值大于零，所以项目可行。

3. 净现值指标的特点

（1）优点

①考虑了资金时间价值，能够反映各种投资方案的净收益，增强了投资经济性评价的实用性；

②全面、科学、完整地考虑项目计算期内全部现金流量，体现了流动性与收益性的统一；

③考虑了投资风险，项目投资风险可以通过提高贴现率加以控制。

（2）缺点

①净现值无法从动态角度直接反映投资项目的实际收益率水平；

②净现值的计算需要预先给定折现率，而实际上折现率的选择都比较困难，这给项目决策带来了困难。因为若折现率定得略高，可行项目就可能被否定；反之，折现率定得过低，不合理的项目就可能被选中；

③与静态投资回收期指标相比，计算过程比较繁琐。

4. 净现值指标的决策原则

净现值是正指标，该指标越大越好。其决策原则是：如果该指标大于或者等于零，该方案为可行方案；如果投资方案净现值小于零，则为不可行方案。

（三）净现值率（**NPVR**）

1. 净现值率的含义

净现值率，又称净现值指数，是投资项目的净现值与原始投资现值的比率，即单位原始投资的现值所创造的净现值。净现值指数的经济含义是表示单位投资现值所取得的净现值额，也就是单位投资现值所获取的超额净效益。

2. 净现值率的计算

净现值率的计算公式可以表示为：

$$净现值率 = \frac{投资项目的净现值}{原始投资现值}$$

【例 5-16】某企业要投资一项目，该项目净现金流量情况如下表所示，假定该项目的行业基准折现率为 12%。

表 5 - 7　某项目的各年净现金流量

万元

年份	0	1	2	3	4	5	6	7	8	9	10
NCF_t	−400	−100	0	160	160	160	160	160	160	160	160

要求：计算该项目的净现值率。

【解】

该项目净现金流量情况可用下图表示：

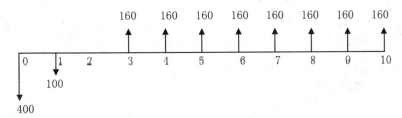

图 5 - 10　净现金流量图

首先计算该项目的净现值：

$$NPV = -400 - 100 \times (P/F, 12\%, 1) + 160 \times (P/A, 12\%, 8) \times (P/F, 12\%, 2)$$

$$= -400 - 100 \times 0.8929 + 160 \times 4.9676 \times 0.7972$$

$$= 144.34（万元）$$

计算原始投资现值 $= 400 + 100 \times (P/F, 12\%, 1)$

$$= 400 + 100 \times 0.8929$$

$$= 489.29（万元）$$

所以：

$$NPVR = \frac{144.34}{489.29} \approx 0.29$$

3. 净现值率法的特点

净现值率法克服了净现值法有利于投资额大的方案的偏差，可以从动态的角度反映项目投资的资金投入与净产出之间的关系，比其他动态相对数指标更容易计算；其缺点与净现值指标相似，同样无法直接反映投资项目的实际收益率。

4. 净现值率法的决策原则

净现值率大于零，表明项目的报酬率高于贴现率，存在额外收益；净现值率小于零，表明项目的报酬率低于贴现率，收益不足以抵补资本成本；若净现值率等于零，则表明收益刚好抵补资本成本。所以利用净现值率进行决策的原则是净现值率要大于等于零，方案才可行。

（四）现值指数（**PI**）

1. 现值指数的含义

现值指数又称获利指数，是指投产后按行业基准收益率或设定折现率折算的各年净现金流量的现值合计与原始投资的现值合计之比。

2. 现值指数的计算

现值指数的计算公式可以表示为：

$$现值指数 = \frac{投产后各年净现金流量的现值}{原始投资现值}$$

$$净现值率 = \frac{投资项目的净现值}{原始投资现值}$$

$$= （投产后净现金流量现值合计 - 原始投资现值合计）／原始投资现值合计$$

$$= 现值指数 - 1$$

因此：

$$现值指数 = 1 + 净现值率$$

【例 5-17】某企业要投资一项目，该项目净现金流量情况如下表所示，假定该项目的行业基准折现率10%。

表 5 – 8　某项目的各年净现金流量

万元

年份	0	1	2	3	4	5	6	7	8	9	10
NCF_t	– 120	0	– 50	60	60	60	60	60	60	60	60

要求：计算该项目的现值指数。

【解】

该项目净现金流量情况可用下图表示：

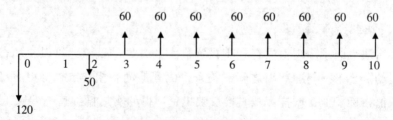

图 5 – 11　净现金流量图

$$PI = \frac{60 \times (P/A,\ 10\%,\ 8)\ (P/F,\ 10\%,\ 2)}{120 + 50 \times (P/F,\ 10\%,\ 2)}$$

$$= \frac{60 \times 5.3349 \times 0.8264}{120 + 50 \times 0.8264}$$

$$= 1.64$$

3. 现值指数法的特点

现值指数法考虑了资金时间价值，从动态的角度反映项目投资的资金投入与总产出之间的关系，能够真实地反映投资项目的盈亏程度，可以看成1元原始投资可望获得的现值净收益。可以弥补净现值法在投资额不同方案之间不能直接比较的缺陷，有利于在初始投资额不等的方案之间可直接用获利指数进行比较。其缺点除了无法直接反映投资项目的实际收益率外，计算起来比净现值率指标复杂，概念不便于理解，计算口径也不一致。

4. 现值指数法的决策原则

现值指数大于 -1，说明其收益超过成本，即投资报酬率超过拟定的贴现率，方案可行。现值指数小于1，应该放弃。多个方案选优，从 PI > 1 的方案中选择 PI 最大的方案。

（五）年金净流量（ANCF）

1. 含义

年金净流量是指项目期间内全部净现金流量的总现值或总终值折算为等额年金的平均净现金流量。

$$年金净流量 = \frac{净现金流量总现值}{年金现值系数}$$

$$或年金净流量 = \frac{净现金流量总终值}{年金终值系数}$$

2. 决策原则：

①年金净流量指标的结果大于零，说明投资项目的净现值（或净终值）大于零，方案的报酬率大于所要求的报酬率，方案可行。

②在两个以上寿命期不同的投资方案比较时，年金净流量越大，方案越好。

年金净流量法是净现值法的辅助方法，在各方案寿命期相同时，实质上就是净现值法，因此，它适用于期限不同的投资方案决策。

【例】甲、乙两个投资方案：甲方案需一次性投资 10 000 元，可用 8 年，残值 2 000 元，每年取得净利润 3 500 元；乙方案需一次性投资 10 000 元，可用 5 年，无残值，每年净利润 4 000 元。资本成本率为 10%。

【要求】应采用哪种方案？

【解】甲方案每年 NCF = 3 500 + （10 000 - 2 000）/8 = 4500（元）

乙方案每年 NCF = 4 000 + 10 000/5 = 6 000（元）

甲方案净现值 = 4 500 × 5.335 + 2 000 × 0.467 − 10 000

$\qquad$ = 14941.50（元）

乙方案净现值 = 6 000 × 3.791 − 10 000 = 12746（元）

$$甲方案年金净流量 = \frac{14\ 941.50}{(P/A,10\%,8)} = 2\ 801（元）$$

$$乙方案年金净流量 = \frac{1\ 2746}{(P/A,10\%,5)} = 3\ 362（元）$$

尽管甲方案净现值大于乙方案，但它是 8 年内取得的。而乙方案年金净流量高于甲方案，如果按 8 年计算的净现值，高于甲方案。因此，乙方案优于甲方案。

本例中，用终值进行计算也可得出同样的结果

（六）内部报酬率（**IRR**）

1. 内部报酬率的含义

内部报酬率又叫内含报酬率，即指项目投资实际可望达到的报酬率，亦可将其定义为能使投资项目的净现值等于零时的折现率。或者说是使投资方案投产后各年净现金流量的现值之和等于原始投资额的现值时所用的折现率。内部收益率是效率型指标，是方案本身的实际收益率，是考察项目资金使用效率的重要指标。

2. 内部报酬率的计算

项目内部报酬率的计算就是能找到能够使方案的净现值为零的折现率，该折现率就是项目本身的内部报酬率。内部报酬率的计算方法主要有两种：特殊条件下的简便方法及逐步测试法。

（1）特殊条件下的简便算法

使用简便方法需要满足两个特殊条件：

①全部投资均于建设起点一次投入，建设期为零；

②投产后每年净现金流量相等。

即净现金流量满足下图所示的条件：

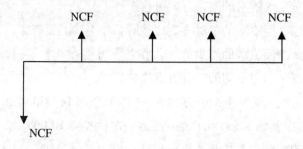

图 5 − 12　满足特殊条件下的净现金流量图

【例5-19】某投资项目在建设起点一次性投资6 572 286元，当年完工并投产，经营期为10年，每年可获净现金流量1 260 000元。

要求：计算该项目的内部报酬率。

【解】

内部收益率是使得项目净现值为零的折现率。

该项目的净现金流量情况如下图所示：

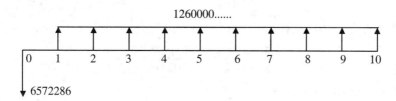

图5－13　项目现金净流量图

令 $NPV = -6572286 + 1260000 \times (P/A, IRR, 10) = 0$

得 $(P/A, IRR, 10) = 5.2161$

查10年的年金现值系数表：

$(P/A, 14\%, 10) = 5.2161$

求得：$IRR = 14\%$

【例5-20】某项目投资480万元，建设投资于建设起点一次性投入，当年完工并投产（建设期为零），项目运营期为10年，经计算，项目运营期每年可得净现金流量为80万元。

要求：计算该项目内部报酬率。

【解】

内部收益率是使得项目净现值为零的折现率。该项目的净现金流量情况如下图所示：

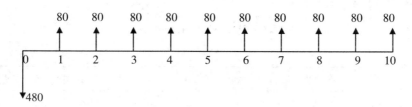

图5－14　项目净现金流量图

令 $NPV = -480 + 80 \times (P/A, IRR, 10) = 0$

得出 $(P/A, IRR, 10) = 6$

查年金现值系数表可知：

利　率	(P/A, i, 10)
10%	6.1446
IRR	6
12%	5.6502

10%	IRR	12%
6.1446	6	5.6502

采用插值法计算内部报酬率：

$$\frac{12\% - IRR}{12\% - 10\%} = \frac{5.6502 - 6}{5.6502 - 6.1446}$$

由上式可求出 IRR = 10.6%

（2）逐步测试法

逐步测试法就是要通过逐步测试找到一个能够使净现值大于零，另一个使净现值小于零的两个最接近的折现率，然后结合插值法计算 IRR，逐步测试法也是计算内部报酬率的一般方法。其计算步骤如下：

①先预估一个折现率，并按此折现率计算项目净现值。如果计算出的净现值大于零，则表示预估的折现率小于该项目的实际内部报酬率，应提高折现率继续测试；如果计算出的项目净现值小于零，则表示预估的折现率大于该项目的实际内部报酬率，应降低折现率继续测试；经如此反复测试，直到找到净现值由正到负或者由负到正，并且接近零的两个折现率。

②根据上述两个使净现值接近零的折现率，再使用插值法计算出项目的内部报酬率。

【例 5-21】某企业要投资一项目，建设期为两年，建设投资 400 万元于建设起点一次性投入。运营期每年可获得净现金流量 140 万元。该项目净现金流量情况具体如下表所示：

表 5-9　某项目的各年净现金流量

万元

年份	0	1	2	3	4	5	6	7
NCF$_t$	−400	0	0	140	140	140	140	140

要求：计算该项目的内部报酬率。

【解】

该项目净现金流量情况可用下图表示：

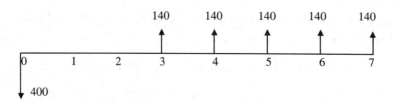

图 5 – 15 净现金流量图

令 NPV $= -400 + 140 \times (P/A, IRR, 5) \times (P/F, IRR, 2) = 0$

该投资项目的内部报酬率需要使用逐步测试法，经测试得出下列测试数据：

表 5 – 10 逐次测试逼近法数据表

测试次数	IRR（%）	NPV
1	16	– 59. 316
2	15	– 45. 156
3	14	– 30. 152
4	10	38. 58
5	12	2. 3245

利用插值法：

12%	2. 3245
IRR	0
14%	– 30. 152

12%	IRR	14%
2.3245	0	−30.152

$$\frac{14\% - IRR}{14\% - 12\%} = \frac{-30.152 - 0}{-30.152 - 2.3245}$$

由上式可求出 IRR $= 12.1\%$ 。

3. 内部报酬率的优缺点

内部报酬率指标可以从动态的角度直接反映投资项目的实际收益水平，且不受基准收益率高低的影响，比较客观。但其计算过程复杂，尤其当经营期大量追加投资时，又有可能导致多个内部收益率出现，或偏高或偏低缺乏实际意义。

4. 内部收益率法的决策原则

计算求得的内部收益率 IRR 后，要与项目的设定收益率 i_0（财务评价时的行业基准收益率、国民经济评价时的社会折现率）相比较，单一方案决策：

当 IRR ≥ i_0 时，则表明项目的收益率已达到或超过设定折现率水平，项目可行，可以考虑接受；

当 IRR < i_0 时，则表明项目的收益率未达到设定折现率水平，项目不可行，应予拒绝。

第四节　项目投资决策评价方法的应用

计算评价指标的目的是对投资项目及方案进行评价，为投资项目提供定量的决策依据。但投资方案对比与优选的方法会因项目投资方案的不同而有区别。

一、独立投资方案的决策

独立方案是指一组互相分离、互不排斥的方案。在独立方案中，选择某一方案并不排斥选择另一方案。

进行独立方案个别项目评价时，需要结合前面所提到的投资项目的评价指标，来评价个别项目的可行性。

【例 5-22】假定某投资方案投资 800 万，建设投资于建设起点一次性投入，建设期为零，行业基准收益率为 15%，项目现金净流量如下表所示：

表 5 – 11　投资方案现金净流量表

单位：万元

年份	0	1	2	3	4	5	6	7	8	9	10
NCF_t	– 800	240	240	240	240	240	240	240	240	240	240

要求：据此计算该方案的下列指标：

(1) 净现值；

(2) 净现值率；

(3) 现值指数；

(4) 内部报酬率；

(5) 评价该方案的财务可行性。

【解】

该方案的现金净流量图如下图所示：

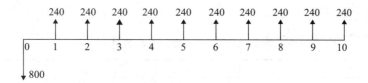

图 5 – 16 项目现金净流量图

（1）NPV = – 800 + 240 × （P/A，15%，10）

　　　　 = – 800 + 240 × 5.0188

　　　　 = 404.51（万元）

（2）NPVR = $\dfrac{404.51}{800}$ = 0.51

（3）PI = $\dfrac{240(P/A,15\%,10)}{800}$ = 1.51

（4）令 NPV = – 800 + 240 × （P/A，IRR，10）= 0

得（P/A，IRR，10）= 3.3333

查 10 年的年金现值系数表：

利率	（P/A，i，10）
24%	3.6819
IRR	3.3333
28%	3.2689

$$\frac{28\% - IRR}{28\% - 24\%} = \frac{3.2689 - 3.3333}{3.2689 - 3.6819}$$

求得：IRR = 27.38%

（5）该方案可行。

二、互斥投资方案的决策

互斥方案是指在决策时涉及的多个相互排斥、不能同时实施的投资方案。互斥方案的决策就是从已具备财务可行性的方案中，比较各个方案的优劣，利用一定评价方法从众多备选方案中选出一个最佳方案的过程。从选定经济效益最大的要求出发，互斥方案以方案的获利额作为评价标准。通常包括两种方法：净现值法和年金净流量法。若项目的寿命期不同，应采用年金净流量法。

（一）投资项目寿命期相同

若项目的的寿命期相同（无论投资额是否相同），均可以采用净现值指标或者年金净流量指标进行决策，此时，无论用净现值还是年金净流量得出的决策结论是一致的。

【例5-23】某企业有两个备选投资方案，甲方案的投资额为80万，项目计算期为3年；乙方案的投资额为120万，项目计算期为3年。行业基准折现率为10%。两方案的净现金流量如下表所示：

表 5 - 12　投资方案现金净流量表

年份	0	1	2	3
甲方案 NCF$_t$	-80	50	65	80
乙方案 NCFt	-120	60	75	80

要求：做出投资决策。

【解】

（1）计算两方案的净现值

NPV 甲 = -80 + 50 × (P/F, 10%, 1) + 65 × (P/F, 10%, 2) + 80 × (P/F, 10%, 3)

　　　= -80 + 50 × 0.9091 + 65 × 0.8264 + 80 × 0.7513

　　　= 79.275（万元）

NPV 乙 = -120 + 60 × (P/F, 10%, 1) + 75 × (P/F, 10%, 2) + 80 × (P/F, 10%, 3)

　　　= -120 + 60 × 0.9091 + 75 × 0.8264 + 80 × 0.7513

　　　= 56.63（万元）

（2）计算各方案的年金净流量

$$甲方案的年金净流量 = A 方案的净现值 × \frac{1}{(P/A, 10\%, 3)}$$

$$= 79.275 × \frac{1}{2.4869}$$

$$= 31.877（万元）$$

$$乙方案的年金净流量 = 乙方案的净现值 × \frac{1}{(P/A, 10\%, 3)}$$

$$= 56.63 × \frac{1}{2.4869}$$

$$= 22.77（万元）$$

（3）作出决策：

无论从净现值的角度，还是从年金净流量的角度，二者得出的结论是一致的。

甲方案优于乙方案

（二）投资项目寿命期不同

若投资项目的寿命期不同，则不能用净现值指标进行决策。具体有两种方法可用：

1. 最小公倍寿命期法下的净现值

【例5-24】某企业有两个备选投资方案，甲方案的投资额为80万，项目计算期为2年；乙方案的投资额为120万，项目计算期为3年。行业基准折现率为10%。两方案的现金净流量如下表所示：

表 5 - 13　投资方案现金净流量表

年份	0	1	2	3
甲方案 NCF$_t$	−80	50	65	—
乙方案 NCF$_t$	−120	60	75	80

要求比较两个方案优劣。

【解】

两个方案的计算期一个是 2 年，一个是 3 年，其最小公倍数为 6，因此按照最小公倍数进行方案重复。甲方案重复 3 次，乙方案重复 2 次。

由上题计算可知，甲方案的净现值为 19.171 万元，乙方案的净现值为 56.63 万元。两个方案的具体现金流量如下图所示：

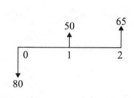 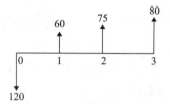

图 5 - 17　甲方案现金净流量图　　　图 5 - 18　乙方案现金净流量图

两个方案经过方案重复后的现金流量图如下：

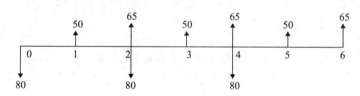

图 5 - 19　甲方案方案重复图

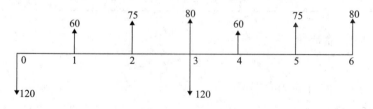

图 5 - 20　乙方案方案重复图

两方案的净现值分别为 19.171 万元和 56.63 万元想，相当于下图的重复：

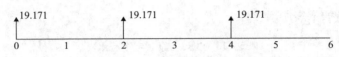

图 5 - 21　甲方案按净现值重复图

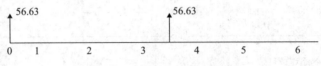

图 5 - 22　乙方案按净现值重复图

因此，调整后的净现值计算如下：

调整后净现值 $NPV_{甲}$ = 19.171 + 19.171 × （P/F，10%，2） + 19.171 × （P/F，10%，4）

$$= 19.171 + 19.171 × 0.8264 + 19.171 × 0.6830$$

$$= 48.12 （万元）$$

调整后净现值 $NPV_{乙}$ = 56.63 + 56.63 × （P/F，10%，3）

$$= 56.63 + 56.63 × 0.7513$$

$$= 99.18 （万元）$$

因此，乙方案优于甲方案。

2. 年金净流量

【例 5-25】某企业有两个备选投资方案，甲方案的投资额为 80 万，项目计算期为 2 年；乙方案的投资额为 120 万，项目计算期为 3 年。行业基准折现率为 10% 。两方案的现金净流量如下表所示：

表 5 - 14　投资方案现金净流量表

年份	0	1	2	3
甲方案 NCF_t	- 80	50	65	—
乙方案 NCF_t	- 120	60	75	80

要求：做出投资决策。

【解】

（1）首先计算两方案的净现值

NPV 甲 = - 80 + 50 × （P/F，10%，1） + 65 × （P/F，10%，2）

$$= - 80 + 50 × 0.9091 + 65 × 0.8264$$

$$= 19.171 （万元）$$

NPV 乙 = - 120 + 60 × （P/F，10%，1） + 75 × （P/F，10%，2） + 80 × （P/F，10%，3）

$$= -120 + 60 \times 0.9091 + 75 \times 0.8264 + 80 \times 0.7513$$

$$= 56.63 \ （万元）$$

（2）计算各方案的年金净流量

$$甲方案的年金净流量 = A 方案的净现值 \times \frac{1}{(P/A,10\%,2)}$$

$$= 19.171 \times \frac{1}{1.7355}$$

$$= 11.05 \ （万元）$$

$$乙方案的年金净流量 = 乙方案的净现值 \times \frac{1}{(P/A,10\%,3)}$$

$$= 56.63 \times \frac{1}{2.4869}$$

$$= 22.77 \ （万元）$$

（3）比较各方案的年金净流量，作出决策：

$\because 22.77 > 11.05$

$\therefore$ 乙方案优于甲方案

三、* 固定资产更新决策

固定资产更新决策是项目投资决策的重要组成部分，而且其属于互斥方案的决策。主要有净现值法和年金净流量法。

（一）寿命期相同的设备重置决策

净现值法主要适用于寿命期相同的设备重置决策。固定资产更新决策中，如果固定资产更新不会改变企业目前的生产经营能力，就不会增加企业的营业收入，这是替换重置；若更新设备对企业的生产能力产生影响，此时的固定资产更新为扩建重置。

若固定资产更新项目是替换重置，则决策中所发生的现金流量主要是现金流出量，此时两个项目营业收入相同，可以不考虑。若固定资产更新项目是扩建重置，则需要考虑更新带来的营业收入的差别。

进行固定资产更新决策通常使用下列公式：

$$\genfrac{}{}{0pt}{}{营业净现金}{流量} = 收入 \times \left(1 - \genfrac{}{}{0pt}{}{所得税}{税率}\right) - \genfrac{}{}{0pt}{}{付现}{成本} \times \left(1 - \genfrac{}{}{0pt}{}{所得税}{税率}\right) + \genfrac{}{}{0pt}{}{非付现}{成本} \times \genfrac{}{}{0pt}{}{所得税}{税率}$$

【例 5-26】天龙公司现有一台旧设备是三年前购进的，目前准备用一新设备替换。该公司所得税率 40%，资本成本率为 10%，其余资料如表所示。

表 5 -15　新旧设备资料

单位：万元

项　目	旧设备	新设备
原价	84 000	76 500
税法残值	4000	4 500
税法使用年限（年）	8 年	6 年
已使用年限（年）	3 年	0 年
尚可使用年限（年）	6 年	6 年
垫支营运资金	10 000	11 000
大修理支出	18 000（第 2 年末）	9 000（第 4 年末）
每年折旧费（直线法）	10 000	12 000
每年营运成本	13 000	7 000
目前变现价值	40 000	76 500
最终报废残值	5 500	6 000

【解】

①计算保留旧设备方案的净现值（单位：元）

项　目	现金流量	年　份	现值系数	现　值
1. 每年营运成本	13 000 ×（1 -40%）=（7 800）	1 -6	4. 355	(33 969)
2. 每年折旧抵税	10 000 ×40% = 4 000	1 -5	3. 791	15 164
3. 大修理费	18 000 ×（1 -40%）=（10 800）	2	0. 826	(8 920.8)
4. 残值变价收入	5 500	6	0. 565	3 107.5
5. 残值净收益纳税	(5 500 -4 000) ×40% =（600）	6	0. 565	(339)
6. 营运资金收回	10 000	6	0. 565	5 650
7. 目前变价收入	(40 000)	0	1	(40 000)
8. 变现净损失减税	(40 000 -54 000) ×40% =（5 600）	0	1	(5 600)
净现值	—	—	—	(64 907.3)

②计算购买新设备方案的净现值

项　目	现金流量	年　份	现值系数	现　值
设备投资	(76 500)	0	1	(76 500)
垫支营运资金	11 000 -10 000 =（1 000）	0	1	(1 000)
每年营运成本	7 000 ×（1 -40%）=（4 200）	1 -6	4. 355	(18 291)
每年折旧抵税	12 000 ×40% = 4 800	1 -6	4. 355	20 904
大修理费	9 000 ×（1 -40%）=（5 400）	4	0. 683	(3 688.2)
残值变价收入	6 000	6	0. 565	3 390
残值净收益纳税	(6 000 -4 500) ×40% =（600）	6	0. 565	(339)
营运资金收回	11 000	6	0. 565	6 215
净现值	—	—	—	(69 309.2)

【结论】在两方案营业收入一致的情况下，新设备现金流出总现值为 69309.2 元，旧设备现金流出总现值为 64907.3 元。因此，继续使用旧设备比较经济。

注：

（1）现金流量的相同部分不予考虑；

（2）折旧需要按照税法规定计提；

（3）旧设备方案投资按照机会成本思路考虑；

（4）项目终结时长期资产相关流量包括两部分：一是变现价值，即最终报废残值；二是变现价值与账面价值的差额对所得税的影响；

（二）寿命期不同的设备重置决策

寿命期不同的设备重置方案，用净现值指标可能无法得出正确决策结果，应当采用年金净流量法决策。对于替换重置的设备更新，一般不改变生产能力，营业现金收入不会增加，此时，只需计算和比较年金成本即可。对于扩建重置，则需要考虑营业收入的变化。

1. 扩建重置的设备更新后会引起营业现金流入与流出的变动，应考虑年金净流量最大的方案。

$$年金净流量 = \frac{净现值}{(P/A, i, n)}$$

2. 替换重置的设备更新一般不改变生产能力，营业现金流入不会增加，替换重置方案的决策标准，是要求年金成本最低。

$$年金成本 = \frac{\Sigma（各项目现金净流出现值）}{(P/A, i, n)}$$

【例5-27】东宁公司现有旧设备一台，由于节能减排的需要，准备予以更新。当期贴现率为15%，假设所得税率40%，其他有关资料如表所示：

表5-16　东宁公司新旧设备资料

单位：万元

	旧设备	新设备
原价	35 000	36 000
预计使用年限	10 年	10 年
已经使用年限	4 年	0 年
税法残值	5 000	4 000
最终报废残值	3 500	4 200
目前变现价值	10 000	36 000
每年折旧费（直线法）	3 000	3 200
每年营运成本	10 500	8 000

（1）新设备

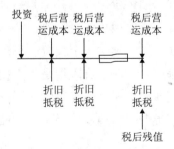

投资 = 36 000（元）

税后营运成本 = 8 000 × 60% = 4 800（元）

折旧抵税 = 3 200 × 40% = 1 280（元）

残值收益纳税 = （4 200 - 4 000）× 40% = 80（元）

税后残值 = 4 200 - 80 = 4 120（元）

年金成本 = 4 800 - 1 280 + ［36 000 - 4 120 × （P/F, 15%, 10）］/ （P/A, 15%, 10）= 10 489.86（元）

（2）旧设备

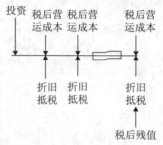

投资 = 10 000 + 5 200 = 15 200（元）

税后营运成本 = 10 500 × 60% = 6 300（元）

折旧抵税 = 3 000 × 40% = 1 200（元）

残值减税 = （5 000 - 3 500）× 40% = 600（元）

税后残值 = 3 500 + 600 = 4 100（元）

年金成本 = 6 300 - 1 200 + ［15 200 - 4 100 × （P/F, 15%, 6）］/（P/A, 15%, 6）= 8 648.40（元）

原值 35 000，年折旧 3 000，4 年累计折旧 12 000，目前账面价值 = 23 000，变现价值 10 000，损失减税 = 13 000 × 40% = 5 200（元）

继续使用旧设备的年金成本 8648.4 元，低于购买新设备的年金成本 10489.86 元，应采用旧设备方案。

本 章 小 结

本章主要讲述项目投资方案的评价。项目投资是一种实体性资产的长期投资，是一种以特定项目为对象，直接与新建项目或更新改造项目有关的长期投资行为。其中现金流量的估算是评价投资项目的基础，一个投资项目现金流量按其内容可包括现金流入量、现金流出量和现金净流量；现金流入量是指由投资项目所引起的现实货币资金的增加额。现金流入量包括①营业收入；②回收固定资产余值；③回收流动资金。现金流出量是指由于投资项目所引起的现实货币资金的减少额。包括①建设投资；②流动资金投资；③付现成本；④所得税。现金净流量是项目现金流入量与现金流出量

172

的差额，一般以年为单位。项目投资的评价指标按是否考虑资金时间价值，分为贴现指标和非贴现指标。贴现指标是考虑资金时间价值的指标，包括动态回收期、净现值、净现值率、现值指数、年金净流量和内部报酬率；非贴现指标是不考虑资金时间价值的指标，包括静态投资回收期和投资利润率。当企业进行多个互斥方案的比较与选择时，要区分项目计算期是否相同，若寿命期相同，则无论是净现值法和年金净流量法得出的决策结论是一致的；若寿命期不同，可以利用最小公倍数将寿命期相同，或者直接利用年金净流量法。

随 堂 练 习

一、思考题

1. 什么是投资？按照投资方向的不同，投资可以分为哪些类型？

2. 什么是项目投资？项目投资有什么特点？

3. 计算项目投资现金流量时应注意哪些问题？

4. 简述投资决策的评价指标及其类型。

5. 静态投资评价指标有哪些？各自有什么优缺点？

6. 动态投资评价指标有哪些？各自有什么优缺点？他们之间的相互关系是什么？

二、单项选择题

1. 净现值、净现值率和获利指数指标共同的缺点是（   ）。

    A. 不能直接反映投资项目的实际收益率

    B. 不能反映投入与产出之间的关系

    C. 没有考虑资金的时间价值

    D. 无法利用全部净现金流量的信息

2. 下列（   ）指标的计算与行业基准收益率无关。

    A. 净现值   B. 净现值率   C. 获利指数   D. 内部收益率

3. 某项目投资需要的固定资产投资额为100万元，无形资产投资10万元，流动资金投资5万元，则该项目的建设投资为（   ）万元。

    A. 117   B. 115   C. 110   D. 100

4. C公司对某投资项目的分析与评价资料如下：该投资项目适用的所得税率为30%，年营业收入为1 000万元，付现成本为500万元，税后净利润210万元。那么，该项目年营业现金净流量为（   ）。

    A. 1 000   B. 500   C. 210   D. 410

5. 某完整工业投资项目的建设期为零，第一年流动资产需用额为1 000万元，流动负债需用额为400万元，则该年流动资金投资额为（   ）万元。

    A. 400   B. 600   C. 1 000   D. 1 400

6. 甲企业计划投资一条新的生产线，项目一次性总投资500万元，投资期为3年，营业期为10年，营业期每年可产生现金净流量130万元。若甲企业要求的年投资报酬率为9%，则该投资项目的现值指数是(   )。

   A. 0.29　　　　　　B. 0.67　　　　　　C. 1.29　　　　　　D. 1.67

7. 假定某项目的原始投资在建设期初全部投入，其预计的净现值率为15%，则该项目的获利指数是(   )。

   A. 6.67　　　　　　B. 1.15　　　　　　C. 1.5　　　　　　D. 1.125

8. 某项目的现金流出现值合计为2 600万元，现值指数为1.3，则净现值为(   )万元。

   A. 780　　　　　　B. 2 600　　　　　　C. 700　　　　　　D. 500

9. 当资本成本为10%时，某项目的净现值为100元，则该项目的内含报酬率(   )。

   A. 高于10%　　　B. 低于10%　　　C. 等于10%　　　D. 无法界定

10. 已知甲项目的原始投资额为800万元，建设期为1年，投产后1至5年的每年净现金流量为100万元，第6至10年的每年净现金流量为80万元，则该项目不包括建设期的静态投资回收期为(   )年。

    A. 7.5　　　　　　B. 9.75　　　　　　C. 8.75　　　　　　D. 7.65

11. 某投资方案，当贴现率为8%时，其净现值为108元，当贴现率为10%时，其净现值为-25元。该方案的内含报酬率为(   )。

    A. 9.78%　　　　　B. 9.12%　　　　　C. 9.62%　　　　　D. 10.14%

12. 某投资项目各年的预计净现金流量分别为：$NCF_0 = -200$万元，$NCF_1 = -50$万元，$NCF_{2\sim3} = 100$万元，$NCF_{4\sim11} = 250$万元，$NCF_{12} = 150$万元，则该项目包括建设期的静态投资回收期为(   )。

    A. 2.0年　　　　　B. 2.5年　　　　　C. 3.2年　　　　　D. 4.0年

13. 某企业计划投资一个项目，初始投资额为100万元，年折旧率为10%，无残值，项目寿命期10年，预计项目每年可获净利15万元，公司资本成本率为8%，则该项目动态投资回收期为(   )。

    A. 3.93年　　　　　B. 5.13年　　　　　C. 4.85年　　　　　D. 5.01年

14. 某投资项目计算期为10年，净现值为10 000万元，该项目的行业基准折现率为8%，则该项目的年金净流量为(   )万元

    A. 2 000　　　　　B. 1 490　　　　　C. 6 7101　　　　　D. 60 000

15. 某投资项目的项目计算期为5年，没有建设期，投产后每年的净现金流量均为100万元，原始总投资150万元，资金成本为10%，则该项目的年金净流量约为(   )万元。

A. 100   B. 60. 43   C. 37. 91   D. 50

16. 某投资项目原始投资额为100万元，使用寿命10年，残值为10万元，已知该项目第10年的营业收入为80万元，付现成本25万元。最后一年全部收回第一年垫付的流动资金8万元和残值。假设甲公司适用企业所得税税率为25%元，则该投资项目第10年的净现金流量为( )万元。

  A. 43. 5   B. 53. 5   C. 59. 25   D. 61. 5

17. 丁公司拟投资一个项目，投资在初始一次投入，经测算，该项投资的营业期为4年，每年年末的现金净流量相等，静态投资回收期为2.6667年，则该投资项目的内含报酬率为( )%。

  A. 17. 47   B. 18. 46   C. 19. 53   D. 19. 88

18. 下列各项关于回收期的说法中，不正确的是( )。

  A. 动态回收期指未来现金净流量累计到原始投资数额时所经历的时间

  B. 用回收期指标评价方案时，回收期越短越好

  C. 计算简便，易于理解

  D. 没有考虑回收期以后的现金流量

19. 包括建设期的静态投资回收期是( )。

  A. 净现值为零的年限   B. 累计净现金流量为零的年限

  C. 累计净现值为零的年限   D. 净现金流量为零的年限

20. 下列关于净现值表述不正确的是( )。

  A. 当净现值大于0时，内部收益率大于0

  B. 当净现值大于0时，说明该方案可行

  C. 净现值是未来预期报酬的总现值与原始投资额现值之差

  D. 当净现值等于0时，内部收益率等于准折现率

三、多项选择题

1. 项目投资与其他形式的投资相比，具有以下特点( )。

  A. 投资金额大 B. 影响时间长 C. 变现能力差 D. 投资风险小

2. 项目投资的评价指标中按照指标的性质可以分为( )。

  A. 正指标   B. 反指标   C. 绝对量指标 D. 相对量指标

3. 包括建设期的投资回收期说法正确的有( )。

  A. 包括建设期的动态投资回收期是净现值为零的年限

  B. 包括建设期的动态投资回收期累计净现金流量为零的年限

  C. 包括建设期的静态投资回收期是净现值为零的年限

  D. 包括建设期的静态投资回收期是累计净现金流量为零的年限

4. 下列各项中，会对投资项目内部收益率指标产生影响的因素是( )。

A. 原始投资　　　　B. 现金流量　　C. 项目计算期　D. 设定贴现率

5. 在下列评价指标中，属于折现正指标的是（　　）。

A. 静态投资回收期　B. 投资收益率　C. 内部收益率　D. 净现值

6. 当 NPV ＜0，以下关系式正确的有（　　）。

A. NPVR ＜0　　　　B. NPVR ＞0　　　C. PI ＜1　　　　D. IRR ＜ic

7. 某企业拟按 15% 的必要投资报酬率进行一项固定资产投资决策，所计算的净现值指标为 100 万元，无风险报酬率为 8%。下列表述中正确的是（　　）。

A. 该项目的现值指数大于 1

B. 该项目内部收益率小于 8%

C. 该项目风险报酬率为 7%

D. 该企业不应进行此项投资

8. 甲公司拟投资一个项目，需要一次性投入 20 万元，全部是固定资产投资，没有投资期，投产后每年收入 90 000 元，付现成本 36 000 元，预计寿命期 10 年，按直线法提折旧，无残值。适用的所得税税率为 30%，要求的报酬率为 10%。则下列说法中正确的有（　　）。

A. 该项目营业期年净现金流量为 43 800 元

B. 该项目静态投资回收期为 4.57 年

C. 该项目现值指数为 1.35

D. 该项目净现值为 69 133.48 元

9. 关于营业现金流量的计算，下列各项正确的有（　　）。

A. 营业现金流量 = 营业收入 – 付现成本 – 所得税

B. 营业现金流量 = 税后利润 + 非付现成本

C. 营业现金流量 = 税后收入 – 税后付现成本 + 非付现成本抵税

D. 营业现金流量 = 收入 ×（1 – 所得税税率）– 付现成本 ×（1 – 所得税税率）+ 非付现成本

10. 净现值法的优点有（　　）。

A. 考虑了货币时间价值

B. 考虑了项目计算期的全部净现金流量

C. 考虑了投资风险

D. 不受设定贴现率的影响

四、判断题

1. 使得某方案的净现值大于 0 的贴现率，一定小于该方案的内部收益率。（　　）

2. 内含报酬率可以反映投资项目的实际收益率水平。（　　）

3. 若项目净现值为负，说明方案的实际投资报酬率高于预期报酬率。（　　）

4. 若项目现值指数小于 1，说明方案实施后的投资报酬率低于预期报酬率。（　　）

5. 投资回收期法简单，容易理解，但是没有考虑收回投资以后年的现金流量情况。（　　）

五、计算分析题

1. 平天矿山机械厂准备从甲、乙两种机床中选购一种机床。甲机床购价为 35 000 元，投入使用后，每年净现金流量为 7 000 元；乙机床购价为 36 000 元，投入使用后，每年净现金流量为 8 000 元。假定资本成本率为 9%，要求：分别用静态回收期指标和动态回收期指标决策该厂应选购哪种机床？

2. 星海工厂拟购入一台新型设备，购价为 160 万元，使用年限 10 年，无残值。该方案的最低投资报酬率要求为 12%。使用新设备后，估计每年产生净现金流量 30 万元。要求：用内含报酬率指标评价该方案是否可行？

3. 大图公司有一投资方案，需一次性投资 120 000 元，使用年限为 4 年，每年现金流入量分别为：30 000 元、40 000 元、50 000 元、35 000 元，要求：计算该投资方案的内含报酬率。

4. 某企业拟进行一项固定资产投资，该项目的现金流量表（部分）如下：

t 项目	建设期		运营期					合计
	0	1	2	3	4	5	6	
净现金流量	−1 000	−1 000	100	1 000	B	1 000	1 000	2 900
累计净现金流量	−1 000	−2 000	−1 900	A	900	1 900	2 900	
折现净现金流量	−1 000	−943.4	89	839.6	1 425.8	747.3	705	1 863.3

要求：（1）计算表中用英文字母表示的项目的数值

（2）计算或确定下列指标：①静态投资回收期；②净现值；③原始投资现值；④净现值率；⑤获利指数；⑥年金净流量

（3）评价该项目的财务可行性

5. 2014 年初甲公司拟用自有资金购置设备一台，须一次性投资 50 万元。经测算后，该设备使用寿命为 5 年，税法已允许按 5 年直线法计提折旧。设备投入运营后每年可新增税后利润 10 万元。该设备的预计净残值为 5%。建设安装期不予考虑。

要求：（1）计算项目计算期内各年净现金流量；

（2）计算该项目的静态投资回收期

（3）计算该项目的投资收益率（ROI）

（4）如果以 10% 作为折现率，计算其净现值

6. 某企业计划投资甲项目，固定资产投资额 100 万元，全部投资在建设期起点一

次投入，建设期为一年。该固定资产预计使用 10 年，按年限平均法计提折旧，预计残值为零。项目投产后每年增加销售收入 41 万元，每年付现成本为 11 万元，假设企业所得税税率为 20%，企业要求的报酬率为 4%。

要求：（1）计算固定资产年折旧额；

（2）计算项目投产后各年的总成本；

（3）计算项目投产后各年的净利润；

（4）计算项目投产后各年的所得税后净现金流量；

（5）计算项目投资回收期（不考虑建设期）；

（6）计算项目净现值并评价项目可行性。

7. A 企业拟建造一项生产设备，预计建设期为 1 年，于建设起点一次投入所需原始投资 100 万元。该设备预计使用寿命为 5 年，使用期满报废清理时无残值。该设备折旧方法采用直线法。该设备投产后每年增加净利润 30 万元。假定使用的行业基准折现率为 10%。

要求：（1）计算项目计算期内各年净现金流量

（2）计算项目净现值，并评价其财务可行性

8. 甲、乙两个投资方案：

甲方案需一次性投资 10 000 元，可用 8 年，残值 2 000 元，每年取得净利润 3 500 元；

乙方案需一次性投资 10 000 元，可用 5 年，无残值，第一年净利润 4 000 元。

如果资本成本率为 10%，应采用哪种方案？

9. 某企业目前有两个备选项目，相关资料如下，

资料一：已知甲投资项目投资期投入全部原始投资，其累计各年税后净现金流量如表所示：

时间（年）	0	1	2	3	4	5	6	7	8	9	10
NCF（万元）											
累计 NCF	−800	−1 400	−1 500	−1 200	−800	−400	−200	300	800	1 400	2 100
折现系数（I = 10%）	1	0.9091	0.8264	0.7513	0.6830	0.6209	0.5645	0.5132	0.4665	0.4241	0.3855
折现的 NCF											

资料二：乙项目需要在建设起点一次投入固定资产投资 200 万元，无形资产投资 25 万元。投资期为 0，营业期 5 年，预期残值为 0，预计与税法残值一致，无形资产自投产年份起分 5 年摊销完毕。投产开始后预计每年流动资产需用额 90 万元，流动负债需用额 30 万元。该项目投产后，预计第 1 到 4 年，每年营业收入 210 万元，第 5 年的

营业收入130万元，预计每年付现成本80万元。

资料三：该企业按直线法折旧，全部营运资金于终结点一次回收，所得税税率25%，设定贴现率10%。

要求：

（1）根据资料一计算甲项目下列相关指标

①填写表中甲项目各年的净现金流量和折现的净现金流量；

②计算甲投资项目的静态投资回收期和动态投资回收期；

③计算甲项目的净现值。

（2）根据资料二计算乙项目下列指标

①计算该项目在经济寿命期各个时点的现金净流量；

②计算乙项目的净现值和内部收益率。

（3）若甲、乙两方案为互斥方案，你认为应选择哪一方案进行投资。

第六章 证券投资管理

学习目标

➡ 理解证券的含义与种类；

➡ 理解证券投资的目的与特点，理解证券投资的对象；

➡ 了解证券投资的程序；

➡ 掌握企业股票投资收益率的计算，掌握股票的估价模型；

➡ 理解股票投资和债券投资的特点；

➡ 了解股票和债券的基本概念；

➡ 掌握企业债券投资收益率的计算，掌握债券的估价；

➡ 能运用股票投资决策的原则进行股票投资；

➡ 能运用债券投资决策的原则进行债券投资。

知识导航

证券投资管理
- 证券投资概述
  - 证券的含义与种类
  - 证券投资的目的与特点
  - 证券投资的对象
  - 证券投资的程序
- 股票投资
  - 股票的有关概念
  - 股票投资目的
  - 股票投资特点
  - 股票投资收益率
  - 股票投资决策
- 债券投资
  - 债券的有关概念
  - 债券的分类
  - 债券投资的特点
  - 债券收益率的计算
  - 债券估价

证券投资与前面讲的项目投资不同：项目投资是购买固定资产等实物资产，直接投资于生产活动，属于直接投资；证券投资是购买金融资产，这些资金转移到企业手中后再投入生产活动，因此又叫间接投资。证券投资分析的方法是证券分析，从证券市场中选择适宜的证券并组成证券组合，作为投资方案；项目投资需要事先创造出备选方案，然后进行项目分析，研究其可行性和优劣次序，从中选择行动方案。

第一节　证券投资概述

一、证券的含义与种类

（一）证券的含义

证券是指用以证明或设定权利所做成的书面凭证，它表明证券持有人或第三者有权取得该证券拥有的特定权益。作为证券，必须具备两个最基本的特征：一是法律特征，即它反映的是某种法律行为的结果，本身具有合法性，同时，它所包含的特定内容具有法律效力。二是书面特征，即必须采取书面形式或与书面形式有同等效力的形式，并且必须按照特定的格式进行书写或制作，载明有关法规规定的全部必要事项。

（二）证券的种类

1. 按照证券发行主体分类

按照证券发行主体的不同，可分为政府债券、金融债券和公司债券。政府债券是指中央政府或地方政府（根据我国的预算法规定地方政府一般不允许发行债券）为筹集资金而发行的债券。金融债券则是指银行或其他金融机构为筹措资金而发行的债券（如大额可转让存单）。

2. 按照证券所体现的权益关系分类

按照证券所体现的权益关系，可以分为所有权证券和债权证券。所有权证券是指证券的持有人便是证券发行单位的所有者的证券，如股票；债权证券是指证券的持有人是证券发行单位的债权人的证券，如债券。

3. 按照证券收益的决定因素分类

按照证券收益的决定因素，可分为原生证券和衍生证券。原生证券包括股票、债券等，其收益大小主要取决于发行者的财务状况；衍生证券包括期货合约和期权合约两种基本类型，其收益取决于原生证券的价格。

4. 按照证券收益稳定性因素分类

按照证券收益稳定性的不同，可分为固定收益证券和变动收益证券两种。固定收益证券在证券票面规定有固定收益率；变动收益证券的收益随企业经营状况而改变。

5. 按照证券到期日的长短分类

按照证券到期日的长短，可分为短期证券和长期证券。短期证券是指到期日短于一年的证券；长期证券是指到期日长于一年的证券。

6. 按照筹集方式分类

按照筹集方式的不同，可分为公募证券和私募证券。公募证券，又称公开发行证券，是指发行人向不特定的社会公众广泛发售的证券；私募证券，又称内部发行证券，是指向少数特定投资者发行的证券。

表 6 - 1　证券的分类

按照证券发行主体分类	政府债券、金融债券和公司债券
按照证券所体现的权益关系分类	所有权证券和债权证券
按照证券收益的决定因素分类	原生证券和衍生证券
按照证券收益稳定性因素分类	固定收益证券和变动收益证券
按照证券到期日的长短分类	短期证券和长期证券
按照筹集方式分类	公募证券和私募证券

二、证券投资的目的与特点

（一）证券投资的目的

证券投资是指投资者将资金投资于股票、债券、基金及衍生证券等资产，从而获取收益的一种投资行为。

企业进行证券投资的目的主要在于以下几个方面：

1. 暂时存放闲置资金

企业一般都持有一定量的有价证券，以替代较大量的现金余额，并在企业现金支出大于现金收入、需要补充现金的不足时，将有价证券出售，换回现金。大多数企业投资短期证券都是为了调节现金余缺，或持有有价证券以防银行信用的短缺。

2. 与筹集长期资金相配合

处于成长期或扩张期的公司一般每隔一段时间就会发行长期证券（股票或公司债券）。但发行长期证券所获得的资金一般并不一次用完，而是逐渐、分次使用。这样，暂时不用的资金可投资于有价证券，以获取一定的收益。而当企业进行投资需要资金时，则可卖出有价证券，以获得现金。

3. 满足未来的财务需求

企业根据未来对资金的需求，可以将现金投资于期限和流动性较为适当的证券，在满足未来需求的同时获得证券带来的收益。

4. 满足季节性经营对现金的需求

从事季节性经营的公司在一年内的某些月份有剩余现金，而在另几个月则会出现现金短缺，这些公司通常在资金有剩余的月份可以投资证券，而在资金短缺的季节将证券变现。

5. 获得对相关企业的控制权

有些企业往往从战略上考虑需要控制另外一些企业，这可以通过股票投资实现。通过股票投资，成为股票发行公司的股东，从而参与该公司的经营管理，或通过控股，从而控制该公司的业务及经营管理，使之有利于自身的发展。

（二）证券投资的特点

相对于实物投资而言，证券投资具有如下特点：

1. 流动性强

证券资产的流动性明显高于实物资产。

2. 价格不稳定

证券相对于实物资产来说，受人为因素的影响较大，且没有相应的实物做保证，其价值受政治、经济环境等各种因素的影响较大，具有价值不稳定、投资风险较大的特点。

3. 交易成本低

证券交易过程快速、简洁、成本较低。

三、证券投资对象

根据证券投资对象的不同，可分为债券投资、股票投资、基金投资、证券组合投资等。

债券投资是指投资者将资金投向各种各样的债券，包括政府债券、金融债券、企业债券等。与股票投资相比，债券投资能获得稳定收益，投资风险较低。

股票投资是指投资者将资金投向其他企业所发行的股票，包括优先股股票、普通股股票等。企业投资于股票，尤其是投资于普通股股票，要承担较大风险，但在通常情况下，也会获得较高收益。

基金投资是指投资者将资金投向投资基金，投资基金是一种集合投资制度，由基金发起人汇集一定数量的投资者的资金，委托由专家组成的专门投资机构进行各种分散的投资组合，投资者按出资比例分享投资收益，并共同承担投资风险。基金投资的风险和收益介于股票投资和债券投资之间。

证券组合投资是指投资者将资金同时投资于多种证券，这样可以有效地分散证券投资风险，是企业等法人单位进行证券投资时常用的投资方式。

四、证券投资程序

（一）明确投资目的，选择相应的投资对象

如果证券投资的主要目的是为保持其资产的流动性，则投资对象以低风险、低收益、流动性强的有价证券为主；如果是以追求盈利为目的，则应选择与投资者风险承受能力相适应的证券品种进行投资。经济学把人的冒险心态分为三大类型：风险偏好型、风险规避型、风险中性。一般来说，风险偏好者以冒险为乐事，在寻找冒险刺激的过程中得到更大的收益。这种类型的投资者选择风险大但是潜在收益也高的证券品种进行投资，如成长型公司股票，新兴公司的创业股，处于财务困难之中，但再生希望大、正在进行债务重组的公司股票等。对风险中性者来说，其投资品种必定是高风险高收益证券、一般风险与一般收益证券及低风险与低收益证券的某种组合。对风险规避者而言，低风险低收益证券是其主要的投资对象，如盈利稳定型公司的债券与股票、抵押担保债券、某些公司的优先股、政府公债等。

至于那些以证券投资为手段，最终达到控制其他公司业务，甚至以并购其他公司为目的的投资者，其投资对象必定是那些特定公司的股票、债券。

（二）认真进行证券分析，确定证券内在价值，寻找有利的投资时机

证券分析是检查分析若干种或若干组有可能购买的证券。证券分析的方法分成两大类：基础分析和技术分析。基础分析方法认为，经过严格的分析，可以选择到某些证券，如果它们的市场价格高于其内在价值，即是卖出的时机；反之，则是买进的时机。

技术分析方法认为，经过运用特殊的方法，可以找到证券，特别是股票价格的近期走向趋势和运动规律，从而找到证券的买卖时机，并做出投资选择。这些特殊方法包括利用证券价格历史资料绘图、填表、分析曲线等统计方法。

（三）分析投资效果与反馈

投资对象选定、价格估定并实施投资后，还要不断地对已做出的投资进行效果分析，做出相应的调整。因为证券市场变化无常，原来已实施的投资行为符合风险与收益相匹配的原则，但条件变化后，就要进行相应的调整，使证券资产始终处于风险与收益的最佳匹配状况。这就要求不断对证券的风险与收益进行跟踪分析。

第二节　股票投资

一、股票投资的有关概念

（一）什么是股票

股票是股份公司发给股东的所有权凭证，是股东借以取得股利的一种有价证券。股票持有者即为该公司的股东，对该公司财产有要求权。

股票可以按不同的方法和标准分类：按股东所享有的权利，可分为普通股和优先

股；按票面是否标明持有者姓名，分为记名股票和无记名股票；按股票票面是否记明入股金额，分为有面值股票和无面值股票；按能否向股份公司赎回自己的财产，分为可赎回股票和不可赎回股票。

从投资者角度来看，股票只是一张有价证券，凭着这张凭证他可以分享股利，或者可以将其出售并期望售价高于买价。通常，购买股票的人看重的是后者，而不是股利。关于股东的其他权利，以及如何通过股票融资，在第三章筹资管理中已讨论过。这里仅从投资者的角度讨论股票的有关问题。

（二）股票的价值

购入股票可在预期的未来获得现金流入。股票的未来现金流入包括两部分：每期预期股利和出售时得到的价格收入。

股票的价值是指其预期的未来现金流入的现值。有时为了和股票的市价相区别，把股票的预期未来现金流入的现值称为"股票的内在价值"。它是股票真实价值，也叫理论价值。

（三）股票价格

股票本身是没有价值的，仅是一种凭证。它之所以有价格，可以买卖，是因为它能给持有人定期带来收益。一般说来，公司第一次发行股票时，要规定发行总额和每股金额，一旦股票发行后上市买卖，股票价格就与原来的面值分离。这时的价格主要由预期股利和当时的市场利率决定，即股利的资本化价值决定了股票价格。此外，股票价格还受整个经济环境变化和投资者心理等复杂因素的影响。

我们用 P_0 代表目前普通股市价，用 P_t 代表在第 t 年底的价格，用 g 代表股票价格的预期增长率。

（四）股利

股利是股息和红利的总称。股利是公司从其税后利润中分配给股东的，是公司对股东投资的一种报酬。股利是股东所有权在分配上的体现，股份公司的分配问题主要是股利分配。

我们用 D 代表股利，D_0 代表最近刚支付的股利，D_t 代表股东预期的第 t 年底收到的股利。

二、股票投资的目的

企业进行股票投资的目的主要有两种：一是获利，即作为一般的证券投资，获取股利收入及股票买卖价差；二是控股，即通过购买某一企业的大量股票达到控制该企业的目的。在第一种情况下，企业仅将某种股票作为对外投资的一个组成部分，不应冒险将大量资金投资于某一企业的股票上。而在第二种情况下，企业应集中资金投资于被控制企业的股票上，这里考虑更多的不是目前利益——股票投资收益的高低，而是长远利益——占有多少股权才能达到控制的目的。

三、股票投资的特点

股票投资与债券投资都属于证券投资，与其他投资相比，证券投资普遍具有高风险、高收益、易于变现等特点。但股票投资相对于债券投资而言又具有以下特点：

（一）股票投资是权益性投资

股票投资与债券投资虽然都是证券投资，但投资的性质不同：股票投资是权益性投资，股票是代表所有权的凭证，持有人作为发行公司的股东，有权参与公司的经营决策。

（二）股票投资的风险大

投资者购买股票后，不能要求股份公司偿还本金，只能在证券市场上转让。因此股票投资者至少面临两方面的风险：一是股票发行公司经营不善所形成的风险；二是股票市场价格变动所形成的价差损失风险。

（三）股票投资的收益率高

由于投资的高风险性，股票作为一种收益不固定的证券，其收益率一般高于债券。

（四）股票投资的收益不稳定

股票投资的收益主要是公司发放的股利和股票转让的价差收益，相对于债券而言，其稳定性较差。

（五）股票价格的波动性大

股票价格既受发行公司经营状况影响，又受股市投机和投资者心理预期等因素的影响，波动性极大。

四、股票投资收益率

股票的收益，是指投资者从购入股票开始到出售股票为止整个持有期间的收入，由股利和股价升值（资本利得）收益两方面组成。股票投资的收益水平通常用股票收益率来衡量。股票收益率是股票收益额与购买成本之比。为便于与其他年度收益指标相比较，可折算为年均收益率。股票收益率主要有本期收益率和持有期收益率两种。

（一）本期收益率

本期收益率，是指股份公司上年派发的现金股利与本期股票价格的比率，反映了以现行价格购买股票的预期收益情况。其计算公式为：

$$本期收益率 = \frac{年现金股利}{本期股票价格} \times 100\%$$

式中：年现金股利——上一年发放的每股股利；

本期股票价格——该股票当日证券市场收盘价。

【例6-1】 某公司拟于2014年年初投资股票，甲股票2013年年末分配现金股利为每股0.20元，目前价格12元/股，要求计算甲股票的本期收益率。

【解】 甲股票的本期收益率 = 0.2/12 × 100% = 1.67%

即甲股票的本期收益率为1.67%。

（二）持有期收益率

持有期收益率是指投资者买入股票持有一定时期后又将其卖出，在持有该股票期间的收益率，反映了股东持有股票期间的实际收益情况。投资者持有股票的时间长短不同，其持有期收益率的计算方法也不同。

1. 短期持有股票的持有期收益率

如果投资者持有股票的期限短（时间不超过一年），其持有期收益率的计算一般不考虑资金时间价值因素。基本计算公式为：

$$持有期收益率 = \frac{（股票售出价 - 买入价）+ 持有期间分得的现金股利}{股票买入价} \times 100\%$$

$$持有期年平均收益率 = \frac{持有期收益率}{持有年限}$$

$$持有年限 = \frac{实际持有天数}{360} = \frac{实际持有月份}{12}$$

【例6-2】 某公司2014年6月5日以每股6元的价格购入一种股票，持有3个月后卖出，卖出价为每股6.8元，在持有期间每股分得现金股利0.2元，则该企业持有期收益率和持有期年均收益率分别为多少？

【解】 持有期收益率 = $\frac{(6.8 - 6) + 0.2}{6} \times 100\% = 16.67\%$

持有期年平均收益率 = $\frac{16.67\%}{3/12} = 66.68\%$

则该企业持有期收益率为16.67%，持有期年均收益率为66.68%。

2. 长期持有股票的持有期收益率

如果投资者持有股票时间较长，计算其持有期收益率要考虑资金时间价值。其持有期收益率是指能使未来现金流入量的现值等于目前股票购买价格的贴现率。企业长期持有股票，每年获得的股利是经常变动的，当企业出售股票时，也可收回一定的资金。计算其持有期年均收益率的方法是求解以下含有贴现率的方程：

$$P = \sum_{t=1}^{n} \frac{D_t}{(1+i)^t} + \frac{F}{(1+i)^n}$$

式中，i——股票的持有期年均收益率；

P——股票的购买价格；

F——股票的售出价格；

D_t——第t年获得的股利；

n——投资期限。

【例6-3】甲公司在2010年1月1日以60 000元的价格购买了某种股票15 000股，该股票在2010年、2011年、2012年、2013年、2014年12月31日分别发放现金股利为每股0.32元、0.40元、0.44元、0.52元、0.40元，并于2014年12月31日以每股5元的价格出售。试计算甲公司该项股票投资的收益率。

【解】假设持有期年均收益率为i，其持有期年均收益率是股票买价等于持有股票未来现金流量的贴现值时的折现率，所以可以列式：

60 000 = 15 000 × 0.32 × （P/F，i，1）＋15 000 × 0.40 × （P/F，i，2）＋15 000 × 0.44 × （P/F，i，3）＋15 000 × 0.52 × （P/F，i，4）＋15 000 × 5.40 × （P/F，i，5）

现采用逐步测试法、插值法进行计算，详细情况如表6-2所示。

表6-2 测试表

元

时间（年）	股利及出售股票的现金流量	测试10%		测试12%		测试14%	
		系数	现值	系数	现值	系数	现值
2010	15 000 × 0.32	0.9091	4 363.68	0.8929	4 285.92	0.8772	4 210.56
2011	15 000 × 0.40	0.8264	4 958.4	0.7972	4 783.2	0.7695	4 617
2012	15 000 × 0.44	0.7513	4 958.58	0.7118	4 697.88	0.6750	4 455
2013	15 000 × 0.52	0.6830	5 327.4	0.6355	4 956.9	0.5921	4 618.38
2014	15 000 × 5.40	0.6209	50 292.9	0.5674	45 959.4	0.5194	42 071.1
合计	—	—	69 900.96	—	64 683.3	—	59 972.04

在表6-2中，先按10%的收益率进行测算，得到现值为69 900.96元，比原来的投资额60 000元大，说明实际收益率要高于10%。于是把收益率调到12%，进行第二次测算，得到的现值为64 683.3元，说明实际收益率比12%还要高。再把收益率调到14%进行第三次测算，得到的现值为59 972.04元，比60 000元低，说明实际收益率要比14%低。可见，所要求的收益率在12%到14%之间，再采用插值法计算股票投资收益率。

$$
\begin{array}{cc}
14\% \\
i \\
12\%
\end{array}
\left.\right\}
\qquad
\begin{array}{cc}
59\ 972.04 \\
60\ 000 \\
64\ 683.3
\end{array}
\left.\right\}
$$

$$\frac{14\% - 12\%}{i - 12\%} = \frac{59\ 972.04 - 64\ 683.3}{60\ 000 - 64\ 683.3}$$

该项投资的收益率i = 12% ＋1.99% ＝13.99%。

表6-3 股票收益率计算的小结

收益率		含　义	公　式
本期收益率		股份公司上年派发的现金股利与本期股票价格的比率	本期收益率 $= \dfrac{\text{年现金股利}}{\text{本期股票价格}} \times 100\%$ 年现金股利——上一年发放的每股股利 本期股票价格——该股票当日证券市场收盘价
持有期收益率	短期持有持有期收益率	投资者持有股票的期限短（时间不超过一年）的持有期收益率	持有期收益率 $= \dfrac{(\text{股票售出价}-\text{买入价})+\text{持有期间分得的现金股利}}{\text{股票买入价}} \times$ 100% 持有期年平均收益率 $= \dfrac{\text{持有期收益率}}{\text{持有年限}}$ 持有年限 $= \dfrac{\text{实际持有天数}}{360} = \dfrac{\text{实际持有月份}}{12}$
	长期持有持有期收益率	投资者长期持有股票的持有期收益率	$P = \sum\limits_{t=1}^{n} \dfrac{D_t}{(1+i)^t} + \dfrac{F}{(1+i)^n}$ 式中，i——股票的持有期年均收益率； 　　　P——股票的购买价格； 　　　F——股票的售出价格； 　　　D_t——第t年获得的股利； 　　　n——投资期限。

五、股票投资决策

在进行股票投资时，一个投资者能否如愿地获得高额报酬，取决于对投资时机、投资价值的确定，因此投资者须掌握股票估价的方法。只有股票的价格低于股票的内在价值，投资者才会购买该股票。

（一）普通股估价基本模型

在大多数情况下，企业投资于股票，不仅希望得到股利收益，而且还希望在未来出售时从股票的价格上涨中获得好处。前面提到过股票的价值是指其预期的未来现金流入量的现值，又称为"股票的内在价值"，是股票的真实价值。股票给持有者带来的未来现金流入包括两部分：每期预期股利和出售时得到的价格收入。所以股票价值就是指计算股利的现值和出售价格的现值之和。

即：

$$V = \sum_{t=1}^{n} D_t (1+k)^{-t} + F (1+k)^{-n}$$

式中：V——股票价值；

　　　D_t——第t期的预计股利；

　　　F——第n期出售股票时的预计价格；

n——持有股票的期数；

k——折现率，一般等于投资人的预期收益率或要求的最低收益率。

【例6-4】甲公司欲投资于一种股票，预计以后每年的股利为10元/股；该企业将于两年后出售该股票并预计售出价格为100元。如果该企业预期收益率为12%，那么，它应以什么价格买入该股票？

【解】$V = \sum\limits_{t=1}^{2} 10 \times (1 + 12\%)^{-t} + 100 \times (1 + 12\%)^{-2} = 96.62$（元）

计算结果表明，该企业买入该股票的价格应在96.62元及其以下才能保证其预期收益率。

股票估价的基本方法，适用于未来准备出售的股票的估价，而不适用于不准备出售而打算长期持有股票的价格估计。

（二）长期持有股票估价的方法

无限期持有股票因其没有出售收入，故股票估价时只需考虑股利的现值。

1. 股利固定模型（零成长股票的模型）

投资于这种股票所获得的股利收益，有两个明显的特点：一是获取股利的期数无限；二是每期所获得的股利数额相等。因此，其现值的计算可以采用永续年金的方法。即：

$$V = \frac{D}{k}$$

式中：V——股票价值；

D——固定股利；

k——折现率，一般等于投资人的预期收益率或要求的最低收益率。

【例6-5】某企业欲投资于甲公司所发行的普通股股票，该股票每年固定分配每股股利2元，如果该企业的预期收益率为20%，那么，甲公司股票的价值应为多少？

【解】$V = \dfrac{2}{20\%} = 10$（元）

则甲公司股票的价值应为10元。

2. 股利固定增长模型

这种股票是指每年的股利均按固定比率不断增长的股票。其收益也有两个特点：一是股利获取的期限无限；二是每期所获得的股利的数额按一定比例固定增长。因此，其现值计算应采用每期股利复利现值计算并加总的方法求得。即：

$$V = \sum\limits_{t=1}^{\infty} \frac{D_0 (1 + g)^t}{(1 + k)^t}$$

式中：V——股票的内在价值；

D_0——上年股利；

D_1——第一年的预期股利；

k——折现率，一般等于投资人的预期收益率或要求的最低收益率；

g——股利固定增长率。

由于在一般情况下，预期收益率 k 会大于股利增长率 g，故在 k > g 的条件下，上述等式可简化为：

$$V = \frac{D_0 \ (1+g)}{k-g} = \frac{D_1}{k-g}$$

【例6-6】某股份公司最近一年分配的股利为每股 5 元，以后每年递增 5%，投资者要求的报酬率为 10%，则股票的价值为多少？

【解】$V = \dfrac{5 \ (1+5\%)}{10\% - 5\%} = 105$（元）

则股票的价值为 105 元。

3. 三阶段模型

在现实生活中，很多公司股利是不规则变化的。有时固定不变，有时固定增长，有时高速增长。在这种情况下，股票价值就要分段计算。若股利的增长情况分为高速增长阶段、正常固定增长阶段和固定不变阶段，分别计算三阶段的预期股利现值，三阶段的预期股利现值之和，就是股票目前的内在价值。

V = 股利高速增长阶段现值 + 固定增长阶段现值 + 固定不变阶段现值

【例6-7】甲公司持有乙公司的股票，要求的必要投资收益率为 10%。乙公司最近支付的股利是 2 元，预计未来 3 年股利将高速增长，增长率为 20%，以后转为固定增长，增长率为 8%。计算乙公司股票的内在价值。

【解】首先，计算高速增长阶段的股利现值，如表 6-4 所示：

表6-4 乙公司高速增长阶段股利现值计算表

元

年 份	股 利	复利现值系数	股利现值
1	2 × (1 + 20%) = 2.4	0.9091	2.1818
2	2.4 × (1 + 20%) = 2.88	0.8264	2.3800
3	2.88 × (1 + 20%) = 3.456	0.7513	2.5965
合 计			7.1583

其次，计算第三年年末时的股票价值：

$$V_3 = \frac{D_4}{k-g} = \frac{D_3 \times (1+g)}{k-g} = \frac{3.456 \times (1+8\%)}{10\% - 8\%} = 186.62 \ 元$$

将第三年年末股票价值折成现值：

186.62 × (P/F, 10%, 3) = 186.62 × 0.7513 = 140.21（元）

最后，计算乙公司股票目前的内在价值：V = 7.1583 + 140.21 = 147.37（元）

【例6-8】甲公司持有乙公司的股票，要求的必要投资收益率为 10%。乙公司最近支付的股利是1元，预计未来5年股利将高速增长，增长率为20%，以后每年支付股利转为保持与第五年支付股利一样。计算乙公司股票的内在价值。

【解】首先，计算高速增长阶段的股利现值，如表6-5所示：

表6-5 乙公司高速增长阶段股利现值计算表

元

年 份	股 利	复利现值系数	股利现值
1	1 × (1 + 20%) = 1.2	0.9091	1.0909
2	1.2 × (1 + 20%) = 1.44	0.8264	1.1900
3	1.44 × (1 + 20%) = 1.728	0.7513	1.2982
4	1.728 × (1 + 20%) = 2.074	0.6830	1.4165
5	2.074 × (1 + 20%) = 2.488	0.6209	1.5448
合 计			6.5404

其次，计算第五年年末时的股票价值：

$$V_5 = \frac{D}{K} = \frac{D_5}{K} = \frac{2.488}{10\%} = 24.88 （元）$$

将第五年年末股票价值折成现值：

24.88 × (P/F, 10%, 5) = 24.88 × 0.6209 = 15.45 （元）

最后，计算乙公司股票目前的内在价值：V = 6.5404 + 15.45 = 21.9904 （元）

表6-6 股票估价模型小结

类型	估价模型
普通股估价基本模型（短期持有，未来准备出售型股票估价模型）	$V = \sum_{t=1}^{n} D_t (1+k)^{-t} + F (1+k)^{-n}$ 其中：V——股票价值； D_t——第t期的预计股利； F——第n期出售股票时的预计价格； n——持有股票的期数； k——折现率，一般等于投资人的预期收益率或要求的最低收益率。
股利固定模型	$V = \frac{D}{k}$ 其中：V——股票价值； D——固定股利； k——折现率，一般等于投资人的预期收益率或要求的最低收益率。
股利固定增长模型	$V = \frac{D_0 (1+g)}{k-g} = \frac{D_1}{k-g}$ 其中：V——股票的内在价值； D_0——上年股利； D_1——第一年的预期股利； k——折现率，一般等于投资人的预期收益率或要求的最低收益率； g——股利固定增长率。
三阶段模型	V = 股利高速增长阶段现值 + 固定增长阶段现值 + 固定不变阶段现值

第三节 债券投资

一、债券投资的有关概念

（一）什么是债券

债券投资是指投资者将资金投资于债券以获取利益的间接投资。债券是指发行者为筹集资金，向债权人发行的，在约定的时间支付固定的利息并到期支付本金的一种有价证券。

（二）债券面值

债券面值是指设定的票面金额，它代表发行人借入并且承诺于未来某一特定日期偿付给债券持有人的金额。

（三）票面利率

债券票面利率是债券上标明的利率，其数额等于债券发行者预计一年内向投资者支付的利息占票面金额的比率。票面利率和实际利率不同：实际利率通常是指按复利计算的一年期的利率。

（四）计息方式

债券的计息方式是指债券发行人按什么样的时间规定计算并支付利息。债券的计息和付息方式有多种，可以用单利，也可以用复利来计算利息；可以半年一次、一年一次，也可以在到期日一次支付相应的利息。

（五）债券到期日

债券到期日是指债券发行者偿还债券本金的时间。债券上一般都规定到期日，以便到期时归还本金。

二、债券的分类

作为投资对象，债券主要有以下几种分类：

（一）按发行主体分类

按发行主体不同，债券分政府债券、金融债券和公司债券。

政府债券是指政府作为发行人的债券，它通常由财政部发行，政府担保，我国习惯上把政府债券称为公债。政府债券有短期的国库券、中期债券和长期债券。有的国家允许地方政府发行债券，也属于政府债券，目的是满足地方政府的需要或兴办地方公共事业。政府债券有可转让债券和不可转让债券。

金融债券是经中央银行或其他政府金融管理部门批准，由银行或其他金融机构发行的债务凭证。

公司债券是指公司为发展业务或补充资本，经股东大会或董事会审议决定，向社会募集的债券。

（二）按期限长短分类

按期限不同，债券分为短期债券、中期债券和长期债券。

短期债券指期限在 1 年以内的债券。有些市场上流通的中长期债券，其到期日不足 1 年的，也视为短期债券。短期债券具有流动性强、风险低的优点，但是它的收益率也低。

中期债券是指期限在 1 年以上，一般在 10 年以下的债券，我国财政部发行的各种国债和银行发行的金融债券，多属于中期债券。

长期债券一般说来是指期限在 10 年以上的债券，但各国政府对债券的期限划分标准并不完全相同。长期债券的流动性差，持有人将其转化为现金比较困难。另外，其通货膨胀风险也比较大。因此，作为补偿，其利率比较高。

（三）按利率是否固定分类

按利率是否固定，债券分为固定利率债券和浮动利率债券。

固定利率债券具有固定利息率和固定的偿还期，是传统的债券，也叫普通债券。这种债券在市场利率比较稳定的情况下比较流行，但在利率急剧变化时风险大。

浮动利率债券是根据市场利率定期调整的中、长期债券。浮动利率债券可以减少投资人的利率风险。为防止市场利率降得过低时影响投资者的利益，这种债券一般规定有最低的利率。

（四）按是否记名分类

按是否记名，债券分为记名债券和无记名债券。

记名债券是指债券上记载债权人的姓名，转让时原持有人要背书，并经金融机构鉴证方能生效。通常记名债券可以挂失。

无记名债券不记载持有人的姓名，谁持有债券，谁就是合法持有人。

（五）按是否上市流通分类

按是否上市流通，债券分为上市债券和非上市债券。

上市债券指经由政府管理部门批准，在证券交易所内买卖的债券，也叫挂牌券。对投资者来说，上市债券的发行和上市往往需经过严格的审查把关，比较可靠，流动性好，而且上市债券必须按证监会的规定公开财务信息，投资者可以便捷地了解到债务人的经营情况，及时做出决策，市场风险比非上市债券低。

非上市债券不在证券交易所上市，所以只能在场外交易，流动性较差。在债券市价下降或投资者急需资金时，由于较难找到合适的买主或按适当的价位卖出，投资者极易遭受损失，因此作为补偿，非上市债券的利率往往较高。

表 6 - 7　债券的分类

按发行主体分类	政府债券、金融债券和公司债券
按期限长短分类	短期债券、中期债券和长期债券
按利率是否固定分类	固定利率债券和浮动利率债券
按是否记名分类	记名债券和无记名债券
按是否上市流通分类	上市债券和非上市债券

三、债券投资的特点

（一）没有经营管理权，也不承担企业亏损责任

进行债券投资，投资者与被投资企业之间只有债权、债务关系，无权参与被投资企业的生产经营管理，也无权对被投资企业施加影响和控制。

（二）收益比较稳定

债券票面的利率固定，不受银行利率变动的影响，投资债券可获得稳定并高于银行存款利率的利息收入。

（三）流动性较好

大部分债券可在金融市场上进行买卖交易，当债券持有者急需现金时，可以将其拥有的债券到证券市场上出售，也可以到金融机构将债券作为抵押品而取得一笔抵押金。

（四）风险相对股票较小

筹资人必须按约定的利率和时间向投资者支付利息，并在债券到期时偿还本金，而且债券的索偿权在股票之前，风险相对而言较小。

四、债券收益率的计算

债券收益率有票面收益率、直接收益率、持有期收益率等多种，这些收益率分别反映投资者在不同买卖价格和持有年限下的不同收益水平。决定债券收益率的因素主要有债券票面利率、期限、面值、持有时间、购买价格和出售价格。

（一）票面收益率

票面收益率又称名义收益率或息票利息率，是标注在债券票面上的固定利率，通常是债券年利息收入与债券面值的比率，投资者如果将按面额购入的债券持至期满，则所获得的投资收益率与票面收益率是一致的。其计算公式为：

$$票面收益率 = \frac{债券年利息收入}{债券面额} \times 100\%$$

【例 6-9】某公司 2014 年 1 月 1 日平价发行债券，每张面值 1 000 元，5 年期，每年 12 月 31 日付息 100 元，到期归还本金 1 000 元，要求计算该债券票面收益率。

【解】$票面收益率 = \dfrac{债券年利息收入}{债券面额} \times 100\% = \dfrac{100}{1\ 000} \times 100\% = 10\%$

则该债券票面收益率为 10% 。

票面收益率只适用于投资者按票面金额买入债券直至期满并按票面金额收回本金的情况，它没有反映债券发行价格与票面金额不一致的情况，也没有考虑投资者中途卖出债券的情况。

（二）直接收益率

直接收益率又称本期收益率、当前收益率，指债券的年实际利息收入与买入债券的实际价格之比率，债券的买入价格可以是发行价格，也可以是流通市场的交易价格，它可能等于债券面额，也可能高于或低于债券面额。其计算公式为：

$$直接收益率 = \frac{债券年利息收入}{债券买入价} \times 100\%$$

【例6-10】甲企业于 2015 年 1 月 1 日以 1 200 元的价格购入 A 公司新发行的面值为 1 000 元、票面年利息率为 10% 、每年 1 月 1 日支付一次利息的 5 年期债券。要求计算该项债券投资的直接收益率。

【解】$直接收益率 = \dfrac{债券年利息收入}{债券买入价} \times 100\% = \dfrac{1\ 000 \times 10\%}{1\ 200} \times 100\% = 8.33\%$

即该项债券投资的直接收益率为 8.33% 。

直接收益率反映了投资者购买债券的实际成本所带来的收益。它对那些每年从债券投资中获得一定利息现金收入的投资者来说很有意义。但它和票面收益率一样，不能全面地反映投资者的实际收益，因为它不能反映债券的资本损益情况。

（三）持有期收益率

持有期收益率，是指债券持有人在持有期间获得的收益率，能综合反映债券持有期间的利息收入情况和资本损益水平。其中，债券的持有期是指从购入债券至售出债券或者债券到期清偿之间的期间，通常以"年"为单位表示。根据债券持有期长短和计息方式不同，债券持有期收益率的计算公式存在差异。债券持有期收益率可以根据具体情况换算为年均收益率。

债券持有期投资收益包括持有债券期间的债券利息收入和资本利得收益（即债券买卖价差收益）两部分。此外，有的债券还可能因参与公司盈余分配，或者拥有转股权而获得额外收益。

1. 短期债券持有期收益率

持有时间不超过一年的短期债券直接按债券持有期间的收益额除以购买价计算持有期收益率。

短期债券持有期收益率的计算公式为：

$$K = \frac{(S_1 - S_0) + I}{S_0} \times 100\%$$

式中，K——持有期收益率；

S_1——债券出售价格；

S_0——债券购买价格；

I——债券持有期间获得的利息收入。

$$持有期年均收益率 = \frac{持有期收益率}{持有年限}$$

$$持有年限 = \frac{实际持有天数}{360} = \frac{实际持有月份}{12}$$

【例6-11】甲企业 2014 年 1 月 1 日购入某公司债券 100 张，每张面值 100 元，票面利率10%，购买价格为每张 120 元。每年 7 月 1 日付息，2014 年 9 月 20 日该企业将债券以每张 150 元的价格出售，计算该项出售债券的投资收益率。

【解】$K = \dfrac{(150 - 120) \times 100 + 100 \times 10\% \times 100}{120 \times 100} \times 100\% = 33.33\%$

$$持有期年平均收益率 = \frac{33.33\%}{262/360} \times 100\% = 45.80\%$$

即债券投资收益率为 33.33%，持有期的年均收益率为 45.80%。

2. 长期债券持有期收益率

长期债券指应按照复利计算持有期年均收益率，即计算使债券投资产生的现金流量净现值为零的折现率。

（1）到期一次还本付息债券

$$债券持有期年均收益率 = \sqrt[t]{\frac{M}{P}} - 1$$

其中：M——债券到期兑付的金额或者提前出售时的卖出价；

P——债券购买价格；

t——债券实际持有年限（年），等于债券买入交割日至到期兑付日或卖出交割日之间的实际天数除以 360。

【例6-12】甲企业 2010 年 3 月 1 日购入乙公司同日发行的债券 100 张，每张面值100 元，票面利率10%，购买价格为每张 120 元，5 年期，到期一次还本付息，2015年 3 月 1 日甲企业将债券以每张 130 元的价格出售，计算该项债券投资收益率。

【解】$债券持有期年均收益率 = \sqrt[3]{\dfrac{130}{120}} - 1 = 2.7\%$

即该项债券投资收益率 2.7%。

【例6-13】甲企业 2014 年 3 月 1 日购入乙公司同日发行的 5 年期，到期一次还本付息债券，每张面值 100 元，票面利率10%，购买价格为每张 120 元。则债券持有期年均收益率为多少（债券利息采用单利计息方式）？

【解】$债券持有期年均收益率 = \sqrt[5]{\dfrac{100 + 100 \times 10\% \times 5}{120}} - 1 = 4.56\%$

即债券持有期年均收益率为4.56%。

（2）每年年末支付利息的债券

$$P = \sum_{t=1}^{n} \frac{I}{(1+k)^t} + \frac{M}{(1+k)^n}$$

$$P = I(P/A, k, n) + M(P/F, k, n)$$

其中：M——债券兑付的金额或者提前出售的卖出价；

P——债券购买价格；

n——债券实际持有年限（年）；

k——债券持有期年均收益率；

I——持有期间每期收到的利息额。

【例6-14】甲公司拟于2010年1月1日用1 105元购买一张面额为1 000元的债券，其票面利率为8%，每年12月31日计算并支付一次利息，并于2014年12月31日到期。该公司持有这债券至到期日，计算其持有期的年均收益率。

【解】根据长期债券的持有期收益率计算公式

$P = I(P/A, k, n) + M(P/F, k, n)$，有：

$$1\ 105 = 1\ 000 \times 8\% \times (P/A, k, 5) + 1\ 000(P/F, k, 5)$$

利用"逐步测试逼近法"求解得：

若k=6%，则：

$$1\ 000 \times 8\% \times (P/A, 6\%, 5) + 1\ 000(P/F, 6\%, 5) = 1\ 083.96（元）$$

由于贴现结果仍小于1 105，还应进一步降低贴现率，试算：

若k=4%，则：

$$1\ 000 \times 8\% \times (P/A, 4\%, 5) + 1\ 000(P/F, 4\%, 5) = 1\ 178.16（元）$$

贴现结果高于1105，可以判断，收益率高于4%。用插值法计算持有期年均收益率的近似值：

$$k = 4\% + \frac{1\ 178.16 - 1\ 105}{1\ 178.16 - 1\ 083.96} \times (6\% - 4\%) = 5.55\%$$

即债券的持有期年均收益率为5.55%。

表6-8 债券收益率计算的小结

收益率	含义	公式
票面收益率（名义收益率或息票利息率）	债券年利息收入与债券面值的比率	$\text{票面收益率} = \dfrac{\text{债券年利息收入}}{\text{债券面额}} \times 100\%$
直接收益率（本期收益率或当前收益率）	债券的年实际利息收入与买入债券的实际价格之比率	$\text{直接收益率} = \dfrac{\text{债券年利息收入}}{\text{债券买入价}} \times 100\%$

收益率		含义	公式
持有期收益率	短期持有期收益率	持有时间不超过一年的短期债券直接按债券持有期间的收益额除以购买价计算持有期收益率	$K = \dfrac{(S_1 - S_0) + I}{S_0} \times 100\%$ 式中：K——持有期收益率； 　　　S_1——债券出售价格； 　　　S_0——债券购买价格； 　　　I——债券持有期间获得的利息收入。
持有期收益率	长期持有期收益率 — 到期一次还本付息债券	到期一次还本付息债券投资产生的现金流量净现值为零的折现率	债券持有期年均收益率 $= \sqrt[t]{\dfrac{M}{P}} - 1$ 其中：M——债券到期兑付的金额或者提前出售时的卖出价； 　　　P——债券购买价格； 　　　t——债券实际持有年限（年），等于债券买入交割日到到期兑付日或卖出交割日之间的实际天数除以360。
持有期收益率	长期持有期收益率 — 每年年末支付利息的债券	每年年末支付利息的债券，即典型债券投资产生的现金流量净现值为零的折现率	$P = I\,(P/A,\ k,\ n) + M\,(P/F,\ k,\ n)$ 其中：M——债券到期兑付的金额或者提前出售的卖出价； 　　　P——债券购买价格； 　　　n——债券实际持有年限（年）； 　　　k——债券持有期年均收益率； 　　　I——持有期间每期收到的利息额。

五、债券估价

债券的价值是对债券在某一时点的价值量的估算，是债券未来现金流入的现值，称为债券的价值或债券的内在价值。企业在投资债券时通常会产生两种现金流入量：一种是收到的利息；另一种是到期收回的本金。故而，债券的理论价值便是利息的现值与面值的现值之和。对于新发行的债券而言，价值模型的计算结果反映了债券的发行价格。

（一）债券估价的基本模型

债券估价的基本模型，是指对典型债券所使用的估价模型，典型债券是票面利率固定，每年年末计算并支付当年利息、到期偿还本金的债券。这种情况下，新发行债券的价值可采用如下模型进行评定：

$$V = \sum_{t=1}^{n} \frac{M \cdot i}{(1+k)^t} + \frac{M}{(1+k)^n}$$

$$V = M \cdot i \cdot (P/A,\ k,\ n) + M \cdot (P/F,\ k,\ n)$$

其中：V——债券价值；

　　　i——债券票面利率；

　　　M——到期的本金，即债券面值；

k——贴现率，一般采用当时的市场利率或投资者要求的必要收益率替代；

n——债券期限。

对典型债券估价时，如果投资者要求的必要收益率大于票面利率，则债券价值小于票面价值；如果投资者要求的必要收益率小于票面利率，则债券价值大于票面价值；如果投资者要求的必要收益率等于票面利率，则债券价值等于票面价值。债券投资决策原则：只有债券的价值大于购买价格时，才值得购买。

【例6-15】甲企业欲购买一种面值为1 000元，票面利率为10%，每年付息一次的，偿还期限为5年的债券。如果投资者要求的必要收益率分别为8%，10%和12%。问甲企业应以什么价格购买该债券？

【解】根据债券估价的基本模型公式

$V = M \cdot i \cdot (P/A, k, n) + M \cdot (P/F, k, n)$

若投资人要求的必要收益率为8%，则债券的价值为：

$V = 1\ 000 \times 10\% \times (P/A, 8\%, 5) + M \cdot (P/F, 8\%, 5) = 100 \times 3.9927 + 1\ 000 \times 0.6806 = 1\ 079.87$（元）

若投资人要求的必要收益率为10%，则债券的价值为：

$V = 1\ 000 \times 10\% \times (P/A, 10\%, 5) + M \cdot (P/F, 10\%, 5) = 100 \times 3.7908 + 1\ 000 \times 0.6209 = 1\ 000$（元）

若投资人要求的必要收益率为12%，则债券的价值为：

$V = 1\ 000 \times 10\% \times (P/A, 12\%, 5) + M \cdot (P/F, 12\%, 5) = 100 \times 3.6048 + 1\ 000 \times 0.5674 = 927.88$（元）

计算结果表明，按照甲公司所要求的必要收益率分别为8%，10%，12%，如果该债券的市场价格低于该种债券相应的价值分别为1 079.87，1 000，927.88元时，甲公司才能购买；否则，甲公司则不会购买。

（二）利随本清债券估价模型

利随本清债券估价模型指单利计息，到期一次还本付息的债券的估价模型。此种债券的估价模型为：

$$V = \frac{M \times i \times n + M}{(1 + k)^n}$$

$$V = (M \cdot i \cdot n + M)(P/F, k, n)$$

其中：符号的含义与债券估价的基本模型相同。

【例6-16】甲公司欲投资乙公司债券，债券面值为1 000元，3年期，票面利率为10%，单利计息，到期一次还本付息，若投资人要求的必要收益率为8%，则乙公司债券的价值为多少？

【解】根据利随本清债券的估价模型公式 $V = (M \cdot i \cdot n + M)(P/F, k, n)$ 有：

$$V = (1\ 000 + 1\ 000 \times 10\% \times 3)\ (P/F, 8\%, 3)$$

$$= 1\ 300 \times 0.7938$$

$$= 1\ 031.94\ （元）$$

按照甲公司所要求的必要收益率，该种债券价值为1 031.94 元。如果该债券的市场价格低于1 031.94 元，甲公司才能购买；否则，甲公司则不会购买。

（三）零票面利率债券的估价模型

零票面利率债券又称贴现债券，是指以低于面值发行，发行价与票面金额之差相当于预先支付的利息，债券期满时按面值偿付的债券。

$$V = \frac{M}{(1+k)^n}$$

$$V = M\ (P/F, k, n)$$

其中：式中符号的含义与债券估价的基本模型相同。

【例6-17】甲公司欲投资乙公司债券，债券面值为1 000元，5 年期，乙公司采用零票面利率债券付息，期内不支付利息，到期按面值还本，若投资人要求的必要收益率为12%，则乙公司债券的价值为多少？

【解】根据零票面利率债券的估价模型公式 $V = M\ (P/F, k, n)$ 有：

$$V = 1\ 000\ (P/F, 12\%, 5) = 1\ 000 \times 0.5764 = 567.4\ （元）$$

按照甲公司所要求的必要收益率，该种债券价值为567.4 元。如果该债券的市场价格低于567.4 元，甲公司才能购买；否则，甲公司则不会购买。

【例6-18】某公司 2010 年 1 月 1 日平价发行债券，每张面值1 000元，票面利率10%，5 年到期，每年 12 月 31 日付息。

（1）假定 2014 年 1 月 1 日的市场利率下降到8%，那么此时债券的价值是多少？

（2）假定 2013 年 1 月 1 日的市价为 900 元，此时购买该债券的持有期收益率是多少？

（3）假定 2012 年 1 月 1 日的市场利率为12%，债券市价 980 元，你是否购买该债券？

【解】（1）2014 年 1 月 1 日时，债券还有 1 年到期。

$$V = 1\ 000 \times 10\% \times (P/A, 8\%, 1) + 1\ 000\ (P/F, 8\%, 1) = 1\ 019\ （元）$$

（2）2013 年 1 月 1 日时，债券持有期为 2 年。

$$900 = 1\ 000 \times 10\% \times (P/A, k, 2) + 1\ 000\ (P/F, k, 2)$$

利用"逐步测试逼近法"求解得：

若 $k = 18\%$，则：

$$1\ 000 \times 10\% \times (P/A, 18\%, 2) + 1\ 000\ (P/F, 18\%, 2) = 874.76\ （元）$$

由于贴现结果仍小于900，还应进一步降低贴现率，试算：

若 $k = 16\%$，则：

$$1\ 000 \times 10\% \times (P/A, 16\%, 2) + 1\ 000\ (P/F, 16\%, 2) = 903.72\ （元）$$

贴现结果高于900，可以判断，收益率高于16%。用插值法计算持有期年均收益率的近似值：

$$k = 16\% + \frac{900 - 903.72}{874.76 - 903.72} \times （18\% - 16\%） = 16.26\%$$

此时购买该债券的到期收益率是16.26%

（3）2013年1月1日时，债券还有3年到期。

$$V = 1\,000 \times 10\% \times （P/A,\ 12\%,\ 3） + 1\,000（P/F,\ 12\%,\ 3） = 952（元）$$

因为债券价值为952，低于市价980，所以不应该购买。

表6－9　债券估价模型小结

类　　型	估价模型
债券估价的基本模型 （典型债券的估价模型）	$V = M \cdot i \cdot （P/A,\ k,\ n） + M \cdot （P/F,\ k,\ n）$ 　其中：V——债券价值； 　　　　i——债券票面利率； 　　　　M——到期的本金，即债券面值； 　　　　k——贴现率，一般采用当时的市场利率或投资者要求的必要收益率替代； 　　　　n——债券期限。
利随本清债券估价模型	$V = （M \cdot i \cdot n + M）（P/F,\ k,\ n）$ 　其中：符号的含义与债券估价的基本模型相同。
零票面利率债券估价模型 （贴现债券的估价模型）	$V = M（P/F,\ k,\ n）$ 　其中：符号的含义与债券估价的基本模型相同。

本 章 小 结

本章主要阐述证券投资的基本内容。首先介绍了证券投资的一些基本相关概念，证券投资是指投资者将资金投资于股票、债券、基金及衍生证券等资产，从而获取收益的一种投资行为。针对证券投资的对象，主要从股票投资和债券投资入手进行分析，这两部分内容是证券投资的主体。股票投资主要介绍了股票投资收益率的计算和股票的估价问题。其中股票的估价问题是股票投资决策的基础，涉及基本股票的估价模型，股利固定模型，股利固定增长模型和三阶段模型。债券投资主要介绍了债券投资收益率的计算和债券的估价问题。其中债券的估价问题同样是债券投资决策的基础，涉及典型债券的估价模型，利随本清债券的估价模型和零息票债券的估价模型。

随 堂 练 习

一、思考题

1. 什么是证券投资，证券投资的对象有哪些？

2. 股票投资的特点是什么？

3. 债券从不同的分类角度可以分别分为什么类型？

4. 债券投资的特点是什么?

二、单项选择题

1. 低风险、低收益证券所占比重较小,高风险、高收益证券所占比重较高的投资组合属于( )。

　　A. 冒险型投资组合　　　　B. 适中型投资组合

　　C. 保守型投资组合　　　　D. 随机型投资组合

2. 对证券持有人而言,证券发行人无法按期支付债券利息或偿付本金的风险是( )。

　　A. 流动性风险　B. 系统风险　　C. 违约风险　　D. 购买力风险

3. 在证券投资中,通过随机选择足够数量的证券进行组合可以分散掉的风险是( )。

　　A. 所有风险　　　　　　　B. 市场风险

　　C. 系统性风险　　　　　　D. 非系统性风险

4. 某公司发行5年期债券,债券的面值为1 000元,票面利率5%,每年付息一次,到期还本,投资者要求的必要报酬率为6%。则该债券的价值为( )元。

　　A. 784. 67　　B. 769　　　C. 1 000　　　D. 957. 92

5. 甲公司以10元的价格购入某股票,假设持有1年之后以10.5元的价格售出,在持有期间共获得1.5元的现金股利,则该股票的持有期收益率是( )。

　　A. 12%　　　B. 9%　　　C. 20%　　　D. 35%

6. 某公司拟发行面值为1 000元,不计复利,5年后一次还本付息,票面利率为10%的债券。已知发行时市场的利率12%,(P/F,10%,5)=0.6209,(P/F,12%,5)=0.5674,则该公司债券的发行价格为( )。

　　A. 851. 10　　B. 907. 84　　C. 931. 35　　D. 993. 44

7. M公司欲投资购买某上市公司股票,预计持有期限3年,该股票预计年股利为8元/股,3年后市价可望涨至80元,企业报酬率为10%,则该股票现在最多可用( )元购买。(P/A,10%,3)=2.4869,(P/F,10%,3)=0.7513

　　A. 59　　　B. 75　　　C. 80　　　D. 86

8. 按证券的发行主体不同,证券可分为( )。

　　A. 短期证券和长期证券　　B. 固定收益证券和变动收益证券

　　C. 所有权证券和债权证券　　D. 政府证券、金融债券和公司债券

9. 有一笔国债,5年期,平价发行,票面利率10.77%,单利计息,到期一次还本付息,其到期收益率是( )。

　　A. 9%　　　B. 11%　　　C. 10%　　　D. 12%

10. 企业进行股票投资的目的是(　　　　)。

    A. 获得稳定收益　　　　　　　　B. 控股和获利

    C. 调节现金余额　　　　　　　　D. 使公司处于理想目标结构

三、多项选择题

1. 以下各项中说法正确的是(　　　　)。

    A. 国库券没有违约风险和利率风险

    B. 债券到期时间越长，利率风险越小

    C. 债券的质量越高，违约风险越小

    D. 购买预期报酬率上升的资产可以抵补通货膨胀带来的损失

2. 债券收益率的影响因素包括(　　　　)。

    A. 债券的买价　　　　　　　　　B. 债券的期限

    C. 债券的税收待遇　　　　　　　D. 债券的违约风险

3. 与股票投资相比，债券投资的优点是(　　　　)。

    A. 本金安全性好　　　　　　　　B. 投资收益率高

    C. 购买力风险低　　　　　　　　D. 收入稳定性强

4. 股票投资的优点包括(　　　　)。

    A. 能获得较高的投资收益

    B. 能适当降低购买力风险

    C. 投资风险小

    D. 拥有一定的经营控制权

5. 根据证券投资的对象可将证券投资分为(　　　　)。

    A. 固定收益证券投资　　　　　　B. 债券投资

    C. 股票投资　　　　　　　　　　D. 组合投资

四、计算分析题

1. A 企业于 2015 年 1 月 5 日以每张 1 020 元的价格购买 B 企业发行的利随本清的企业债券。该债券的面值为 1 000 元，期限为 3 年，票面年利率为 10%，不计复利。购买时市场年利率为 8%，不考虑所得税。

    要求：(1) 利用债券估价模型评价 A 企业购买此债券是否合算？

         (2) 如果 A 企业于 2014 年 1 月 5 日将该债券以 1 130 元的市价出售，计算该债券的投资收益率。

2. 某公司购买面值为 10 万元，票面利率为 5%，期限为 10 年的债券，每年 12 月 31 日付息，当时市场利率为 6%。(P/F, 6%, 10) = 0.5584，(P/A, 6%, 10) = 7.3601

    要求：(1) 计算该债券价值。

         (2) 若该债券市价为 91 000 元，是否值得购买？

3. 甲企业计划利用一笔长期资金投资购买股票。现有 M 公司股票和 N 公司股票可供选择，甲企业只准备投资一家公司的股票。已知 M 公司股票现行市价为每股 9 元，上年每股股利为 0.15 元，预计以后每年以 6% 的增长率增长，N 公司股票现行市价为每股 7 元，上年每股股利为 0.60 元，股利分配政策将继续坚持固定股利政策。甲企业所要求的投资报酬率为 8%。

要求：（1）利用股票估价模型，分别计算 M 和 N 公司股票价值。

（2）为甲企业做出股票投资决策。

4. 甲企业于 2015 年 1 月 1 日以 1 100 元的价格购入 A 公司新发行的面值为 1 000 元、票面年利息率为 10%、每年 1 月 1 日支付一次利息的 5 年期债券。

部分资金时间价值系数如下表所示：

k	(P/F, k, 5)	(P/A, k, 5)
7%	0.7130	4.1002
8%	0.6806	3.9927

要求：（1）计算该项债券投资的直接收益率。

（2）计算该项债券投资持有期年均收益率。

（3）假定市场利率为 8%，根据债券投资的持有期年均收益率，判断甲企业是否应当继续持有 A 公司债券，并说明原因。

（4）如果甲企业于 2015 年 1 月 1 日以 1 150 元的价格卖出 A 公司债券，计算该项投资的持有期收益率。

5. A 公司持有 B 公司的股票，要求的必要投资收益率为 15%。B 公司最近支付的股利是 2 元，预计未来 3 年股利将高速增长，增长率为 20%，以后转为固定增长，增长率为 12%。计算 B 公司股票的内在价值。

第七章 营运资金管理

学习目标

➡ 了解营运资金的概念及营运资金投资及融资战略；

➡ 理解现金持有成本及存货持有成本的内容；

➡ 掌握最佳现金持有量的存货模式计算；

➡ 掌握应收账款信用政策的制定方法；

➡ 掌握存货经济批量模型；

➡ 能利用最佳现金持有量的计算方法确定企业的现金持有水平；

➡ 能按照信用政策制定方法为企业制定较优的信用政策；

➡ 能利用存货经济批量模型为企业确定合理的存货水平。

知识导航

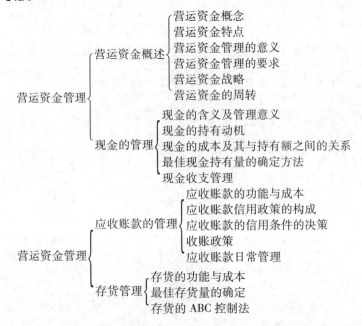

第一节　营运资金概述

一、营运资金的概念

营运资金是指在企业生产经营过程中占用在流动资产上的资金。营运资金有广义和狭义之分，广义的营运资金是指一个企业流动资产的总额；狭义的营运资金是指流动资产减去流动负债后的余额，是企业在生产经营过程中可用流动资产的净额。流动资产是企业生产经营过程中短期置存的资产，是企业资产的主要组成部分，是指可以在一年内或超过一年的一个营业周期内变现或者耗用的资产。流动资产在企业的再生产过程中是以各种不同的形态同时存在的，这些不同的存在形态就是流动资产的组成内容。流动资产在资产负债表上主要包括以下项目：货币资金、交易性金融资产、应收票据、应收账款和存货，其中交易性金融资产主要体现为各种短期有价证券。流动负债是指需要在一年或者超过一年的一个营业周期内偿还的债务。流动负债又称短期融资，具有成本低、偿还期短的特点。流动负债主要包括以下项目：短期借款、应付票据、应付账款、应付职工薪酬、应交税费等。

由于负债在第三节筹资方式中已经介绍过，所以本章重点介绍流动资产的管理。

二、营运资金的特点

营运资金的特点一般有：

（一）来源具有灵活多样性

企业营运资金的筹集一般来源于短期资金，短期一般为一年或者超过一年的一个营业周期之内。所以，相对筹集长期资金，短期资金的筹资方式较为灵活，限制条件较少。通常有银行存款、短期融资券、商业信用、应交税金、应交工资、应付费用、预收货款、票据贴现等。而企业筹集长期资金的方式一般比较少，只有吸收直接投资、发行股票、发行长期债券、银行长期借款等方式。

（二）周转速度快、变现能力强

营运资金周转通常为一年以内或超过一年的一个营业周期，对企业影响的时间比较短。因此，可以通过一些短期资金筹资方式来满足。如：可通过商业信用、短期银行借款等方式加以解决。营运资金一般具有较强的变现能力，流动资产中的现金本身就是随时可支用的财务来源，具有百分之百的变现能力。其他流动资产，如短期投资、应收票据、应收账款等的变现能力也比较强。一旦企业出现资金周转不良、现金短缺等情形，可迅速变卖这些资产换取现金。这对于财务上满足临时性资金需要具有重要意义。

（三）占用数量具有波动性

占用在流动资产上的资金一般会随着企业的经营规模变化而发生数额上的变化，即营运资金的数量并非一个常数，其占用额随企业供产销的变化而变化；对于一些季节性生产的企业，很明显其流动资金的占用会时高时低，起伏不定。因此说企业占用在流动资产上的资金具有波动性。随着流动资金数量的变动，流动负债的数量也相应发生变动。在考虑流动资金的来源和供应方式时，既要给企业有稳定的资金来源，又要给企业一定的机动、灵活性。

（四）实物形态具有变动性和易变性

营运资金在循环周转过程中，经过供产销三个阶段，其占用形态不断变化。从产供销的其一瞬间看，货币资金、原材料、在成品、产成品和应收账款等，这些不同形态的流动资产在时间上是同时存在的。企业生产经营一般按现金、材料、在产品、产成品、应收账款、现金的顺序转化。从企业的每一个生产经营周期来看，为了保证生产经营活动的正常进行，必须首先拿出一部分现金去采购材料，这样，有一部分现金转化成材料；材料投入生产后，当产品尚未最后完工脱离加工过程以前，便形成在产品或自制半成品；当产品进一步加工后，就成为准备出售的产成品；产成品经过出售有的可直接获得现金，有的则因赊销而形成应收账款；经过一定时期以后，应收账款通过收现又转化为现金。因此企业有必要合理地配置各项营运资金的占用比例，以保证营运资金的正常周转。

三、营运资金管理的意义

加强营运资金管理，可以加速流动资金周转，减少流动资金占用，促进企业生产经营的发展。主要有以下几方面意义：

（一）加强营运资金管理，可以加速资金周转，节约流动资金。

（二）营运资金的节约意味着物资的节约，减少营运资金的占用意味着可使大量的物资从生产的潜在因素变为实际的因素，就可以利用原有的物质资源来扩大生产建设规模。

（三）加强营运资金管理，有利于促使企业加强经济核算，提高生产经营管理水平。营运资金分散在企业各职能部门、各个仓库、各个车间和各个班组。资金的占用情况反映着物资的占用情况。加强营运资金管理，就可以促使企业在供产销等环节上加强经济核算，提高生产经营管理水平。

四、营运资金管理的要求

（一）既要保证生产经营需要，又要节约合理使用资金。要在保证生产经营需要的前提下，遵守勤俭节约的原则，挖掘资金潜力，精打细算地使用流动资金。只有这样，才能充分发挥流动资金促进生产经营的作用。

（二）资金管理和资产管理相结合，要管好营运资金必须做到管理流动资金的部门和人，应参与流动资产管理，同时管理流动资产的部门和人，也应参与管理流动资金，把营运资金管理和流动资产管理结合起来。为此，营运资金的管理，必须在实行财务管理部门集中管理的同时，实行分口分级管理，建立有关部门管理的责任制度。

（三）赊销商品和预付货款意味着企业单位彼此之间融通资金，这在商品经济下虽然是常有发生的，但如果长期发生商业信用而不及时清理，就会产生不良后果。只有坚持钱货两清，遵守结算纪律，才能保证每个企业的流动资金不被其他单位长期占用，保证生产经营顺利进行。

五、营运资金战略

研究营运资金战略主要解决两个问题，一方面，要解决企业运营需要多少营运资金，即流动资产投资战略；另一方面，要解决如何筹集企业所需营运资金，即流动资产融资战略。

（一）流动资产的投资战略

企业的不确定性和风险忍受程度决定了在流动资产账户上的投资水平，销售额越不稳定，越不可预测，则投资于流动资产上的资金就越多，以保证有足够的存货满足顾客的需要。流动资产的投资战略主要有紧缩的流动资产投资战略和宽松的流动资产投资战略。具体见表 7 - 1。

表 7 - 1　营运资金投资战略的种类

种类	特点
紧缩的流动资产投资战略	（1）公司维持低水平的流动资产与销售收入比率 （2）更高风险；紧缩的信用政策可能减少企业销售收入，而紧缩的产品存货政策则不利于顾客进行商品选择，从而影响企业销售 （3）只要不可预见的事件没有破坏企业的流动性而导致严重问题发生，紧缩的流动资产投资战略就会提高企业效益
宽松的流动资产投资战略	（1）维持高水平的流动资产与销售收入比率 （2）较低的投资收益率，较小的运营风险

（二）流动资产的融资战略

企业的资产按流动性可以划分为流动资产和非流动资产。而流动资产又可以被划分为永久性流动资产和波动性流动资产。资产是对资金的占用，资产的上述分类中，只有波动性流动资产是对资金的短时间占用，非流动资产和永久性流动资产都是对资金的长时间占用。如果波动性流动资产占用的资金通过短期来源取得，这就是期限匹配战略；如果企业短期来源不仅满足了企业短期资金的需求，同时还满足了一部分长期资金的需求，则此时企业采用的是激进型融资战略；如果企业的短期资金来源只满足了一部分短期资金需求，短期资金占用的剩下一部分是通过长期来源取得，这时企业采用的是保守型融资战略。如图 7－1 所示。

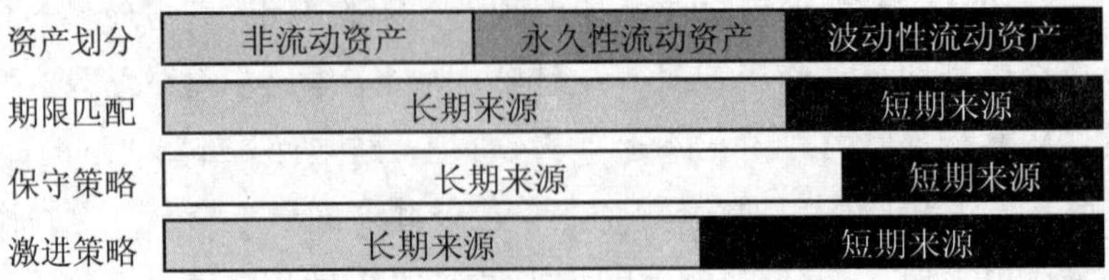

资产划分
非流动资产
永久性流动资产
波动性流动资产
期限匹配
长期来源
短期来源
保守策略
长期来源
短期来源
激进策略
长期来源
短期来源

图 7－1　流动资产融资战略种类

六、营运资金的周转

营运资金的周转是指企业的营运资金从现金投入生产经营开始，到最终转化为现金为止的过程。营运资金的周转通常与现金的周转密切相关，现金的周转过程主要包括存货周转期、应收账款周转期和应付账款周转期。

存货周转期是指将原材料转化成产成品并出售所需要的时间；应收账款周转期是指将应收账款转化为现金所需要的时间；应付账款周转期是指从收到尚未付款的材料开始到现金支出之间所用的时间。

现金周转期＝存货周转期＋应收账款周转期－应付账款周转期

购买材料
销售产品
收到产品现金
存货周转期
应收账款周转期
应付账款周转期
现金周转期
为材料支付现金

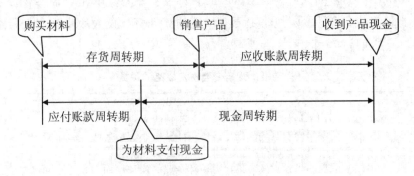

图 7－2　现金周期图

第二节　现金的管理

一、现金的含义及管理意义

现金是指在生产过程中暂时停留在货币形态的资金，包括库存现金、银行存款、银行本票、银行汇票等。现金是变现能力最强的资产，可以用来满足生产经营开支的各种需要，也是企业偿债能力的保证。因此，企业如果持有大量的现金有利于增强企业资产的流动性、债务的可清偿性、降低企业的风险。同时，我们也应看到，现金属于非盈利性资产，是收益性最低的一项资产，即使是银行存款，其利率也非常低。因此，企业必须合理确定现金持有量，使企业持有的现金在保证企业正常运营周转的同时，提高资金收益率。

保持合理的现金水平是企业现金管理的重要内容。现金是变现能力最强的资产，但如果现金存量过多，它所提供的流动性边际效益便会随之下降，从而使企业的收益水平下降。现金管理的目的在于保证企业生产经营所需要现金的同时，节约使用资金，并从暂时闲置的现金中获得最多的利息收入。因此，现金管理应力求做到既能保证公司正常现金需要，又不使企业过多地闲置现金。

二、现金持有动机

保持合理的现金水平是企业现金管理的重要内容。现金是变现能力最强的资产，但如果现金存量过多，它所提供的流动性边际效益便会随之下降，从而使企业的收益水平下降。那么，企业为什么还要持有现金？企业持有一定数量的现金，主要基于以下三个方面的动机。

（一）交易动机

交易动机是指企业为了满足生产经营活动中的各种支付需要而持有的现金，这是企业持有现金的主要动机。企业为了满足交易动机所持有的现金持有量主要取决于企业的销售水平。一方面企业销售产品取得销售收入；另一方面，也同时发生着各种现金支出。如：企业在生产经营过程中购买材料、支付工资、缴纳税金等都必须用现金支付。由于企业每天的现金收入与支出在时间和数量上，通常存在一定程度的差异，因此，企业持有一定数量的现金余额以应付频繁支出是十分必要的。

（二）预防动机

预防动机是指企业为应付意外情况而需要持有的现金。由于市场上各种不确定因素的存在，企业通常无法对现金的需求做出特别准确的预测。因此，企业要在正常业务活动现金需要量的基础上，追加一定数量的现金以应付未来意外情况的出现。预防动机的现金持有量是企业在确定必要现金持有量时应当考虑的因素。企业为应付紧急情况所持有的现金余额主要取决于三个方面：一是企业愿意承担风险的程度；二是企业临时举债能力的强弱；三是企业对现金流量预测的可靠程度。

（三）投机动机

投机动机是指企业为了抓住各种瞬息即逝的市场机会，获取较大的投资利益而持有的现金余额。如当企业所需材料市场价格低廉时，可以用所持有的现金大量购入，待价格反弹时卖出以获得差价收入；再如企业可以利用证券市价大幅度跌落时购入有价证券，以期在价格反弹时卖出证券获取高额价差收入等。投机动机只是企业确定现金余额时所需考虑的次要因素,其持有量的大小往往与企业在金融市场的投资机会及企业对待风险的态度有关。

企业除以上三种原因持有现金外,也会基于满足将来某一特定要求或者为在银行维持补偿性余额等其他原因而持有现金。企业在确定现金余额时,一般应综合考虑各方面的持有动机。但要注意的是,由于各种动机所需的现金可以调节使用,企业持有的现金总额并不等于各种动机所需现金余额的简单相加,前者通常小于后者。另外,上述各种动机所需保持的现金,并不要求必须是货币形态,也可以是能够随时变现的有价证券以及能够随时转换成现金的其他各种存在形态,如可随时借入的银行信贷资金等。

表7-2 现金持有动机表

动 机	含 义	影响因素
交易性需求	企业为了维持日常周转及正常商业活动所需持有的现金额	1. 每日现金流入和流出在时间及数额上的不匹配 2. 企业向客户提供的商业信用条件和从供应商那里获得的信用条件不同 3. 季节性需要
预防性需求	企业需要维持充足现金,以应付突发事件	1. 企业愿冒缺少现金风险的程度 2. 企业预测现金收支可靠的程度 3. 企业临时融资的能力
投机性需求	企业为了抓住突然出现的获利机会而持有的现金	1. 企业的投资机会 2. 企业对待风险的态度

三、现金的成本及其与持有额之间的关系

通过上面分析可知,企业为了维持日常运营等因素必须持有一定量的现金,但是现金是收益最低的资产,其成本主要有以下几种:

(一)持有成本

现金的持有成本是指企业因保留一定现金余额而增加的管理费用及丧失的再投资收益即机会成本。

1. 持有现金的管理成本

持有现金的管理成本是指企业因持有一定数量的现金而发生的管理费用,如管理人员工资及必要的安全措施费,这部分费用在一定范围内与现金持有量的多少关系不大,一般属于固定成本。

2. 持有现金的机会成本

持有现金的机会成本是指企业因持有一定数量的现金而丧失的再投资收益。由于现金属于收益性最低的资产,持有现金的同时不能用该笔现金进行有价证券投资,也必然丧失再投资的投资收益,从而形成持有现金的机会成本。假如某企业的资本成本为10%,企业年均现金持有量为20万元,则该企业该年的现金持有的机会成本就等

于年均持有量与资本成本率的乘积即 2 万元。企业为了维持正常运营持有一定量现金是必要的，相应的付出的机会成本也是必要的，但是如果现金持有量过多，机会成本就会大幅上升，这样就不合算了。因此，企业持有现金的成本属于变动成本，它与现金持有量的多少密切相关，即现金持有量越大，机会成本越高，反之就越小。

（二）转换成本

转换成本是指企业用现金购入有价证券以及转让有价证券换取现金时付出的交易费用，即现金同有价证券之间相互转换的成本，如委托买卖佣金、委托手续费、证券过户费、实物交割手续费等。现金的转换成本与现金与有价证券的转换次数有关，一年中现金与有价证券之间的转换次数越多，持有现金的转换成本越大；而现金与有价证券之间的转换次数与企业现金持有量成反比关系，假设企业一年的现金总需求量是一定的，那么企业日常现金持有量越多，一年中现金与有价证券之间的转换次数越少，这时转换成本也越少。因此，现金的转换成本与企业的现金持有量成反方向变动关系。

（三）短缺成本

短缺成本是指在现金持有量不足而又无法及时通过有价证券变现加以补充而给企业造成的损失。企业现金持有量越多，企业发生现金短缺的可能性越小，同时发生现金短缺造成的损失越少。因此，现金的短缺成本随现金持有量的增加而下降，随现金持有量的减少而上升，即与现金持有量呈反方向变动关系。

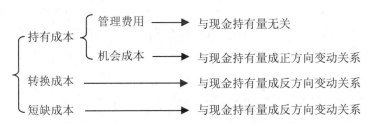

图 7 - 3　现金成本及其与持有额之间的关系

四、最佳现金持有量的确定方法

如上所述，企业在生产经营过程中为了满足日常交易性需求、预防需求和投机需求，必须持有一定量的现金。同时，我们知道，现金是收益性最低的一项资产，企业持有大量的现金会大大降低企业资金的收益性，即会产生大量的机会成本。因此，企业需要在这两方面之间做出权衡，确定最佳的现金持有量。确定最佳现金持有量的方法主要有成本分析模式、存货模式和随机模式。

（一）成本分析模式

确定最佳现金持有量的成本分析模式是指通过分析持有现金的成本，寻找持有现金成本最低的那个现金持有量。

运用成本分析模式确定最佳现金持有量，只考虑因持有一定量的现金而产生的管理成本、机会成本和短缺成本，而不考虑转换成本。管理成本仍然是一项固定成本，按理说在决策中应不予考虑，但是，成本模式下为计算总成本的大小，所以仍把管理成本考虑在内，但是不会对我们的决策结果产生影响。确定最佳现金持有量涉及的成本如图7-4所示。

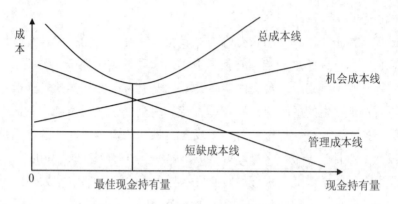

图7-4　成本分析模式下的现金持有成本图

从图7-4可以看出，各项成本同现金持有量的变动关系是不同的，机会成本向右上方倾斜，短缺成本向右下方倾斜，管理成本为一条平行与横轴的直线，这样就使得总成本呈抛物线形，该抛物线的最低点即为持有现金总成本最低点。

由于管理成本具有固定成本的性质，与现金持有量不存在明显的线性关系；机会成本与现金持有量成正方向变动关系；短缺成本同现金持有量呈反方向变动关系，现金持有量愈大，现金短缺成本愈小，反之，现金持有量愈小，现金短缺成本愈大。

在实际工作中运用该模式确定最佳现金持有量的具体步骤为：

（1）根据不同现金持有量测算并确定有关成本数值；

（2）按照不同现金持有量及其有关成本资料编制最佳现金持有量测算表；

（3）在测算表中找出总成本最低时的现金持有量，即最佳现金持有量。

【例7-1】某企业现有甲、乙、丙、丁四种现金持有方案，有关成本资料如下表所示：

表7-3　现金持有方案表

元,%

项　　目	甲	乙	丙	丁
现金持有量	8 000	12 000	15 000	18 000
机会成本率	8	8	8	8
管理成本	2 000	2 000	2 000	2 000
短缺成本	2 000	1 300	800	0

要求：利用成本分析模式确定最佳现金持有量。

【解】根据表7-3现金持有方案表编制最佳现金持有量测算表如下：

表7-4 最佳现金持有量测算表

元

方 案	机会成本	管理成本	短缺成本	总成本
甲	640	2 000	2 000	4 640
乙	960	2 000	1 300	4 260
丙	1 200	2 000	800	4 000
丁	1 440	2 000	0	3 440

通过上表对各方案的现金持有成本计算分析可知，丁方案的总成本最低，即当企业持有18 000元现金时，现金的持有总成本达到最低，即18 000元为最佳现金持有量。

（二）存货模式

现金持有量的存货模式又称鲍曼模型，是威廉·鲍曼（William Baumol）提出的用以确定目标现金持有量的模型。他认为企业现金持有量在很多方面与存货相似，所以最佳现金持有量的确定可以采用存货经济订货批量模型加以确定。

这一模式的应用，有如下假设条件：

1. 企业所需要的现金可通过证券变现取得，且证券变现的不确定性很小；

2. 企业预算期内现金需要总量可以预测；

3. 现金的支出过程比较稳定，波动较小，而且每当现金余额降至零时，均通过部分证券变现得以补足；

4. 证券的利率或报酬率以及每次固定性交易费用可以获悉。

从上面的现金成本分析可知，企业如果持有较多的现金，会降低现金的短缺成本，但也会增加现金的机会成本；反之，如果企业持有现金较少，则会增加现金的短缺成本，却能减少现金的机会成本。如果企业平时只持有较少量的现金，在有现金需要时，我们可以通过出售有价证券换回现金，这样能既及时满足现金的需要，避免短缺成本，又能减少现金的机会成本。因此，适当的现金与有价证券之间的转换，是企业提高资金使用效率的有效途径。但是，现金与有价证券之间的转换也是需要付出代价的，这种代价称之为现金的转换成本。所以，企业不能每次任意地进行有价证券与现金的转换，这样还是会加大企业的成本，因此企业要合理确定有价证券与现金的每次转换量。不难看出，企业平时持有的现金量越多，一年当中现金与有价证券之间的转换次数越少，转换成本就越低；反之，转换成本就越高。所以现金转换成本与现金持有量之间是成反比的，这与现金短缺成本类似。在模型假设中我们可以看到，每次现金余额降至零时，都可以通过证券变现补足，所以在该模式下，不考虑短缺成本。所以在现金成本构成的图上，可以将现金的短缺成本线换成现金的转换成本线，且不考虑与决策无关的管理成本。在存货模式下，现金成本的构成如下图所示：

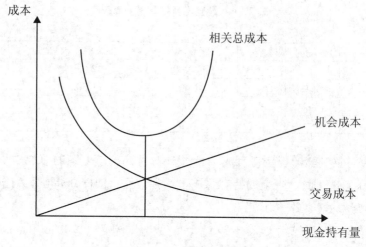

图 7 - 5　存货模式示意图

由图 7 - 5 可以看到，现金的机会成本和转换成本是两条随现金持有量呈不同方向发展的曲线，现金的相关总成本还是呈一条抛物线形，通过对总成本求一阶导数，我们可以发现，总成本最低点即为两条线的交点。即两条曲线交点的现金持有量即是总成本最低的现金持有量。要确定最佳的现金持有量，即确定相关总成本最低时的现金持有量，就是要找出机会成本与转换成本两条线的交点下的现金持有量。所以，现在的关键是找出两条线的交点。

要确定两条线的交点，首先我们可以计算企业持有现金的机会成本。如果企业最佳现金持有量为 Q，则一年中企业平均持有现金量为 $\frac{Q}{2}$（企业平均现金持有量如图 7 - 6所示）。假设企业的机会成本率为 K，则企业持有现金的机会成本可以表示为：

$$\frac{Q}{2} \times K$$

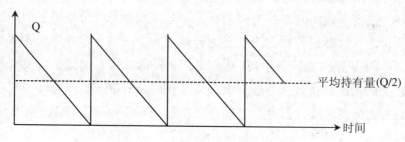

图 7 - 6　平均现金持有量示意图

接下来我们还要计算持有现金的转换成本。上面的模型假设中提到企业全年现金需求总量可以预测，也就是固定不变的已知数，假设为 T，如果最佳现金持有量为 Q，则一年中现金与有价证券的转换次数可以表示为 $\frac{T}{Q}$，假设每次的转换成本为 F，则企业一年中持有现金的转换成本可以表示为：$\dfrac{T}{Q} \times F$。

因此可以得出，在存货模式下相关成本公式：

$$交易成本 = \frac{T}{Q} \times F$$

$$机会成本 = \frac{Q}{2} \times K$$

$$总成本 \ TC = \frac{Q}{2} \times K + \frac{T}{Q} \times F$$

对上述公式求导，令 TC 的一阶导数为零，可以推导出总成本最低点时的现金持有量，即存货模式下的最佳现金持有量。最佳现金持有量的公式如下：

$$Q = \sqrt{\frac{2TF}{K}}$$

（或者令两条直线的表达式相等求出的 Q 就是最佳现金持有量。）

将上式代入总成本计算公式得出最低现金管理相关总成本为：

$$TC = \frac{Q}{2} \times K + \frac{T}{Q} \times F = \sqrt{2TFK}$$

T——一个周期内现金总需求量；

F——每次转换有价证券的固定成本；

Q——最佳现金持有量；

K——有价证券利息率（机会成本）；

TC——现金管理相关总成本。

【例 7-2】某企业全年现金收支状况比较稳定，预计全年需要现金 90 万元，现金与有价证券的转换成本为每次 120 元，有价证券的年利率为 6%。

要求计算：

（1）现金最佳持有量；

（2）最低现金管理相关总成本；

（3）交易成本、持有机会成本、有价证券交易次数。

【解】

（1）计算现金最佳持有量：

$$Q = \sqrt{\frac{2TF}{K}}$$

$$= \sqrt{\frac{2 \times 900\,000 \times 120}{6\%}}$$

$$= 60\,000 \ （元）$$

（2）最低现金管理相关总成本：

$$TC = \sqrt{2TFK}$$

$$= \sqrt{2 \times 900\ 000 \times 120 \times 6\%}$$

$$= 3\ 600\ (元)$$

（3）交易成本，持有机会成本，有价证券交易次数：

$$转换成本 = \frac{T}{Q} \times F$$

$$= \frac{900\ 000}{60\ 000} \times 120$$

$$= 1\ 800\ (元)$$

$$机会成本 = \frac{Q}{2} \times K$$

$$= \frac{60\ 000}{2} \times 6\%$$

$$= 1\ 800\ (元)$$

$$有价证券交易次数 = \frac{900\ 000}{60\ 000} = 15\ (次)$$

（三）随机模式

随机模式是在现金需求量难以预知的情况下，进行现金持有量的计算方法，也称为米勒—奥尔模型。

一般来说企业的现金需求量是不确定的，往往具有很大的波动性。但企业可根据历史经验和现实需要，测算出一个现金持有量的控制范围，即制定出现金持有量的上限和下限，将现金持有量控制在上限和下限之间，如果现金持有量始终在上下限之间波动，则属于正常状况，不需要加以干预控制；当现金持有量达到控制上限时，可进行有价证券投资，使企业的现金持有量回到现金返回线；而当现金持有达到控制下限时，就要出售有价证券来补充现金。

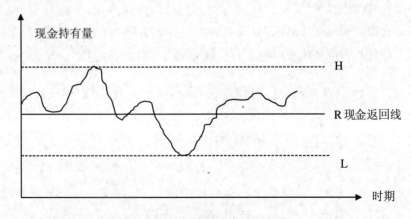

图 7-7　现金随机模式示意图

在图 7-7 中，H 为现金持有量的上限，L 为现金持有量的下限，当现金持有量达到该区域的上限时，即可将现金部分地转换为有价证券；现金持有量接近下限时，就应出售有价证券，收回现金。从图中可以看出，企业的现金持有量是随机波动的，当其达到了现金控制的上限 H 时，则买进（H-R）数量的有价证券，当现金的持有量回落到现金控制的下限 L 时，则卖出（R-L）数量的有价证券，从而使现金持有量始终保持在现金返回线附近水平的上下。现金持有量在上下限之间波动属控制范围内变化，是合理的，可不予理会。其中上限 H，现金返回线 R，可按下列公式进行计算：

$$R = \sqrt[3]{3b\delta^2/4i} + L$$

$$H = 3R - 2L$$

δ——预计每日现金余额变化的标准差（可根据历史资料测算）；

i——有价证券的日利息率；

b——每次有价证券的固定转换成本。

其中下限 L 的确定，则受到企业每日的最低现金需要、管理人员的风险承受能力等因素的影响。

【例 7-3】设某企业有价证券的年利率为 9.36%，每次有价证券的固定转换成本为 b=50 元，企业认为，在任何时候其现金余额均不能低于 L=1 000 元，又根据以往经验，测算出余额波动的标准差为 δ=500 元。则最优现金返回线 R 与现金控制上限 H 分别为：

$$R = \sqrt[3]{0.75 \times 50 \times 500^2 \times 360/0.0936} + 1\,000 = 4\,303.69\ （元）$$

$$H = 3 \times 4\,303.69 - 2 \times 1\,000 = 10\,911.07\ （元）$$

以上计算结果表明：当企业现金持有量接近 10 911.07 元时，则应将 6 607.38 元（10 911.07 元 - 4 303.69 元）现金投资于有价证券，使企业现金持有量回归返回线 R。相反，如企业现金持有下降到 1 000 元时，就应抛售有价证券，补充现金 3 303.69 元（4 303.69 元 - 1 000 元），使现金持有量回归返回线。

随机模式建立在企业的现金未来需求总量和收支不可预测的前提下，因此计算出来的现金持有量比较保守。

五、现金收支管理

现金收支管理的目的在于提高现金使用效率，为达到这一目的，应注意做好以下工作：

（一）力求现金流入与流出同步

企业应尽量使现金流入与现金流出发生的时间趋于一致，这样就可以使其所持有的交易性现金余额降到较低水平，这就是所谓的现金流量同步。基于这种认识，企业可以重新安排付出现金的时间，尽量使现金流入与现金流出趋于同步。

（二）合理使用现金浮游量

企业从开出支票，至收款人收到支票并存入银行，至银行将款项划出企业账户，中间需要一段时间，现金在这段时间的占用称为现金浮游量。在这段时间里，尽管企业已开出了支票，却仍可动用银行存款账户上的这笔资金，以达到充分利用现金的目的。

需注意的是，利用现金浮游量应该把握好时间和额度，防止发生银行存款的透支，这将损害企业信誉，甚至受到有关条款的处罚。

（三）加速收款

加速收款主要指缩短应收账款的时间。发生应收账款会增加企业资金的占用；但它又是必要的，因为它可以扩大销售规模，增加销售收入。问题在于如何既利用应收账款吸引顾客，又缩短收款时间。这要在两者之间找到合适的平衡点，并需实施妥善的收账策略。

（四）推迟应付款的支付

推迟应付款的支付，是指企业在不影响自己信誉的情况下，尽可能推迟应付款的支付期，充分运用供货方所提供的信用优惠。如遇企业急需现金，甚至可以放弃供货方的折扣优惠，在信用期的最后一天付款。当然，这要权衡折扣优惠与急需现金之间的利弊得失而定。

第三节　应收账款的管理

一、应收账款的功能与成本

（一）应收账款的功能

1. 增加销售

应收账款的发生是企业采用赊销方式的必然结果。在市场经济条件下，企业面临着来自各方面的激烈竞争，除了产品质量、价格及售后等因素的竞争外，势必也存在销售方式的竞争。赊销对客户来说，相当于得到一笔可以在一定期限内无偿使用的资金。特别在客户财务支付能力相对较弱的时候，如果企业没有赊销的方式，必然会失去部分客户。这势必会影响企业的销量，在同行竞争中处于劣势。而采用相对灵活的赊销方式，在同等条件下更能吸引客户，从而增加企业产品的销量，提高企业在市场上的竞争力。

2. 减少存货

通过上述分析可知，企业采用赊销方式会增加企业的销售，因而也促成库存产成品存货的减少。所以说，公司应收账款增加意味着存货的减少，而存货减少可以降低与存货相关的成本费用，如存货储存成本、保险费用和存货管理成本等。同时，存货减少意味着周转加快，这样可以大大提高资金的利用率。

（二）应收账款的成本

应收账款具有增加销售、减少存货的功能。另一方面，由于应收账款的存在，会使企业增加一系列与之相关的成本。主要包括应收账款占用资金的机会成本、管理应收账款的管理成本以及应收账款收不回来的坏账成本。具体分析如下：

1. 机会成本

应收账款的机会成本是指因应收账款占用资金而失去将资金投资于其他方面所取得的收益。这一成本的高低并不与应收账款占用总额成正比，应收账款占用资金的机会成本主要是指维持企业赊销业务所需要的资金占用的机会成本。换句话说，这里的机会成本并不是应收账款的总额占用资金所丧失的机会收益，而仅仅指全部应收账款的平均余额中变动成本所占用的那部分资金。具体公式如下：

$$应收账款的机会成本 = 应收账款占用资金 \times 资金成本率$$

其中，资金成本率可按有价证券利息率计算；应收账款的占用资金可按下面的公式计算：

$$应收账款占用资金 = 应收账款平均余额 \times 变动成本率$$

其中：

$$应收账款平均余额 = \frac{年赊销额}{360} \times 平均收账天数$$

$$= 平均日赊销额 \times 平均收账天数$$

$$变动成本率 = \frac{变动成本总额}{销售额} = \frac{单位变动成本 \times 销售量}{单价 \times 销售量} = \frac{单位变动成本}{单价}$$

因此得出：

$$应收账款的机会成本 = \frac{年赊销额}{360} \times 平均收账天数 \times 变动成本率 \times 资金成本率$$

【例7-4】某企业预测 2014 年度销售收入净额为 1 800 万元，现销与赊销比例为 2∶3，应收账款平均收账天数为 40 天，变动成本率为 60%，企业的资金成本率为 12%，一年按 360 天计算。

要求：（1）计算 2014 年度赊销额。

（2）计算 2014 年度应收账款的平均余额。

（3）计算 2014 年度应收账款占用资金。

（4）计算 2014 年度应收账款的机会成本额。

（5）若 2014 年应收账款平均余额需要控制在 90 万元，在其他因素不变的条件下，应收账款平均收账天数应调整为多少天？

【解】

（1）现销与赊销比例为2：3，所以赊销额 = 1 080（万元）

（2）应收账款的平均余额 = 日赊销额 × 平均收账天数

$$= \frac{1\ 080}{360} \times 40$$

$$= 120 \ （万元）$$

（3）应收账款占用资金 = 应收账款的平均余额 × 变动成本率

$$= 120 \times 60\% = 72 \ （万元）$$

（4）应收账款的机会成本 = 应收账款占用资金 × 资金成本率

$$= 72 \times 12\%$$

$$= 8.64 \ （万元）$$

（5）应收账款的平均余额 = 日赊销额 × 平均收账天数

$$= \frac{1\ 080}{360} \times 平均收账天数 = 90 \ （万元）$$

得出应收账款平均收账天数 = 30（天）。

【例 7-5】 假设某企业预测的年度赊销额为 1 440 000 元，应收账款平均收账天数为 50 天，变动成本率为 50%，资金成本率为 12%，试计算该企业应收账款的机会成本。

【解】

$$应收账款平均余额 = \frac{1\ 440\ 000}{360} \times 50 = 200\ 000 \ （元）$$

$$应收账款占用资金 = 200\ 000 \times 50\% = 100\ 000 \ （元）$$

$$应收账款机会成本 = 100\ 000 \times 12\% = 12\ 000 \ （元）$$

2. 管理成本

应收账款的管理成本是指企业对应收账款进行管理发生的各项开支。管理成本主要包括对客户资信调查费用、应收账款账簿记录费用、催收账款费用等。应收账款在一定范围内，其管理成本一般为固定成本。

3. 坏账成本

应收账款的坏账成本是指应收账款因故不能收回而发生的损失。企业有赊销业务，就不可避免存在收不回来的风险，如果应收账款无法收回则为坏账。坏账成本一般与应收账款发生的数额有关，也与应收账款的拖欠时间有关。

（三）应收账款的管理目标

企业发生应收账款的主要原因是扩大销售，增强竞争力，对应收账款其管理的目标就是求得利润。应收账款是企业的一项资金投放，是为了扩大销售和增加盈利而进行的一项投资，这项投资不可避免要产生各种成本。企业如何做好对应收账款的管理，就在于在增加的盈利和产生的成本之间权衡，当应收账款增加的盈利超过其产生的成本时，就应当实施此项应收账款赊销；当应收账款增加的盈利小于其产生的成本时，就不应该实施此项应收账款赊销。

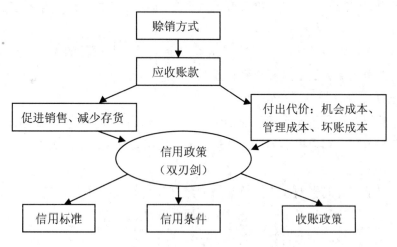

图7-8 应收账款利弊示意图

二、应收账款信用政策的构成

（一）信用标准

1. 信用标准的含义

信用标准是客户获得商业信用所应具备的最低条件。企业制定的信用标准要适当，因为，如果公司制定的信用标准过低，虽然有利于企业扩大销售，提高产品的市场占有率，但坏账损失风险和收账费用将因此而大大增加；如果公司信用标准过分苛刻，许多因信用品质达不到设定标准的客户被拒之于公司门外。这样虽然能降低违约风险及收账费用，但这会严重影响公司产品销售。

2.5C 评估法

企业在制定信用标准时，应考虑三方面基本因素：一是同行业竞争对手的情况；二是企业承担违约风险的能力；三是客户的资信度。企业在制定信用标准时，应对客户进行调查，分析客户的资信情况，给客户的信用情况做出评估。对客户进行信用评估时，一般从五个方面进行，称作5C 评估法，即客户的信用品质（Character）、偿付能力（Capacity）、资本（Capital）、抵押品（Collatera1）、经济状况（Conditions）等，简称"5C"系统。

（1）信用品质

信用品质是指客户的信誉，是指客户履行按期偿还货款的诚意、态度及赖账的可能性。是决定是否给予客户商业信用的首要因素。企业应对客户以往的信用状况进行调查，分析其信用记录，最终对客户的信用品质给予评价。

（2）偿付能力

偿付能力是指客户偿还债务的能力。为了了解客户的偿付能力，企业应对客户流动资产数量和质量及与流动负债的比例进行评价，可以辅助对客户进行实地调查了解其日常营运情况，最后对企业偿付能力做出评价。

（3）资本

资本是指客户的财务实力，主要根据资本金和所有者权益的大小、比率来判断，表明客户可以偿还债务的背景和最终保证。

（4）抵押品

抵押品是指客户提供作为授信安全保证的资产。这对于不知底细或信用状况有争议的客户尤为重要。客户提供的抵押品越充足，信用安全保障就越大。

（5）经济状况

经济状况是指可能影响客户偿付能力的经济环境。主要了解在经济状态发生变化时或一些特殊的经济事件发生时，会对客户的付款能力产生什么影响。对此，应着重了解客户以往在困境时期的付款表现。

3. 信用标准的分析步骤

（1）设定信用等级的评价标准

表 7 - 5　信用标准一览表

指　标	信用标准	
	信用好	信用差
流动比率	2.5 : 1	1.6 : 1
速动比率	1.1 : 1	0.8 : 1
现金比率	0.4 : 1	0.2 : 1
产权比率	1.8 : 1	4 : 1
已获利息倍数	3.2 : 1	1.6 : 1
有形净值负债率	1.5 : 1	2.9 : 1
应收账款平均收账天数	26	40
存货周转率（次）	6	4
总资产报酬率（%）	35	20
赊购付款履约情况	及时	拖欠

（2）利用既有或潜在客户的财务报表数据，计算各自的指标值，并与上述标准比较

表7-6 客户信用状况评价表

指 标	指标值	拒付风险系数（%）
流动比率	2.6：1	0
速动比率	1.2：1	0
现金比率	0.3：1	5
产权比率	1.7：1	0
已获利息倍数	3.2：1	0
有形净值负债率	2.3：1	5
应收账款平均收账天数	36	5
存货周转率	7次	0
总资产报酬率（%）	35	0
赊购付款履约情况	及时	0
累计拒付风险系数		15

比较方法是：若某客户的某项指标值等于或低于差的信用标准，则该客户的拒付风险系数（即坏账损失率）增加10个百分点；若客户的某项指标值介于好与差的信用标准之间，则该客户的拒付风险系数（坏账损失率）增加5个百分点；当客户的某项指标值等于或高于好的信用标准时，则视该客户的这一指标无拒付风险，最后，将客户的各项指标的拒付风险系数累加，即作为该客户发生坏账损失的总比率。

（3）进行风险排队，并确定各有关客户的信用等级

（二）信用条件

通过上面信用标准的调查，如果客户符合企业的信用标准，企业就需要确定具体的信用条件。信用条件是指企业要求顾客支付赊销款项的条件，包括信用期限、折扣期限与现金折扣率三项组成。信用条件的基本表现方式为："2/10，n/30"，上述信用条件的含义是：若客户能够在发票开出后的10天内付款，可以享受2%的现金折扣；如果放弃折扣优惠，则全部款项必须在30天内付清。其中，30天为信用期限，10天为折扣期限，2%为现金折扣率。

1. 信用期限

信用期限是指企业为客户规定的最长付款时间。企业应合理确定信用期限，如果信用期限过短，不足以吸引客户，不利于产品的销售；如果信用期限过长，虽然会在一定程度上吸引客户，扩大销售，但是同时会引起一系列成本的增加，如：客户占用企业资金时间更长，导致应收账款的机会成本大大增加，应收账款坏账损失的几率更大，企业用于管理应收账款的费用也会增加。因此，企业应否给客户延长信用期限，应视延长信用期限增加的边际收益是否大于增加的边际成本而定。

2. 现金折扣和折扣期限

延长信用期限会增加应收账款占用的时间和金额。许多企业为了加速资金周转，及时收回货款，减少坏账损失，往往在延长信用期限的同时采用一定的优惠措施，即在规定的时间内提前偿付货款的客户可按销售收入的一定比率享受折扣，包括现金折扣和折扣期限两个要素。如："2/10，n/30"，其中10天为折扣期，2%为现金折扣率。企业究竟应当核定多长的现金折扣期限以及给予客户多大程度的现金折扣优惠，必须将信用期限及加速收款所得到的收益与付出的现金折扣成本结合起来考察。现金折扣条款能够降低机会成本、管理成本和坏账成本，但同时要付出折扣成本，现金折扣有时也会影响销售额，造成利润的改变。企业制定现金折扣和折扣期限的要点是：由于折扣条件的制定给企业带来的利润增加能否超过增加的机会成本、管理成本、坏账成本和折扣成本四项之和。

三、应收账款信用条件的决策

由上面的分析可知，企业信用条件的决策，需要考虑信用期限、折扣期限和现金折扣三方面要素。如何合理确定这三方面要素，使企业应用信用条件后增加的收益大于其增加的成本，是企业应重点研究的问题。

企业信用条件的决策方法主要有两种，一种是总额分析法，一种是差额分析法。总额分析法是对两种信用条件下企业的边际收益进行比较，边际收益大的方案为较优的方案。差额分析法是对两种信用条件下各种收益和成本进行差额分析（新方案－原方案），最后，如果差额收益大于零，则新方案优于旧方案。

表7-7 两种信用条件决策方法比较

总额分析法		差额分析法
原方案	新方案	
边际贡献 =销售收入－变动成本	边际贡献 =销售收入－变动成本	△边际贡献 =△销售收入－△变动成本
=信用成本前收益	=信用成本前收益	=△信用成本前收益
减信用成本： （1）机会成本 （2）收账费用 （3）坏账损失 （4）折扣成本	减信用成本： （1）机会成本 （2）收账费用 （3）坏账损失 （4）折扣成本	减信用成本差额： （1）△机会成本 （2）△收账费用 （3）△坏账损失 （4）△折扣成本
=信用成本后收益	=信用成本后收益	=△信用成本后收益
选择信用成本后收益高的方案为优		△信用成本后收益 >0，可以改变决策

【例7-6】某公司目前采用30天按发票金额、无现金折扣付款的信用政策，拟将

信用期间放宽至 45 天，仍按发票金额付款，假设企业的最低报酬率为 12%，其他有关数据如表 7 – 8 所示：

表 7 – 8　信用期决策数据

项　目	信用期间（30 天）	信用期间（45 天）
全年销售量（件）	120 000	150 000
全年销售额（单价 6 元）	720 000	900 000
变动成本（每件 4 元）	480 000	600 000
可能发生的收账费用（元）	24 000	36 000
可能发生的坏账损失（元）	21 600	27 000

【解】

1. 计算边际贡献的增加 =（150 000 – 120 000）×（6 – 4）= 60 000（元）

2. 计算应收账款机会成本的增加

$$= 45 \text{ 天信用期机会成本} - 30 \text{ 天信用期机会成本}$$

$$= \frac{900\ 000}{360} \times 45 \times \frac{600\ 000}{900\ 000} \times 12\% - \frac{720\ 000}{360} \times 30 \times \frac{480\ 000}{720\ 000} \times 12\%$$

$$= \frac{600\ 000}{360} \times 45 \times 12\% - \frac{480\ 000}{360} \times 30 \times 12\%$$

$$= 9\ 000 - 4\ 800$$

$$= 4\ 200 \text{（元）}$$

3. 收账费用和坏账损失增加：

收账费用增加 = 36 000 – 24 000 = 12 000（元）

坏账费用增加 = 27 000 – 21 600 = 5 400（元）

4. 改变信用期的税前损益

改变信用期的税前损益 = 收益增加 – 成本费用增加

$$= 60\ 000 - 4\ 200 - 12\ 000 - 5\ 400 = 38\ 400 \text{（元）}$$

由于收益的增加大于成本增加，故应采用 45 天信用期。

【例 7-7】某公司目前采用 45 天按发票金额付款的信用政策。为了扩大销售规模，公司拟改变现有的信用政策，有两个可供选择的方案，有关数据如下：

表 7 – 9　信用条件决策数据

元

项目	当前方案	方案一	方案二
信用条件	n/45	n/60	2/20，1/40，n/60
年销售额	360 000	432 000	396 000
变动成本	288 000	345 600	316 800
可能发生的收账费用	4 200	5 600	4 860
可能发生的坏账损失	10 800	12 960	11 880

如果采用方案二，估计会有 30% 的顾客在 20 天内付款，40% 的顾客在 40 天内付款，其余的顾客在 60 天内付款。

假设该项投资的资本成本为 8%，一年按 360 天计算。

要求：评价哪一个方案更好？

【解】

（1）分析方案一

表 7－10　方案一与原方案数据比较表

元，%，天

项　目	目　前	方案一	差　额
销售额	360 000	432 000	72 000
边际贡献	72 000	86 400	14 400
变动成本率	80	80	
平均收现期	45	60	
应收账款应计利息	$\frac{360\ 000}{360} \times 45 \times 0.8 \times 8\% = 2\ 880$	$\frac{432\ 000}{360} \times 60 \times 0.8 \times 8\% = 4\ 608$	1 728
收账费用	4 200	5 600	1 400
坏账损失	10 800	12 960	2 160
折扣成本	0	0	
税前损益	54 120	63 232	9 112

由上表可以看出：方案一与原方案比较，方案一更好。

（2）分析方案二

表 7－11　方案二与原方案数据比较表

元，%，天

项　目	目　前	方案二	差　额
销售收入	360 000	396 000	36 000
边际贡献	72 000	79 200	7 200
变动成本率	80	80	
平均收现期	45	$20 \times 30\% + 40 \times 40\% + 60 \times 30\% = 40$	
应收账款应计利息	$\frac{360\ 000}{360} \times 45 \times 0.8 \times 8\% = 2\ 880$	$\frac{396\ 000}{360} \times 40 \times 0.8 \times 8\% = 2\ 816$	－64
收账费用	4 200	4 860	660
坏账损失	10 800	11 880	1 080
折扣成本	0	$396\ 000 \times 2\% \times 30\% + 396\ 000 \times 1\% \times 40\% = 3\ 960$	3 960
税前损益	54 120	55 684	1 564

由上表分析看出，方案二与原方案比较，方案二更好。

（3）结论

∵ 方案一增加的税前损益大于方案二增加的税前损益

∴ 方案一好，企业应采用方案一的信用条件。

四、收账政策

企业发生应收账款后，应采取各种措施，尽量争取按期收回货款。所谓收账政策是指企业为催收过期的应收账款所应采取的收账对策与措施。

企业应对不同情况的应收账款，采取不同的收账政策，比如：对逾期时间比较短的客户，可以暂时不打扰，以保持与客户良好的合作关系；对逾期时间稍长的客户，可采用电话催收或者信件催收；对逾期时间很长的客户，企业应重点管理，可以派专人上门催收，以加强收账力度；对无故拒付款的客户，企业在采取让步等一系列措施后仍无法收回的应收款，可以借助法律手段。但是要知道，通过法律途径强行收回货款属于不得已而为之的最后办法。

企业对拖欠应收账款进行催收都要发生一系列相关费用，如收款所花的邮电通讯费、派专人收款的差旅费和不得已时的法律诉讼费等。如果企业的收款政策过宽，一方面会导致拖欠款项的客户增多，另一方面，客户拖延款项的时间也会延长，从而增加应收账款的机会成本和坏账损失。但是，过宽的收账政策会减少收账费用；如果收账政策过严，拖欠款项的客户将会有一定程度的减少，而且拖延款项的时间将会缩短，从而减少应收账款的机会成本和坏账损失，但却会增加收账费用。因此，企业在制定收账政策时，要在增加的收账费用与减少的坏账损失及应收账款机会成本之间进行权衡，若前者小于后者，则说明制定的收账政策是可取的。

五、应收账款日常管理

企业应加强对应收账款的日常管理工作，对于已经发生的应收账款，企业应采取各种措施，及时发现问题，采取措施应对，争取及时收回货款。否则会因拖欠时间过长而发生坏账。企业对应收账款进行日常管理的措施主要包括对客户进行信用调查、应收账款账龄分析和建立应收账款坏账准备制度等。

（一）对客户的信用调查

对客户的信用调查是指搜集和整理客户信用状况有关资料。可以采用直接与客户单位接触，通过当面沟通、观察等方式了解客户信用情况；也可以采用间接的方式，如：可以通过分析客户单位以往财务报表或者有关评估机构的评估报告等方式，获得客户单位的信用资料。通过对客户的信用调查可以确定客户的信用等级，对于不同信用等级的客户，给予不同的信用政策。

（二）应收账款账龄分析

应收账款账龄分析就是考察研究应收账款的账龄结构。所谓应收账款的账龄结构，是指各账龄应收账款的余额占应收账款总计余额的比重。企业发生应收账款后，应加强对应收账款的日常管理，最好落实专人做好记录，通过编制应收账款账龄分析表，对应收账款进行日常控制监督。公司既可以按照应收账款总额进行账龄分析，也可以分别按顾客进行账龄分析。账龄分析法可以确定逾期应收账款，随着逾期时间的增加，应收账款收回的可能性变小。

表 7 – 12　应收账款账龄分析表

个，万元,%

应收账款账龄	账户数量	金　额	比　重
信用期内	36	1200	42.77
超过信用期 1 个月	20	860	30.65
超过信用期 3 个月	15	420	14.97
超过信用期半年内	12	200	7.13
超过信用期 1 年内	8	100	3.56
超过信用期 1 年以上	5	26	0.92
	96	2 806	100

从账龄分析表中我们可以看出企业的应收账款在信用期内和超过信用期的时间及金额比重，也就是账龄分析表反映企业应收账款的账龄结构。对不同拖欠时间的账款及不同信用品质的客户，企业应采取不同的收账方法，制定出经济可行的不同收账政策、收账方案；对可能发生的坏账损失，需提前有所准备，充分估计这一因素对企业损益的影响。对尚未过期的应收账款，也不能放松管理与监督，以防发生新的拖欠。

通过应收账款账龄分析，不仅能提示财务管理人员应把过期款项视为工作重点，而且有助于促进企业进一步研究与制定新的信用政策。

（三）建立应收账款坏账准备制度

在市场经济条件下，无论企业采取怎样严格的信用政策，只要存在着商业信用行为，坏账损失的发生总是不可避免的。因此企业应该建立坏账准备制度，提前计提坏账准备金，记入管理费用，待企业坏账真正发生时，再直接冲减事先提出来的坏账准备金，而不需再记入相关费用。一般说来，确定坏账损失的标准主要有两条：

1. 因债务人破产或死亡，以其破产财产或遗产清偿后，仍不能收回的应收款项；

2. 债务人逾期未履行偿债义务，且有明显特征表明无法收回。

企业的应收账款只要符合上述任何一个条件，均可作为坏账损失处理。需要注意的是，当企业的应收账款按照第二个条件，已经作为坏账损失处理后，并非意味着企业放弃了对该项应收账款的索取权。实际上，企业仍然拥有继续收款的法定权力，企业与欠款人之间的债权债务关系不会因为企业已作坏账处理而解除。

既然应收账款的坏账损失无法避免，因此，企业应遵循谨慎性原则，对坏账损失的可能性预先进行估计，并建立弥补坏账损失的准备制度。

第四节　存　货　管　理

一、存货的功能与成本

存货是指企业在日常生产经营过程中为销售或耗用而储备的物资，包括：原材料、在产品、产成品、包装物和低值易耗品等。存货在企业流动资产中占据很大的比重，对存货的管理重点是降低存货的成本、加速存货的周转。

（一）存货的功能

1. 保证生产连续进行

企业生产是连续进行的，需要不断投入各种原料。很少有企业能做到随时购入各种生产物资，即使是市场供应量充足的物资也如此。因为如果出现某种材料的市场断档，或者材料中途运输出现运输故障等，就有可能造成企业材料短缺，生产经营将被迫停顿，给企业造成损失。为了避免或减少出现停工待料的事件，企业储备适量的存货是必要的，这样可以保证企业生产的连续进行。

2. 保证销售需要

在市场经济条件下，企业无法准确预知未来产品销量。比如，产品市场需求突然增大，或者客户订单突然增多等都有可能出现企业的生产能力跟不上销售的需求。这时，如果企业储备有充足的存货，就可以自如应付市场的变化，及时满足客户需求。因此，储备适量的存货有利于保证企业销售的顺利进行，充分把握每一个销售机会。

3. 降低进货成本

众所周知，批发价格总是比零售价要低。企业购买存货也是如此，如果一次性购买量足够大，就有可能享受供应商在价格上给予的优惠。同时，如果每次采购量增加，一年中的采购次数就会减少，这样就可以减少采购费用支出。但是，如果存货量过多，就会导致一系列费用的增加。如：过多的存货要占用较多的资金，产生较多的存货机会成本，同时还会导致仓储费、保险费、维护费等各项开支的增加。进行存货管理，就要尽力在各种存货成本与存货效益之间做出权衡，达到两者的最佳结合，这也就是存货管理的目标。

（二）存货的成本

企业持有存货有利于保证生产和销售的顺利进行，可以降低存货的进货成本，但是企业持有存货是要付出代价的。所谓存货成本就是指企业为持有存货而发生的各项支出。存货成本一般包括以下几项：

1. 进货成本

企业的进货成本又称取得成本，是指企业为取得存货而花费的各项支出。企业的进货成本包括购置成本和进货费用。

（1）购置成本

购置成本又称进价成本，是指存货的买价，也就是存货本身的价值，它等于存货采购单价与采购数量的乘积。在一定时期企业采购总量既定的情况下，存货的购置成本通常是保持相对稳定的（假设物价不变且没有数量折扣），不受存货购买次数及每次采购量的影响。因此，购置成本可视为固定成本，属于决策无关成本。如存货全年需求总量为 10 万件，每件存货的单价为 200 元，假设物价全年不变，且不存在折扣优惠，企业每次进货批量越大，全年的进货次数越少；每次进货批量越少，全年的进货次数越多。但是无论批量及进货次数如何变化，企业存货的年购置成本始终为 10 万元 ×200＝2000 万元。由此可见，购置成本与全年的进货次数无关。

（2）订货成本

订货成本又称为进货费用，是企业为组织进货而发生的各项开支。订货成本主要包括：差旅费、运输费、入库搬运费以及专设采购部门发生的各项费用等。订货成本按与订货次数是否相关可以分为两部分，一部分是与订货次数有关的相关费用，如每次订货的差旅费、运输费等，这部分费用随企业订货次数的增多而增加；另一部分是与订货次数无关的各项订货费用，如专设采购部门的日常开支等，这部分费用与组织订货有关，但是与存货订货次数无关。也就是说，无论企业订货次数多少都不会对这部分费用产生影响，是固定费用，属于决策无关成本。

2. 储存成本

储存成本是企业为持有存货而发生的各项费用，包括：存货占用资金的机会成本、仓储费用、保险费用等。存货的储存成本也可以按照与储存数额的关系分为变动性储存成本和固定性储存成本。

固定性储存成本是指那些与存货储存数额的多少没有直接关系的费用，如仓库折旧、仓库职工的工资等，属于决策的无关成本。

变动性储存成本是指那些随存货储存数额的增减成正比例变动的费用，如存货占用资金的机会成本、存货的破损和变质损失、存货的保险费用等，属于决策的相关成本，这类成本的高低取决于存货的数量。

3. 短缺成本

存货的短缺成本是指公司存货不足无法满足生产和销售需求时发生的费用和损失。包括由于材料供应中断所造成的生产中断损失、库存商品中断造成的销售损失以及紧急采购代用材料而发生的额外购入成本等。缺货成本是否作为决策相关成本，要视企业是否允许缺货而定，如果企业允许缺货，则缺货成本与存货数量成反方向变动关系，属于决策相关成本；如果企业不允许缺货出现，则缺货成本为零，这时就属于决策无关成本了。

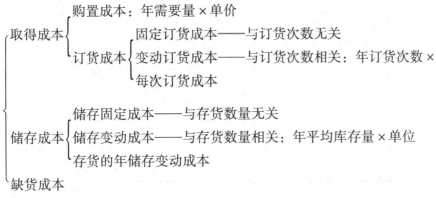

图7-9 存货成本图

二、最佳存货量的确定

由上面分析可知，企业持有适量的存货是必要的，但同时持有存货会发生一系列成本费用。企业存货管理的一个重点就是为企业确定一个最佳存货量，使企业持有存货的同时各项成本之和达到最低，也就是确定存货经济批量。

（一）经济订货批量模型

经济订货批量是使存货年总成本最低的进货批量，又叫经济批量，也叫做最佳采购批量。采用该模型进行经济订货批量计算需要满足以下几项假设前提：

①存货总需求量是已知常数；

②订货提前期是常数；

③货物是一次性入库；

④单位货物成本为常数，无批量折扣；

⑤库存持有成本与库存水平呈线性关系；

⑥货物是一种独立需求的物品，不受其他货物影响；

⑦不会缺货。

不同的存货成本项目与进货批量存在着不同的变动关系。增加进货批量，减少进货次数，有利于降低订货成本与存货短缺成本，但同时加大储存成本；如果减少进货批量，增加进货次数，相应的储存成本会降低，但同时会导致订货成本与存货短缺成本的提高。

如前述假设前提，公司不存在存货的短缺成本。因此，与存货订购批量、批次直接相关的就只有变动性进货费用和变动性储存成本。储存成本随订货批量的增加而提高，由于订货批量的增加，导致进货批次减少，相应订货成本减少，因此，订货成本随订货批量的增加而下降。由此可见，该模型下的经济批量要解决的主要问题，是如何协调两种成本之间的关系，使存货相关总成本达到最低。

相关成本与订货批量的关系如 7 – 10 图所示：

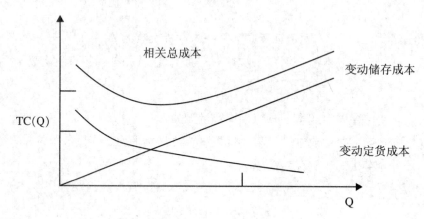

图 7 – 10 存货相关成本图

从图 7 – 10 可以看到，在储存成本与订货成本的交点处存货总成本达到了最小。可见，订货成本与储存成本总和最低水平下的进货批量，就是经济进货批量。此时，订货成本与储存成本相等。

在经济批量模型下，存货储存情况如图 7 – 11 所示：

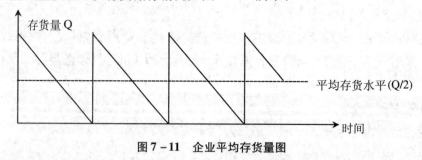

图 7 – 11 企业平均存货量图

从图 7 – 11 我们可以看到当企业每次进货批量为 Q 时，企业的平均存货水平为 $\dfrac{Q}{2}$，假设企业单位存货的年储存变动成本为 C，则企业存货的储存成本 $= \dfrac{Q}{2} \times C$。

在经济批量模型下，企业年存货总需求是确定的，假设为 A，如果企业每次的经济进货批量为 Q，则企业一年的进货批次 $= \dfrac{A}{Q}$，假设企业每次变动的订货成本为 B，则可求出企业年订货费用 $= \dfrac{A}{Q} \times B$。因此，存货相关总成本公式可以表示为：

$$TC = B \times \frac{A}{Q} + C \times \frac{Q}{2}$$

对以上存货相关总成本的公式进行求导，可求出该抛物线最低点的进货批量，即

经济订货批量,具体公式如下:

$$Q = \sqrt{\frac{2AB}{C}}$$

上述经济订货批量（Q）的计算公式也可以令 $\frac{Q}{2} \times C = \frac{A}{Q} \times B$ 求出,即求两条直线的交点。

由此公式我们可以推导出下列一系列公式:

（1）每年经济订货次数 $N = \frac{A}{Q}$;

（2）经济进货批量的存货总成本 $TC = \sqrt{2ABC}$;

（3）经济进货批量的平均占用资金 $W = \frac{Q}{2} \times P$。

式中:TC——存货相关总成本;

　　　A——存货年度计划总需求量;

　　　Q——每次订货批量;

　　　B——每次订货成本;

　　　C——单位存货的年存储成本;

　　　P——进货单价。

【例7-8】某公司预计全年甲材料总需求量为 25 000 千克,每次订货成本为 240 元,单位储存成本 12 元,该材料的采购单价为 120 元/千克。

求:

（1）存货经济订货批量;

（2）经济进货批量下的总成本;

（3）经济进货批量的平均占用资金;

（4）年度最佳订货次数。

【解】

（1）甲材料的经济进货批量

由公式 $Q = \sqrt{\frac{2AB}{C}}$

得出:

$$Q = \sqrt{\frac{2 \times 25\,000 \times 240}{12}}$$

$$= 1\,000 （千克）$$

（2）经济进货批量下的总成本

$$TC = \sqrt{2ABC}$$

$$= \sqrt{2 \times 25\,000 \times 240 \times 12}$$

$$= 12\ 000\ （元）$$

（3）经济进货批量的平均占用资金

$$W = \frac{Q}{2} \times P$$

$$= \frac{1\ 000}{2} \times 120$$

$$= 60\ 000\ （元）$$

（4）年度最佳订货次数

$$N = \frac{A}{Q}$$

$$= \frac{25\ 000}{1\ 000}$$

$$= 25\ （次）$$

因此，当进货批量为 1 000 千克时，进货费用与储存成本总额最低，即该企业的经济订货批量为 1 000 千克。

需要指出的是，上述介绍的经济进货批量模型是建立在严格的假设前提之上的，这些假设有些与现实并不相符，如实际工作中，通常存在数量优惠即价格折扣以及允许一定程度的缺货等情形，公司理财人员必须同时结合价格折扣及缺货成本等不同的情况具体分析，灵活运用经济进货批量模型。

（二）经济订货模型的扩展

1. 存在数量折扣情况下的经济订货模型的应用

在实际工作中，通常还存在着数量折扣。供应商通常会通过提供数量折扣的方式吸引客户多购买商品。对于不同的购买量供应商会提供不同的折扣，也就是购买量越多折扣越大。这种数量折扣也称为商业折扣或称价格折扣。

如果供应商提供了数量折扣，企业在进行经济进货批量确定时，除了考虑订货成本与储存成本外，还应考虑存货的购置成本，因为此时的存货进价成本已经与进货数量的大小有了直接的联系，属于决策的相关成本。

此时的存货相关成本可用下列式子表示：

存货相关总成本 = 购置成本 + 订货成本 + 储存成本

存在数量折扣情况下的存货经济进货批量的确定，可按下列步骤进行计算：

（1）按照基本经济进货批量模式确定经济进货批量；

（2）计算按经济进货批量进货时的存货相关总成本；

（3）计算按给予数量折扣的进货批量进货时的存货相关总成本；

（4）比较不同进货批量的存货相关总成本，最低存货相关成本对应的进货批量，就是实行数量折扣的最佳经济进货批量。

【例7-9】 某企业甲材料的年需要量为 1 200 千克，每千克标准价格为 50 元。销售企业提供的数量折扣条件为：客户每批购买量不足 600 千克的，按照标准价格计算；每批购买量 600 千克以上，1 200 千克以下的，价格优惠 3%；每批购买量 1 200 千克以上的，价格优惠 4%。已知每批进货费用 32 元，单位材料的年储存成本 12 元。

【解】

（1）按经济进货批量基本模式确定的经济进货批量：

$$Q = \sqrt{\frac{2 \times 1\,200 \times 32}{12}} = 80（千克）$$

如果按照经济进货批量进行进货，则此时的存货相关总成本为：

$$TC_{(Q=80)} = 1\,200 \times 50 + \frac{80}{2} \times 12 + \frac{1\,200}{80} \times 32 = 60\,960（元）$$

（2）如果企业采购量在 600 千克至 1 200 千克之间，价格优惠 3%，则此时进货批量为 600 千克时的存货总成本最低。

$$TC_{(Q=600)} = 1\,200 \times 50 \times（1-3\%）+ \frac{600}{2} \times 12 + \frac{1\,200}{600} \times 32 = 61\,864（元）$$

（3）进货批量为 1 200 千克时的存货总成本为：

$$TC_{(Q=1\,200)} = 1\,200 \times 50 \times（1-4\%）+ \frac{1\,200}{2} \times 12 + \frac{1\,200}{1\,200} \times 32 = 64\,832（元）$$

通过比较发现，每次进货为 80 千克时的存货相关总成本最低，所以此时最佳经济进货批量为 80 千克。

2. 保险储备

（1）保险储备的含义

保险储备是指企业按照某一订货量和再订货点发出订单后，如果需求增大或送货延迟，就会发生缺货或供货中断。为防止由此造成的损失，就需要多储备一些存货以备应急之需。

（2）再订货点

一般情况下，企业的存货不能做到随用随时补充，因此，不能等到存货全部用完再去订货，而需要在存货没有用完之前提前订货。在提前订货的情况下，企业再次发出订货单时，尚有存货的库存量，就称为再订货点，因此，考虑保险储备的再订货点的确定可按下列式子计算：

$$再订货点 = 预计交货期内的需求 + 保险储备$$
$$= 交货时间 \times 平均日需求 + 保险储备$$

（3）合理保险储备的确定

最佳的保险储备应该是使缺货损失和保险储备的持有成本之和达到最低。保险储备的持有成本为保险储备与单位存货年储存成本的乘积；缺货成本可以用以下式子计算：

$$缺货成本 = 一次订货期望缺货量 \times 年订货次数 \times 单位缺货损失$$

则：

$$合理保险储备的相关总成本 = 缺货成本 + 保险储备的持有成本$$

$$= 一次订货期望缺货量 \times 年订货次数 \times 单位缺货损失 + 保险储备量 \times 单位存货的$$

年存储成本

【例7-10】假设某公司每年需外购零件3 600千克，该零件单价为10元，单位储存变动成本20元，一次订货成本250元，单位缺货成本200元，企业目前建立的保险储备量是40千克。在交货期内的需要量及其概率如下表：

表7-13 交货期内的需求量及概率表

需要量（千克）	概率
70	0.01
80	0.04
90	0.20
100	0.50
110	0.20
120	0.04
130	0.01

要求：

（1）计算最优经济订货量，年最优订货次数；

（2）按企业目前的保险储备标准，存货水平为多少时应补充订货；评价企业目前的保险储备标准是否恰当；

（3）按合理保险储备标准，企业的再订货点为多少？

【解】

（1）

$$经济订货批量 = \sqrt{\frac{2 \times 3\ 600 \times 250}{20}} = 300（千克）$$

$$年订货次数 = 3\ 600 \div 300 = 12（次）$$

（2）交货期内平均需求 $= 70 \times 0.01 + 80 \times 0.04 + 90 \times 0.2 + 100 \times 0.5 + 110 \times 0.2 + 120 \times 0.04 + 130 \times 0.01 = 100（千克）$

$$含有保险储备的再订货点 = 100 + 40 = 140（千克）$$

企业目前的保险储备标准过高，会加大储存成本。

（3）

①设保险储备为0千克，则再订货点为100千克

缺货量 $= （130 - 100） \times 0.01 + （120 - 100） \times 0.04 + （110 - 100） \times 0.2 = 3.1（千克）$

缺货损失与保险储备储存成本之和 = $3.1 \times 200 \times 12 + 0 \times 20 = 7\,440$（元）

②设保险储备为 10 千克，再订货点 = $100 + 10 = 110$（千克）

缺货量 = $(130 - 110) \times 0.01 + (120 - 110) \times 0.04 = 0.6$（千克）

缺货损失与保险储备储存成本之和 = $0.6 \times 200 \times 12 + 10 \times 20 = 1\,640$（元）

③设保险储备为 20 千克，再订货点 = $100 + 20 = 120$（千克）

缺货量 = $(130 - 120) \times 0.01 = 0.1$（千克）

缺货损失与保险储备储存成本之和 = $0.1 \times 200 \times 12 + 20 \times 20 = 640$（元）

④设保险储备为 30 千克，再订货点 = $100 + 30 = 130$（千克）

缺货量 = 0（千克）

缺货损失与保险储备储存成本之和 = $0 \times 100 \times 12 + 30 \times 20 = 600$（元）

因此合理保险储备为 30 千克，相关成本最小。此时的存货再订货点为 130 千克。

三、存货的 ABC 控制法

（一）ABC 控制法的含义

存货种类繁多，特别对于一些大中型企业，存货种类往往有成千上万种。因此，企业对存货的管理应有所侧重，不同存货采用不同的方式，否则会大大损耗企业的人力和财力。在众多的存货种类中，其价值各不相同，有的价值昂贵，有的价值低廉，对价值较大的存货应实行重点控制管理，对于价值相对低廉的存货可以实行一般控制，这样的控制方式就是 ABC 控制法。ABC 控制法也叫 ABC 分类管理法，就是按照一定的标准，将企业的存货划分为 A、B、C 三类，分别实行分品种重点管理、分类别一般控制和按总额灵活掌握的存货管理方法。该方法是意大利经济学家巴雷特于 19 世纪首创的，其分清主次、抓住重点的中心思想已广泛用于存货管理、成本管理与生产管理。

（二）A、B、C 三类存货的具体划分

具体过程可以分三个步骤：

（1）列示企业全部存货的明细表，并计算出每种存货的价值总额及占全部存货金额的百分比；

（2）按着金额标准由大到小进行排序并累加金额百分比；

（3）当金额百分比累加到 70% 左右时，以上存货视为 A 类存货；百分比介于 70% ~ 90% 之间的存货作为 B 类存货，其余则为 C 类存货。

【例 7-11】某公司共有 20 种材料，总金额为 200 000 元，按金额多少的顺序排列并按上述原则将其划分成 A、B、C 三类，列表如表 7 - 14。

表 7 - 14 ABC 分类表

元,%

材料编号	金额	金额比重	累计金额比重	类别	各类存货数量比重	各类存货金额比重
1	80 000	40	40	A	10	70
2	60 000	30	70			
3	15 000	7.5	77.5			
4	12 000	6	83.5	B	20	20
5	8 000	4	87.5			
6	5 000	2.5	90			
7	3 000	1.5	91.5			
8	2 500	1.25	92.75			
9	2 200	1.1	93.85			
10	2 100	1.05	94.9			
11	2 000	1	95.9			
12	1 800	0.9	96.8			
13	13 500	0.675	97.475	C	70	10
14	1 300	0.65	98.125			
15	1 050	0.525	98.65			
16	700	0.35	99			
17	600	0.3	99.3			
18	550	0.275	99.575			
19	450	0.225	99.8			
20	400	0.2	100			
合计	200 000	100	—	—	100	100

通过对存货进行 ABC 分类,可以使企业分清主次,采取相应的对策进行有效的管理、控制。企业在组织经济进货批量、储存期分析时,对 A、B 两类存货可以分别按品种、类别进行。对 C 类存货只需要加以灵活掌握即可,一般不必进行上述各方面的测算与分析。此外,企业还可以运用 ABC 分类法区分为 A、B、C 三类,通过研究各类消费者的消费倾向、档次等,对各档次存货的需要量(额)加以估算,并购进相应数量的存货。这样,能够使存货的购进与销售工作有效地建立在市场调查的基础上,从而收到良好的控制效果。

本 章 小 结

营运资金是指企业生产经营活动中占用在流动资产上的资金。营运资金有广义和狭义之分,广义的营运资金又称毛营运资金,是指一个企业流动资产的总额;狭义的营运资金又称净营运资金,是指流动资产减去流动负债后的余额。流动资金管理包括现金、应收账款和存货管理。企业持有现金的动机主要有交易性动机、预防性动机和投机性动机,确定最佳现金持有量的方法主要有成本分析模式、存货模式、随机模式。

企业的应收账款具有促销和减少存货的功能，但同时也会发生机会成本、管理成本和坏账成本，在应收账款管理过程中要合理制定信用政策，加强日常管理。企业存货具有防止停工待料、适应市场变化、降低进货成本和维持均衡生产的功能，存货管理主要包括经济订货量的确定、保险储备和 ABC 分类管理。

随 堂 练 习

一、思考题

1. 简述营运资金的概念及其特点。

2. 简述营运资金战略

3. 企业持有现金的动机有哪些？

4. 简述企业现金成本与持有额之间的关系。

5. 简述确定最佳现金持有量的确定方法。

6. 简述现金收支管理的内容。

7. 5C 评估法的具体内容包括哪些？

8. 简述信用条件的构成要素。

9. 经济进货批量模型的假设前提是什么？

10. 存货具有什么功能，存在什么成本？

二、单项选择题

1. A 企业是日常消费品零售、批发一体企业，春节临近，为了预防货物中断，近期持有大量的现金。该企业持有大量现金属于(　　)。

   A. 交易性需求　　　　　　　　B. 预防性需求

   C. 投机性需求　　　　　　　　D. 支付性需求

2. 企业为满足交易动机而持有现金，所需考虑的主要因素是(　　)。

   A. 企业销售水平的高低　　　　B. 企业临时举债能力的大小

   C. 企业对待风险的态度　　　　D. 金融市场投机机会的多少

3. 以下各项存货成本中，与经济订货批量成正方向变动的是(　　)。

   A. 固定订货成本　　　　　　　B. 单位存货储存成本

   C. 固定储存成本　　　　　　　D. 每次订货费用

4. 下列关于流动资产融资策略的描述中，正确的是(　　)。

   A. 期限匹配融资策略下，长期融资等于非流动资产

   B. 保守融资策略下，短期融资大于波动性流动资产

   C. 保守融资策略下，收益和风险较低

   D. 激进融资策略下，收益和风险居中

5. 在现金持有量的成本分析模式和存货模式中均需要考虑的因素包括(　　)。

A. 管理成本
B. 转换成本
C. 短缺成本
D. 机会成本

6. 下列各项中，属于应收账款机会成本的是(　　)。

A. 坏账损失

B. 收账费用

C. 客户资信调查费用

D. 应收账款占用资金的应计利息

7. 持有过量现金可以导致的不利后果是(　　)。

A. 财务风险加大
B. 收益水平下降

C. 偿债能力下降
D. 资产流动性下降

8. 在使用存货模式进行最佳现金持有量的决策时，假设持有现金的机会成本率为8%，与最佳现金持有量对应的交易成本为2000元，则企业的最佳现金持有量为(　　)元。

A. 30 000
B. 40 000
C. 50 000
D. 无法计算

9. 某企业年赊销额500万元（一年按360天计算），应收账款平均收现期为36天，变动成本率60%，资金成本率8%，则企业的应收账款机会成本为(　　)万元。

A. 2.4
B. 30
C. 3.6
D. 4.2

10. 某企业年赊销收入为360万元，信用条件为"2/10，n/30"时，预计有20%的客户选择现金折扣优惠，其余客户在信用期付款，变动成本率为60%，资金成本率为10%，则应收账款占用资金的应计利息为(　　)元。（1年按360天计算）

A. 20 800
B. 14 568
C. 12 480
D. 15 600

11. 某企业全年耗用A材料2400吨，每次的订货成本为1600元，每吨材料年储备成本12元，则经济订货批量下对应的每年订货次数为(　　)次。

A. 12
B. 6
C. 3
D. 4

12. 某公司的现金最低持有量为1 500元，现金余额的最优返回线为8 000元。如果公司现有现金22 000元，根据现金持有量随机模型，此时应当投资于有价证券的金额是(　　)元。

A. 14 000
B. 6 500
C. 12 000
D. 18 500

13. 下列各项中不属于存货经济进货批量基本模式假设条件的是(　　)。

A. 不存在数量折扣
B. 存货的耗用是均衡的

C. 仓储条件不受限制
D. 可能出现缺货的情况

14. 运用成本模型计算最佳现金持有量时，下列公式中，正确的是(　　)。

A. 最佳现金持有量 = min（管理成本 + 机会成本 + 转换成本）

B. 最佳现金持有量 = min（管理成本 + 机会成本 + 短缺成本）

C. 最佳现金持有量 = min（机会成本 + 经营成本 + 转换成本）

D. 最佳现金持有量 = min（机会成本 + 经营成本 + 短缺成本）

15. 某企业现金收支状况比较稳定，全年的现金需要量为 250 000 元，每次转换有价证券的固定成本为 400 元，有价证券的年利率为 8%，则全年固定性转换成本是( )元。

    A. 1 000   B. 2 000   C. 3 000   D. 4 000

16. 某企业销售商品，年赊销额为 500 万元，信用条件为（2/10，1/20，n/40），预计将会有 60% 客户享受 2% 的现金折扣，30% 的客户享受 1% 的现金折扣，其余的客户均在信用期付款，则企业应收账款平均收账天数为( )。

    A. 14   B. 15   C. 16   D. 无法计算

17. 在企业应收账款管理中，明确规定了信用期限、折扣期限和现金折扣等内容的是( )。

    A. 客户资信条件   B. 收账政策

    C. 信用等级   D. 信用条件

18. W 公司全年需要 M 产品 2 400 吨，每次订货成本为 400 元，每吨产品年储备成本为 12 元，则全年最佳订货次数( )。

    A. 14   B. 5   C. 6   D. 3

19. 企业置存现金的原因不包括( )。

    A. 交易性需要   B. 预防性需要

    C. 投机性需要   D. 盈利性需要

20. 某公司目前的信用条件 n/30，年赊销收入 3 000 万元，变动成本率 70%，等风险投资的最低报酬率为 10%，为使收入增加 10%，拟将政策改为"2/10，1/20，n/60"，预计有 60% 会在第 10 天付款，15% 的客户在第 20 天付款，其余客户在信用期付款，一年按 360 天计算，则改变政策后会使应收账款占用资金的应计利息( )。

    A. 减少 1.5 万元   B. 减少 3.6 万元

    C. 减少 5.4 万元   D. 减少 2.1 万元

三、多项选择题

1. 企业在确定为预防性需要而持有现金数额时，需考虑的因素有( )。

    A. 企业销售水平的高低   B. 企业临时举债能力的强弱

    C. 金融市场投资机会的多少   D. 企业愿意冒缺少现金风险的程度

2. 下列措施中，能够降低营运资金需要量的是( )。

A. 延长应付账款周转期　　　　　B. 缩短应付账款周转期

C. 延长应收账款周转期　　　　　D. 缩短应收账款周转期

3. 某企业拥有流动资产100万元（其中永久性流动资产为30万元），长期融资400万元，短期融资50万元，则以下说法正确的有(　　)。

A. 该企业采取的是激进融资策略

B. 该企业采取的是保守融资策略

C. 该企业收益和风险均较高

D. 该企业收益和风险均较低

4. 5C信用评价系统包括的方面有(　　)。

A. 品质　　　　B. 能力　　　　C. 资本　　　　D. 条件

5. 不适当的延长信用期限给企业带来的后果包括(　　)。

A. 应收账款机会成本增加　　　　B. 坏账损失减少

C. 坏账损失增加　　　　　　　　D. 收账费用增加

6. 在最佳现金持有量的存货模式中，若现金总需求量不变，每次证券变现的交易成本提高一倍，持有现金的机会成本率降低50%，则(　　)。

A. 机会成本降低50%　　　　　　B. 交易成本提高100%

C. 总成本不变　　　　　　　　　D. 最佳现金持有量提高一倍

7. 应收账款的信用条件包括(　　)。

A. 信用期限　　　B. 折扣期限　　　C. 现金折扣率　　D. 收账政策

8. 以下各项中，说法正确的是(　　)。

A. 延长信用期限，会引起应收账款机会成本、坏账损失和收账费用的增加

B. 延长信用期限一定能给企业带来利润

C. 企业是否提供或者多大程度上提供现金折扣，主要应考虑提供折扣后所得的收益是否大于现金折扣后的成本

D. 现金折扣就是商业折扣，是为了鼓励客户多购买而给与客户在价格上的优惠

9. 某企业现金收支状况比较稳定，预计全年（按360天计算）需要现金400万元，现金与有价证券的转换成本为每次400元，有价证券的年利率为8%，则下列说法正确的有(　　)。

A. 最佳现金持有量为200 000元

B. 最低现金管理相关总成本为16 000元

C. 最佳现金持有量下，持有现金的机会成本 = 转换成本 = 8 000元

D. 有价证券交易间隔期为18天

10. 下列关于经济订货模型的表述中，正确的有(　　)。

A. 随每次订货批量的变动，相关订货费用和相关储存成本呈反方向变化

B. 相关储存成本与每次订货批量成正比

C. 相关订货费用与每次订货批量成反比

D. 相关储存成本与相关订货费用相等时的采购批量，即为经济订货批量

四、判断

1. 企业采用严格的信用标准，虽然会增加应收账款的机会成本，但能扩大商品销售额，从而会给企业带来更多的收益。（　　）

2. 应收账款具有增加销售和减少存货的功能。（　　）

3. 在随机模型中，当现金余额达到上限时，卖出部分证券；当现金余额下降到下限时，则将部分现金转换为有价证券。（　　）

4. 流动资产具有占用时间短、周转快、收益高等特点。（　　）

5. 利用存货模式确定最佳现金持有量时，不考虑短缺成本。（　　）

五、计算分析题

1. 已知：三洋公司现金收支比较稳定，预计全年（按 360 天计算）现金需要量为 25 万元，现金与有价证券的转换成本为每次 500 元，有价证券年利率为 10%。

要求：

（1）计算最佳现金持有量。

（2）计算最佳现金持有量下的全年现金管理总成本、全年现金转换成本和全年现金持有机会成本。

（3）计算最佳现金持有量下的全年有价证券交易次数和有价证券交易间隔期。

2. 已知大明公司有关资料如下：

（1）目前大明公司的现金余额为 70 万元。

（2）未来 1 年，预计公司的每月现金流出比现金流入多 36 万元。

（3）大明公司的证券买卖都是通过一个代理员进行的，每一笔业务将需要由公司支付 500 元。

（4）货币市场上的年证券收益率为 6.5%。

要求计算：

（1）该公司应保留多少元的现金余额？

（2）公司目前应该将多少现金投资于货币市场的有价证券？

（3）公司在未来 12 个月内将进行多少次证券销售？

3. 天马公司持有有价证券的平均年利率为 5%，公司的现金最低持有量为 1 500 元，现金余额的回归线为 8 000 元。如果公司现有现金 20 000 元，根据现金持有量随机模型，此时应当投资于有价证券的金额是多少元？

4. 假设阳光公司根据现金流动性要求和有关补偿性余额的协议，该公司的最低现

金余额为 10 000 元，每日现金流量标准差为 33 407 元，有价证券年利率为 10%，每次证券转换的交易成本为 200 元。假设一年按 360 天计算，利用米勒 - 奥尔模型回答下面的问题。

要求：

（1）计算最优现金返回线和现金存量的上限（结果保留整数）。

（2）若此时现金余额为 25 万元，应如何调整现金？

（3）若此时现金余额为 27 万元，应如何调整现金？

5. M 公司赊销期为 30 天，年赊销量为 40 万件，售价为 1 元/件，单位变动成本为 0.7 元，现有两种现金折扣方案，第一种为 2/10，N/30，第二种为 1/20，N/30。两种方案都有 1/2 的客户享受现金折扣，M 公司的坏账损失为未享受现金折扣赊销额的 3%，资金成本率为 10%。

要求：

（1）计算 M 公司应选择哪种折扣方案；

（2）若第二种折扣方案只有 1/3 的顾客享受，与第一和第二种折扣相比，M 公司应选择哪一种方案。

6. 东方公司目前采用 30 天按发票金额付款的信用政策。为了扩大销售，公司拟改变现有的信用政策，有关数据如下：

	原信用政策	新信用政策
信用政策	n/30	2/10，1/20，n/30
年销售量（件）	72 000	79 200
年销售额（单价 5 元）	360 000	396 000
单位变动成本	4	4
可能发生的收账费用（元）	3 000	2 850
可能发生的坏账损失（元）	6 000	5 400

如果采用新信用政策，估计会有 20% 的顾客（按销售量计算，下同）在 10 天内付款、30% 的顾客在 20 天内付款，其余的顾客在 30 天内付款。

假设等风险投资的最低报酬率为 10%；一年按 360 天计算。

要求：

（1）计算信用政策改变后的收益增加；

（2）计算原信用政策下应收账款占用资金应计利息；

（3）计算新信用政策下应收账款占用资金应计利息；

（4）计算改变信用政策后应收账款占用资金应计利息增加；

（5）计算改变信用政策后收账费用增加；

（6）计算改变信用政策后坏账损失增加；

（7）计算改变信用政策后现金折扣成本增加；

（8）计算改变信用政策后税前损益的增加；

（9）根据以上计算结果，为该企业作出信用政策是否改变的决策。

7. 天正公司由于目前的收账政策过于严厉，不利于扩大销售，且收账费用较高，该公司正在研究修改现行的收账政策。现有甲和乙两个放宽收账政策的备选方案，有关数据如下：

项 目	现行收账政策	甲方案	乙方案
年销售额（万元）	2 400	2 600	2 700
收账费用（万元）	40	20	10
所有账户的平均收账期	60 天	90 天	120 天
所有账户的坏账损失率	2%	2.5%	3%

已知天正公司的变动成本率为80%，资金成本率为10%。坏账损失率是指预计年度坏账损失和销售额的百分比。假设不考虑所得税的影响。

要求：通过计算分析回答应否改变现行的收账政策？如果要改变，应选择甲方案还是乙方案？

8. 企业甲材料的年需要量为16 000千克，每千克标准价为20元。销售企业规定：客户每批购买量不足1 000千克的，按照标准价格计算；每批购买量1 000千克以上，2 000千克以下的，价格优惠2%；每批购买量2 000千克以上的，价格优惠3%。已知每批进货费用600元，单位材料的年储存成本30元。

要求：

（1）按照基本模型计算经济进货批量及其相关总成本；

（2）计算确定实行数量折扣的经济进货批量。

9. 假定某存货的年需要量3600件，单位储存变动成本2元，单位缺货成本4元，交货时间10天，已经计算出经济订货量300件，每年订货次数12次。交货期内的存货需要量及其概率分布见表。要求计算保险储备和再订货点。

需要量（10×d）	70	80	90	100	110	120	130
概率（P）	0.01	0.04	0.20	0.50	0.20	0.04	0.01

第八章 利润分配管理

学习目标

→ 了解利润分配的含义及其分配的基本原则；

→ 理解利润分配的程序；

→ 掌握确定利润分配政策时应考虑的因素；

→ 掌握各种股利政策的基本原理优缺点和适用范围；

→ 能解释各种因素对企业股利政策的影响；

→ 能根据不同企业的情况制定合适的股利分配政策。

知识导航

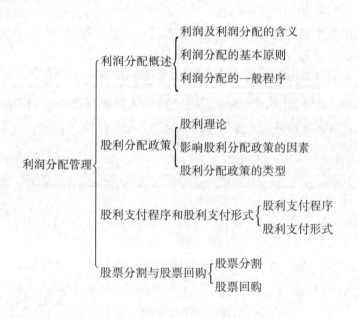

第一节　利润分配概述

一、利润及利润分配的含义

利润是企业在一定时期内生产经营活动的最终财务成果，是企业在一定期间生产经营活动的最终结果，是衡量企业生产经营水平的一项综合性指标，是企业扩大再生产的资金保障，是企业实现财务目标的基础。企业经营管理的质量、市场开拓能力、成本费用的开支、各种财务风险最终都会在企业利润上体现出来，因而利润也是对企业业做出评价的最重要的指标。

企业通过经营取得利润，并在相关各方之间进行分配，利润分配关系着国家、投资者、企业各方面的利益，因此利润分配活动是企业一项重要的财务活动。企业的利润分配有广义和狭义两种，广义的利润分配是指企业的收入和利润总额进行分配的过程；狭义的利润分配则是指对企业净利润的分配。本章讨论企业净利润的分配。

二、利润分配的基本原则

为了合理组织企业财务活动和正确处理财务关系，企业在进行利润分配时应遵循以下原则：

（一）依法分配原则

为了规范企业的收益分配行为，国家制定和颁布了若干法规，这些法规规定了企业收益分配的基本要求、一般程序和重大比例。它们在企业收益分配中主要体现在两个方面：

1. 企业在进行收益分配之前，应按税法规定先缴纳企业所得税，然后再进行税后利润的分配。

2. 企业税后收益的分配必须按照财务法规的要求，合理确定税后收益分配的项目及其有关分配的顺序和比例，同时必须按照国家相关规定提取法定比例盈余公积金。

企业的利润分配应遵循国家的财经法规，按程序、按比例进行利润分配，这是正确处理企业各方利益关系的关键。

（二）分配与积累并重原则

企业的利润分配活动要正确处理分配与积累之间的关系，坚持分配与积累并重的原则。企业取得的税后收益，在按国家规定进行弥补和计提之后，应贯彻优先积累的方针，即企业在按国家规定提取法定盈余公积后，还可适当留存一部分利润作为积累，以不断提高企业自我发展能力和抵御风险的能力。也就是说，企业的收益分配既要考虑股东的眼前利益，又要促进企业的长远稳定发展，增强企业发展后劲，协调处理企业长远利益和近期利益的关系。

（三）兼顾各方利益原则

企业不是孤立的个体，在企业的生产经营过程中会与各方面发生经济利益关系，企业要正确处理好与相关各方的关系，企业的利润分配更是直接关系到各方的切身利益。因此，企业要合理确定利润分配政策，兼顾各方利益，促进与各方关系的协调发展。

利润分配中涉及的相关利益方，主要包括作为企业的投资者，他们作为企业资本的投入者和企业的所有者，依法享有分配权；同时，企业利润的取得离不开全体职工的辛勤劳动，作为企业利润的直接创造者，企业职工除依法取得工资外，还应以适当方式参与企业净利润的分配。企业的利润分配政策直接关系到各方的切身利益和它们对企业的积极性，因此，企业的利润分配政策要从全局出发，兼顾各方面利益关系，提高各方面的积极性，以促进企业的长远发展。

（四）公开、公平、公正原则

投资者取得收益应与其投资比例相适应，企业的利润分配应体现谁投资谁受益，受益大小与投资比例相匹配的原则，即企业在利润分配中要贯彻公开、公平、公正的原则，按照各方投入资本的多少进行分配，绝不允许幕后交易、大股东侵蚀小股东利益的现象，一视同仁地对待所有投资者，公平兼顾各方利益关系。

三、利润分配的一般程序

利润分配程序是指公司制企业应根据适用法律、法规或规定，对企业一定期间实现的净利润进行分派必须经过的先后步骤。根据我国《公司法》相关规定，企业当年实现的利润总额应按国家税法规定缴纳所得税，抵补被没收的财务损失，比如当企业存在被没收财物或因违反税法规定缴纳的滞纳金和罚款等。公司税后利润分配应按以下顺序进行：

（一）弥补以前年度的亏损

按照现行财务通则规定，企业发生的以前年度亏损，可以用下一年度的税前利润弥补；下一年度利润不足弥补的，可以在 5 年内延续弥补，5 年内不足弥补的，可以用税后利润弥补。

（二）提取法定盈余公积金

企业分配当年的净利润时应当按照净利润扣除以前年度亏损后的 10% 的比例提取法定盈余公积金；当法定盈余公积金累计额达到企业注册资本的 50% 以上时，可不再继续提取。法定盈余公积金从净利润中提取形成，主要用于弥补企业亏损和按规定转增企业资本金，但转增资本金后的法定盈余公积金一般不低于注册资本的 25%。

（三）提取任意盈余公积金

根据我国《公司法》的规定，公司从税后利润中提取法定公积金后，经股东会或者股东大会决议，还可以从税后利润中提取任意公积金。任意盈余公积金的提取比例由企业视情况而定。

（四）向投资者分配利润

以前年度未分配的利润，可以并入本年度分配。根据我国《公司法》的规定，公司弥补亏损和提取公积金后的剩余税后利润，可以向投资者分配利润。

第二节　股利分配政策

股利政策是指在法律允许的范围内，企业是否发放股利、发放多少股利以及何时发放股利的方针及对策。股利政策的最终目标是使公司价值最大化。股利往往可以向市场传递一些信息，股东经常根据企业的股利发放情况预测公司的经营状况。因此股利政策关系到公司在市场及股东心目中的形象，进而影响公司的市场价值。

一、股利理论

股利理论是指人们对股利分配的客观规律的科学认识与总结，其核心问题是股利政策与公司价值的关系问题。人们对股利分配与财务目标之间关系的认识存在不同的观点，并形成了不同的股利理论，还没有一种被大多数人所接受的权威观点，但主要有两种较流行的观点：股利无关论和股利相关论。

（一）股利无关论

股利无关论认为，在一定的假设条件限定下，股利政策不会对公司的价值或股票的价格产生任何影响，投资者不关心公司股利的分配。该理论是由米勒与莫迪格莱尼在《股利政策，增长与股权价值》中提出，也称为 MM 理论。股利无关论的理由是股东并不关心企业股利的分配，所以股利支付率的大小不会对企业的价值产生影响，企业的价值完全由企业的获利能力决定，一个公司的股票价格完全由公司的投资决策的获利能力和风险组合决定，而与公司的利润分配政策无关。

这一理论是建立在完全市场理论之上的，完善的市场竞争，即任何一位证券交易者都没有足够的力量通过其交易活动对股票的现行价格产生明显的影响。假定条件包括：（1）证券市场是完全资本市场，没有发行费用，没有交易费用，投资者和管理者一样可以公平地免费获得相同的信息。各种证券无限分散，任何投资者都不可能控制证券价格。（2）没有个人或公司所得税存在，也就是说股票价格上涨的资本利得和股票股利的现金所得之间没有所得税差异。（3）公司的投资政策独立于股利政策。（4）公司的投资者和管理当局可获得相同的关于未来投资机会的信息。上述假定描述的是一种完美无缺的市场，因而又被称为完全市场理论。

（二）股利相关论

股利相关理论认为企业的股利政策会影响到股票价格和公司价值。主要观点包括以几种：

1. "手中鸟"理论

"手中鸟"理论认为，在一般情况下，用留存收益再投资给投资者带来的收益具有较大的不确定性，并且投资的风险随着时间的推移会进一步增大，因此，投资者更倾向现在确定的现金股利，而不喜欢将收益留存在公司中进行再投资，而去承担未来的投资风险。这种理论建立在人们谨慎的心理态势和对未来持悲观态度的假设基础之上，即认为"十鸟在林，不如一鸟在手"。该理论认为公司的股利政策与公司的股票价格是密切相关的，强调了股利发放的重要性。因此企业应采取较高的股利发放率，以使企业的价值最大。

2. 信号传递理论

信号传递理论认为在信息不对称的情况下，公司可以通过股利政策向市场传递有关公司未来获利能力的信息，从而影响公司的股票价格。一般而言，经理作为"局内人"所掌握的有关公司未来收益变化的信息大大超过了公众包括股东所拥有的信息量，虽然财务报表可以反映企业的经营状况和盈利能力，但报表往往被修饰，投资者可能被欺骗，这时，公司的股利政策会产生一种信号传递的功能和作用。一般来讲，预期未来盈利能力强的公司往往愿意通过相对较高的股利支付水平吸引更多的投资者。对市场上的投资者来说，股利政策的差异是反映公司预期获利能力的有价值的信号，公司如果保持较稳定的股利支付水平，并根据收益状况增加股利发放，通过相对较高的股利支付水平，把自己同预期盈利能力差的公司区别开来，可提高投资者对公司的信任，从而吸引更多的投资者。

3. 所得税差异理论

所得税差异理论认为，在考虑税赋因素，并且是在对股利和资本收益征收不同税率的假设下，投资者的资本利得收入有推迟纳税的优势，即投资者资本利得收入比股利收入更有助于实现收益最大化目标，此时，企业应采用低股利政策。一方面，在许多国家，对股利适用税率要高于长期资本利得适用税率，这种税率结构会影响到股票投资者对股利的看法。对于一个普通投资者而言，由于收到股利要按较高的税率缴税，而资本利得缴税较少。因此，他们会偏好于获得更大数额的资本利得，而不是得到更多的现金股利。另一方面，投资者股利收入与资本利得收入取得时间的不同，导致二者存在纳税时间上的差异，即投资者对资本利得收入的纳税时间选择更具有弹性，投资者可以享受延迟纳税带来的收益差异。

由于普遍存在的税率的差异及纳税时间的差异，企业选择不同的股利支付方式，不仅会对公司的市场价值产生不同的影响，而且也会使投资者的税收负担出现差异。资本利得收入比股利收入更有助于实现收益最大化目标，企业应当采用低股利政策。

4. 代理理论

代理理论认为股利政策有助于减缓管理者与股东之间的代理冲突，即股利政策是协调股东与管理者之间代理关系的一种约束机制。该理论认为股利的支付能够有效降低代理成本。一方面，公司管理者将公司的盈利以股利的形式支付给投资者，则管理者自身可以支配的"闲余现金流量"就相应减少了，这在一定程度上可以抑制公司管理者过度地扩大投资或进行特权消费，从而保护外部投资者的利益。另一方面，较多的派发现金股利，减少了内部融资，但同时导致公司进入资本市场寻求外部融资，从而公司将接受资本市场上更多、更严格的监督，这样便可以通过资本市场的监督减少代理成本。因此，理想的股利政策应使两种成本之和最小。

二、影响股利分配政策的因素

企业的收益分配涉及企业相关各方的切身利益，受众多不确定因素的影响，企业在确定利润分配政策时，应当考虑相关因素的影响。

（一）法律因素

为了保护债权人和股东的利益，公司的股利分配政策必须符合相关法律规范的要求。主要体现在以下几个方面。

1. 资本保全约束

资本保全约束规定，企业不能用资本发放股利。资本保全约束要求企业所发放的股利和投资分红不得来自于原始投资，只能来源于企业当期利润或留存收益，其目的是为了维持企业资本的完整性，保证企业完整的产权基础，保护投资者和债权人的利益。资本保全是企业财务管理应遵循的一个重要原则。

2. 资本积累约束

资本积累约束要求企业在分配股利之前必须按一定的比例和基数提取各种公积金，股利只能从企业的可供分配利润中支付。另外，在进行利润分配时，一般应贯彻"无利不分"的原则，即若公司出现年度亏损时，一般不得分配利润。

3. 超额累积利润约束

由于投资者接受股利交纳的所得税要高于进行股票交易的资本利得所缴纳的税金，许多公司为了帮助股东避税，使公司的盈余保留大大超过了公司目前及未来的投资需要。为了制止这种行为，一些西方国家法律上明确规定公司不得超额累积利润，否则将被增加额外税款。我国目前尚未做出此种规定。

4. 偿债能力约束

偿债能力是指公司按时足额偿付各种到期债务的能力。由于公司的股利发放会对其偿债能力产生影响，因此，要求公司在进行股利分配后要保持较强的偿债能力，以维持公司的信誉和借贷能力，从而保证企业资金的正常周转。若企业支付现金股利后会影响公司偿还债务和正常经营，那么公司发放现金股利的数额将会受到限制。

（二）公司因素

公司资金的灵活周转，是公司生产经营正常进行的必要条件。出于对公司长期发展与短期经营的影响，公司在制定利润分配政策时，需要考虑以下因素：

1. 资产流动性

企业现金股利的发放，应以一定资产流动性为前提。也就是说，企业在进行股利分配时，应考虑公司资产的流动性，若资产流动性较强，则可多发股利，弱则少发股利，以保持其资产具有较好的流动性，这是企业生产经营顺利进行的基础和必要条件。因此，如果企业的资产流动性差，即使收益可观，暂时也不宜分配过多的现金股利。

2. 投资机会

投资机会是影响公司股利政策的一个重要因素。当公司预计有良好的投资机会时，公司需要有较强大的资金支持，那么就很可能会考虑采用低股利支付水平的分配政策，以增加公司留存利润；相反，当公司目前投资机会较少时，对资金的需求量减少，保留大量的现金就会造成资金的闲置，那就很可能倾向采用较高的股利支付水平，这样有利于实现股东价值最大化。

3. 筹资能力

如果一个公司的筹资能力很强，能随时筹措到所需的资金，那么，在制定股利政策时，就可以采取比较宽松的股利政策；相反，筹资能力较弱的公司，由于其筹资能力有限，应尽量减少股利的支付，保留更多的留存利润，作为内部筹资来源。

4. 资本成本

资本成本是企业进行资金筹集要考虑的一个重要因素，留用利润同发行股票和举债方式相比，不需要任何筹资费用，同时增加了公司权益资本的比重，降低了财务风险，便于低成本取得债务成本。如果公司一方面大量发放股利，另一方面又以支付高额资本成本为代价筹集其他资金，这种舍近求远的做法是不恰当的。因此，从资本成本角度考虑，如果公司扩大规模，需要增加权益资本时，应采取低水平的股利政策，让更多的利润留存公司。

5. 盈利的稳定性

公司的现金股利来源于税后利润，由于盈余相对稳定的公司能够更好地把握自己，因而其股利支付率通常较高；反之，若公司盈余不稳定，其对未来的把握小，往往会害怕盈余下降而造成股利无法支付、股价下降的危险，因而其股利支付率就会较低。

6. 其他因素

除上述几个因素影响公司股利分配政策外，股利分配政策还会受到其他一些因素的影响。比如，不同发展阶段、不同行业的公司股利支付比例会有差异。

（三）股东因素

股东出于对自身利益的考虑，可能对公司的利润分配提出自己的意见，对公司的收益分配产生影响。主要包括：

1. 控制权

公司现有股东往往将股利政策作为维持其控制权的工具。如果公司实行高股利支付率，就会导致留存收益减少，未来经营资金紧缺的可能性就会增大，这就意味着将来发行新股的可能性增大，而新股东的加入必然会稀释公司控制权。因此，公司股东为了保持其控制权地位，往往要求限制股利支付，保持较低的股利支付水平。

2. 稳定的收入

一些收入较低而依靠股利维持生活的股东，往往要求公司支付稳定的利率，反对公司留存较多利润；另外，在某些股东看来，通过增加留存收益引起股价上涨而获得的资本利得是有风险的，而目前的股利是确定的，即便是现在较少的股利，也强于未来较多的资本利得，因而他们往往要求较多的股利支付。

3. 避税

由于股利收入的所得税率高于股票交易的资本利得税率，因而一些高收入的股东为了避税，往往要求限制股利的支付，赞成将更多的利润留存于公司，以期获得更大的资本利得收入。

（四）其他因素

1. 债务合同限制约束

合同条款限制主要是指企业的负债协议、借贷合同、租赁合同以及优先股协议中所包含的对企业股利支付方面的限制。一般来说，股利支付水平越高，公司不能按期偿还债务及破产风险越大，就越可能损害到债权人的利益。因此，为了保证自己的利益不受侵害，债权人通常会在借款合同等协议中规定限制性条款，限制公司股利的发放。

2. 通货膨胀约束

在通货膨胀的宏观环境下，会带来货币购买力水平下降，固定资产重置资金来源不足，此时公司不得不保留较高的留存收益以便弥补由于货币购买力水平下降而造成的固定资产重置资金缺口。因此，在通货膨胀时期，企业一般采取偏紧的利润分配政策。

三、股利分配政策的类型

企业的净收益可以支付给股东，也可以留存在企业内部，股利政策的核心问题是确定分配和留存的比例。常用的股利政策主要包括：剩余股利政策、固定或稳定增长股利政策、固定股利支付率政策及低正常股利加额外股利政策。

（一）剩余股利分配政策

1. 剩余股利政策的含义

剩余股利政策是指公司在有良好的投资机会时，根据目标资本结构，测算出投资所需的权益资本额，先从盈余中留用，然后将剩余的盈余作为股利来分配，即净利润首先满足公司的资金需求，如果还有剩余，就派发股利；如果没有，则不派发股利。剩余股利分配政策理论是建立在股利与企业的价值无关的理论基础上。主要理由是保持企业理想的最佳资本结构，使综合资本成本最低。

2. 剩余股利政策的具体决策步骤

（1）确定公司目标资本结构；

（2）根据公司的目标资本结构及对外投资预算确定公司资金需求中所需要的权益资本数额；

（3）尽可能用留存收益来满足资金需求中所需增加的权益资金数额；

（4）留存收益在满足公司权益资金增加需求后，如果有剩余再用来发放股利。

【例8-1】某公司遵循剩余股利政策，其目标资本结构为资产负债率40%，2010年该公司的税后净利润为600万元，预计2011年该公司投资需要资金800万元，按照公司目标资本结构要求，计算该公司2010年可以发放的股利数额。

【解】

按照目标资本结构的要求，公司投资方案所需的权益资本数额为：

$$800 \times （1-40\%）=480（万元）$$

公司当年全部可用于分派的盈利为600万元，除了满足上述投资方案所需的权益资本数额外，还有剩余可用于发放股利。

2011年该公司可以发放的股利额为：

$$600-480=120（万元）$$

【例8-2】某公司某年度可供分配的税后利润为100万元，下年度投资计划所需资金为120万元，公司目标资本结构中权益资金比重为70%，当年流通在外的普通股有50万股，若该公司采用剩余股利政策，试确定其股利支付率。

【解】

按照目标资本结构的要求，需增加的权益资金数额：

$$120 \times 70\%=84（万元）$$

剩余的税后利润：$100-84=16$（万元）

当年该公司可以发放的股利额为16万元

每股股利 $=16 \div 50=0.32$（元/股）

股利支付率 = 16 ÷ 100 = 16%

3. 剩余股利政策的优缺点

剩余股利政策的优点是留存收益优先保证再投资的需要，有助于降低再投资的资金成本，保持最佳的资本结构，实现企业价值的长期最大化。同时，如果完全遵照执行剩余股利政策，股利发放额就会每年随投资机会和盈利水平的波动而波动。即使在盈利水平不变的情况下，股利也将与投资机会的多寡呈反方向变动，不利于投资者安排收入与支出，也不利于公司树立良好的形象。剩余股利政策一般适用于公司初创阶段。

（二）固定或稳定增长股利政策

1. 固定或稳定增长股利政策的含义

固定或稳定增长股利政策是指公司将每年派发的股利额固定在某一特定水平或是在此基础上维持某一固定比率逐年稳定增长。公司只有在确信未来盈余不会发生逆转时才会宣布实施固定或稳定增长的股利政策。在固定或稳定增长的股利政策下，首先确定的是股利分配额，而且该分配额一般不随资金需求的波动而波动。固定或稳定增长股利政策可能会不符合剩余股利理论，但为了将股利维持在稳定的水平上，即使推迟某些投资方案或暂时偏离目标资本结构，也可能要比降低股利或降低股利增长率更为有利。

2. 固定或稳定增长股利政策的优点

（1）固定或稳定增长的股利政策可以传递给股票市场和投资者一个公司经营状况稳定、管理层对未来充满信心的信号，这有利于公司在资本市场上树立良好的形象、增强投资者信心，进而有利于稳定公司股价。

（2）固定或稳定增长股利政策，有利于投资者安排股利收入和支出，特别是那些对股利有着较高依赖性的股东。因此，该股利政策有利于吸引那些打算做长期投资的股东，这部分股东希望其投资的获利能够成为其稳定的收入来源，以便安排各种经常性的消费和其他支出。

（3）为了将股利维持在稳定的水平上，即使推迟某些投资方案或暂时偏离目标资本结构，也可能比降低股利或股利增长率更为有利。

3. 固定或稳定增长股利政策的缺点

（1）固定或稳定增长股利政策下的股利分配只升不降，股利支付与公司盈利相脱离，即不论公司盈利多少，均要按固定的乃至固定增长的比率派发股利，可能导致企业资金紧缺，财务状况恶化。

（2）如果公司出现经营状况不好或资金短暂的困难，这时仍执行固定或稳定增长的股利政策，那么派发的股利金额大于公司实现的盈利，必将侵蚀公司的留存收益，甚至侵蚀公司现有的资本。在企业无利可分的情况下，若依然实施固定或稳定增长的股利政策，也是违反《公司法》的行为。

（3）实行固定或稳定增长的股利政策不能像剩余股利政策那样保持较低的资本成本。

一般来说，公司确定的固定股利额不应太高，要留有余地，以免陷入公司无力支付的被动局面。固定或稳定增长的股利政策一般适用于经营比较稳定或正处于成长期、信誉一般的公司，且该政策很难被长期采用。

（三）固定股利支付率政策

1. 固定股利支付率政策的含义

固定股利支付率政策是指公司将每年净利润的某一固定百分比作为股利分派给股东，这一百分比通常称为股利支付率。固定股利支付率越高，公司留存的净收益越少。在这一股利政策下，只要公司的税后利润一经计算确定，所派发的股利也就相应确定了。各年股利随公司经营状况的好坏而上下波动，使公司盈余与股利联系起来，这就体现了风险投资与风险收益相对等的原则。体现了多盈多分、少盈少分、不盈不分的原则，这样才算真正做到公平地对待每一位股东。采用此政策，由于企业的盈利能力在年度间是经常变动的，因此，每年的股利也随着企业收益的变动而变动。

【例8-3】某公司2014年税后净利润为500万元，资产负债率为40%，2015年计划投资一条生产线，计划投资额为300万元。

要求：

（1）如果公司执行固定股利支付率政策，确定的股利支付率为30%，计算公司本年度将要支付的股利数额。

（2）若公司本年度采用剩余股利政策，计算公司2014年可以发放的股利数额。

【解】

（1）按照30%的固定股利支付率计算本年度应发放的股利数额为：

$$500 \times 30\% = 150（万元）$$

（2）按照目标资本结构的要求，公司投资方案所需的权益资本额为：

$$300 \times （1 - 40\%） = 180（万元）$$

公司本年度可以发放的股利为：

$$500 - 180 = 320（万元）$$

2. 固定股利支付率政策的优点

（1）股利与公司盈余紧密地配合，体现了多盈多分、少盈少分、无盈不分的股利分配原则，使公司避免在盈利大幅下降的年份，因支付较多的固定股利而陷入财务困境。

（2）股利是按税后净利的一定比例发放，保持分配与留存收益间的一定比例关系，体现投资风险与收益的对等。采用固定股利支付率政策，公司每年按固定的比例从税后利润中支付现金股利，从企业支付能力的角度看，这是一种稳定的股利政策。

3. 固定股利支付率政策的缺点

（1）收益不稳导致股利的波动所传递的信息，容易成为公司的不利因素。大多数公司每年的收益很难保持稳定不变，如果公司每年收益状况不同，固定支付率的股利政策将导致公司每年股利分配额的频繁变化。而股利通常被认为是公司未来发展前景的信号传递，那么波动的股利向市场传递的信息就是公司未来收益前景不明确、不可靠等，很容易给投资者留下公司经营状况不稳定、投资风险较大的不良印象，对公司股票价格造成不利影响。

（2）容易使公司面临较大的财务压力。因为公司实现的盈利越多，一定支付比率下派发的股利就越多，但公司实现的盈利多，并不代表公司有充足的现金派发股利，只能表明公司盈利状况较好而已。如果公司的现金流量状况并不好，却还要按固定比率派发股利的话，就很容易给公司造成较大的财务压力。

（3）确定合理的固定股利支付率的难度大。如果固定股利支付率确定得较低，不能满足投资者对投资收益的要求；而固定股利支付率确定得较高，没有足够的现金派发股利时会给公司带来巨大财务压力。另外，当公司发展需要大量资金时，也要受其制约。所以，确定较优的股利支付率的难度很大。

由于公司每年面临的投资机会、筹资渠道都不同，一成不变地奉行按固定比率发放股利政策的公司在实际中并不多见，固定股利支付率政策只是比较适用于那些处于稳定发展且财务状况也较稳定的公司。

（四）低正常股利加额外股利政策

1. 低正常股利加额外股利政策的含义

低正常股利加额外股利政策是指公司事先设定一个较低的正常股利额，每年除了按正常股利额向股东发放股利外，还在公司盈余较多、资金较为充裕的年度向股东发放额外股利。是介于固定或稳定增长股利政策与固定股利支付率政策之间的一种折中股利政策，其中额外股利并不固定化，不意味着公司永久性地提高了股利率。

2. 低正常股利加额外股利政策的优点

（1）低正常股利加额外股利政策赋予公司较大的灵活性，使公司在股利发放上留有余地，并具有较大的财务弹性。公司可根据每年的具体情况，选择不同的股利发放水平，以稳定和提高股价，进而实现公司价值的最大化；因此，在企业净利润很少或需要将相当多的净利润留存下来用于投资时，可采用一般的低正常股利，而企业一旦拥有充裕的现金，就可以发放额外的股利。

（2）可使那些依靠股利度日的股东每年至少可以得到虽然较低，但比较稳定的股利收入，从而吸引住这部分股东。

3. 低正常股利加额外股利政策的缺点

（1）公司不同年份盈利波动使得额外股利不断变化，或时有时无，造成分派的股利不同，容易给投资者以公司收益不稳定的感觉。

（2）当公司在较长时期持续发放额外股利后，可能会被股东误认为是"正常股利"，而一旦取消了这部分额外股利，传递出去的信号可能会使股东认为这是公司财务状况恶化的表现，进而可能会引起公司股价下跌的不良后果。所以相对来说，对那些盈利水平随着经济周期而波动较大的公司或行业，这种股利政策也许是一种不错的选择。

低正常股利加额外股利政策既吸收了固定股利政策对股东投资收益的保障优点，同时又摒弃其对公司所造成的财务压力方面的不足，所以在资本市场上颇受投资者和公司的欢迎。

上面所介绍的几种股利政策中，固定股利政策和低正常股利加额外股利政策是被企业普遍采用，并为广大的投资者所认可的两种基本政策。企业在进行利润分配时，应充分考虑各种政策的优缺点和企业的实际情况，选择适宜的利润分配政策。实务中并没有一个严格意义上的最为科学的股利政策，往往是多种股利政策的结合。

第三节　股利支付程序和股利支付形式

一、股利支付程序

公司股利的发放需要遵守相关规定，按照一定的程序进行。通常，先由董事会提出分配预案，然后，提交股东大会决议，股东大会决议通过才能进行分配。股东大会决议通过后，需要向股东宣布发放股利的方案，并确定股权登记日、除息日和股利发放日。股份有限公司向股东支付股利，其过程主要按照下列程序来进行：

（一）股利宣告日

上市公司分派股利时，首先要由公司董事会制定股利预案，包括本次分配股利的数量、股利分配的方式、股东大会召开的时间、地点及表决方式等，以上内容由公司董事会向社会公开发布。董事会制定的股利预案必须经过股东大会讨论，只有股东大会通过之后，才能公布正式股利分配方案及实施的时间。公告中将宣布每股股利、股权登记日、除息日和股利支付日等事项。宣告日即公司董事会将股利支付情况予以公告的日期。

（二）股权登记日

股权登记日就是有权领取本期股利的股东资格登记截止日期。凡是在此指定日期收盘之前取得了公司股票，成为公司在册股东的投资者都可以作为股东享受公司分派的股利，在此日之后取得股票的股东则无权享受已宣布的股利。股权登记日是由公司在宣布股利分配方案时确定的一个具体日期。

（三）除息日

除息日即股票的所有权和领取股息的权利分离的日期，股利权利不再从属于股票，在除息日前，股利权从属于股票，持有股票者即享有领取股利的权利；从除息日开始，股利权与股票相分离，新购入公司股票的投资者不能享有已宣布发放的股利。由于失去了"附息"的权利，除息日的股价会下跌，即在除息日之前进行交易的股票，其价格高于在除息日之后进行的交易的股票价格，其原因就主要在于前种股票的价格包含应得的股利收入在内。除息日是股权登记日的下一个交易日。

（四）股利支付日

股利发放日即公司按公布的分红方案向股权登记日在册的股东实际支付股利的日期。

【例8-4】辰宇上市公司2014年4月10日发布公告："2014年4月9日在北京召开的股东大会，通过了董事会关于每股分红1.2元的2013年的股利分配方案。股权登记日为4月20日，股东可在5月3日通过深圳交易所按交易方式领取股息。特此公告。"

通过上面的公告我们可以看到：

2014年4月10日为股利宣告日；

2014年4月20日为股权登记日；

2014年4月21日为除息日；

2015年5月3日为其股利支付日。

二、股利支付形式

公司在决定发放股利后，便要做出以何种形式发放股利的决策。股份有限公司支付股利的形式主要包括：现金股利、财产股利、负责股利和股票股利。

（一）现金股利

现金股利是以现金的形式发放给股东的股利，是股利支付的最常见的方式。现金股利发放多少，直接影响到公司的股票价格。公司采用现金股利形式时，必须具备两个基本条件：第一，公司要有足够的留存收益；第二，公司要有足够的现金储备，这往往给公司带来资金压力。而现金的充足与否往往成为公司发放现金股利的主要制约因素。

2. 财产股利

财产股利是指公司是以现金以外的其他资产给股东支付的股利，主要是以公司实物资产、公司所拥有的其他公司的有价证券，如公司债券、公司股票等，作为股利发放给股东。

3. 负债股利

负债股利是以负债方式支付的股利，通常以公司的应付票据支付给股东，有时也以发行公司债券的方式支付股利。

财产股利和负债股利实际上都是现金股利的替代方式，但目前这两种股利方式在我国公司实务中很少使用。

4. 股票股利

股票股利是公司以增发股票的方式所支付的股利，即按股东股份的比例发放股票作为股利的一种形式，我国实务中通常也称其为"红股"。发放股票股利，对公司来说，并没有现金流出公司，不直接增加股东财富，也不会导致公司的财产减少、负债增加，而只是将公司的留存收益转化为股本。但股票股利会增加流通在外的股票数量，同时降低股票的每股价值。它不会改变公司股东权益总额，但会改变股东权益的构成，引起所有者权益各项目的结构发生变化。发放股票股利，通常是成长中的公司所为。

【例8-5】某公司发放股票股利前，股东权益情况见表8-1。

表8-1　发放股票股利前股东权益

单位：元

普通股（面额1元，已发行200 000股）	200 000
资本公积	400 000
未分配利润	2 000 000
股东权益总计	2 600 000

若公司宣布发放10%的股票股利，即发放20 000股普通股股票，并规定股票股利为10送1，即现有股东每持有10股即可得到1股增发的普通股。若该股票当时每股市价为20元，随着股票股利的发放，需从"未分配利润"中划出资金200 000 × 10% × 20 = 400 000元

由于股票面额（1元）不变，发放20 000股普通股，应增加"普通股"项目20 000元，其余的400 000 - 20 000 = 380 000元应作为股票溢价转至"资本公积"项目，股票股利派发后所有者权益2 600 000元，而公司股东权益总额保持不变。发放股票股利后，公司股东权益各项目见表8-2。

表8-2　发放股票股利后股东权益

单位：元

普通股（面额1元，已发行220 000股）	220 000
资本公积	780 000
未分配利润	1 600 000
股东权益合计	2 600 000

可见，发放股票股利，不会对公司股东权益总额产生影响，但会发生资金在各股东权益项目间的再分配。发放股票股利后，如果盈利总额不变，会由于普通股股数增加而引起每股收益和每股市价的下降；但又由于股东所持股份的比例不变，每位股东所持股票的市场价值总额仍保持不变。

公司发放股票股利无论对股东自身还是对公司来说都有一定的意义。首先，对股东来讲，第一，虽然企业盈余不增加，股票股利不增加其实际财富，但如果股权增加，但股价并不成比例下降，股东财富会有所增长。股票变现能力强，股东也乐于接受。第二，如果发放股票股利后，同时发放现金股利，股东会因所持股票增加而获得更多现金。第三，如果股东需要现金时，还可以将分得的股票股利出售，有些国家税法规定出售股票所需交纳的资本利得税率比收到现金的税率低，股东还能获得税收上的好处。其次，对公司来讲，第一，在公司现金短缺又难以从外部筹措现金时，发放股票股利既不需要向股东支付现金，又可以在心理上给股东分享利润，从公司取得投资回报的感觉，增强对公司的信心。因此，股票股利有派发股利之"名"，而无派发股利之"实"，利于留存现金用于追加投资，扩大生产经营，便于进一步发展。第二，发放股票股利可以使企业保持较高的股利支付比率，往往向社会传递公司未来发展前景良好的信息，可对投资者的心理产生企业利润将增加的良好影响，增强投资者对公司的信心。在一定程度上稳定了股票价值。第三，发放股票股利可以降低公司股票的市场价格，一些公司在其股票价格较高，不利于股票交易和流通时，通过发放股票股利来适当降低股价水平，促进公司股票的交易和流通。股票股利有助于企业把股票市价控制在希望的范围内，避免股价过高，股票股利降低每股市价的时候，会吸引更多的投资者成为公司的股东，从而可以使股权更为分散，促进其股票在市场上的交易更为活跃，有效地防止公司被恶意控制。

第四节　股票分割与股票回购

一、股票分割

（一）股票分割的含义

股票分割又称拆股，即将一股股票拆分成多股股票的行为。股票分割一般只会使发行在外的股票总数增加，对公司的资本结构不会产生任何影响。股票分割使得每股面额降低，每股盈利下降，资产负债表中股东权益各账户（股本、资本公积、留存收益）的余额都保持不变，股东权益的总额也保持不变，变化的只有股票面值。

【例8-6】公司原发行面值为2元的普通股20 000股，若按每股换成2股的比例进行分割。

表8-3　股票分割前后的股东权益

单位：元

项　目	分割前	分割后
普通股	400 000（2元×200000）	400 000（1元×400000）
资本公积	800 000	800 000
未分配利润	4 000 000	4 000 000
股东权益合计	5 200 000	5 200 000

假定公司本年净利润400 000元，那么股票分割前的每股收益为2元（400 000÷200 000）。如果股票分割后净利润不变，分割后的每股收益为1元（400 000÷400 000），每股市价也会因此而下降。实务中，只有在公司的股价剧涨且预期难以下降是，才采用股票分割的办法来降低股票价格。而在公司股价上涨幅度不大时，往往同过发放股票股利，将价格降到预定价值。

（二）股票分割的作用

1. 股票分割会使公司增加股数降低每股市价，买卖该股票所必需的资金量减少，易于增加股票的交易量，并且可以使更多的资金实力有限的潜在股东变成持股的股东。因此，股票分割可以促进股票的流通和交易，提高和股东数量的增加，会在一定程度上加大对公司股票恶意收购的难度。

2. 股票分割可以向投资者传递公司发展前景良好的信息，有助于提高投资者对公司的信心。

3. 股票分割可以为公司发行新股做准备。公司股票价格太高，会使许多潜在的投资者力不从心而不敢轻易对公司的股票进行投资。在新股发行之前，利用股票分割降低股票价格，可以促进新股的发行。

二、股票回购

（一）股票回购的含义

股票回购是指上市公司出资将其发行的流通在外的股票以一定价格购买回来予以注销或作为库存股的一种资本运作方式。对于出售股票的股东来说，公司回购股票这一行为可以理解为一次性地收到股利，所以股票回购可以看作是现金股利的一种替代方式。公司不得随意收购本公司的股份，只有满足相关法律规定的情形才允许股票回购。

我国《公司法》规定，公司不得收购本公司股份。但是，有下列情形之一的除外：

第一，减少公司注册资本；

第二，与持有本公司股份的其他公司合并；

第三，将股份奖励给本公司职工；

第四，股东因对股东大会做出的公司合并、分立决议持异议，要求公司收购其股份的。

（二）股票回购的动机

在证券市场上，股票回购的动机主要有以下几种：

1. 现金股利的替代

对公司来讲，派发现金股利会对公司产生未来的派现压力，而股票回购属于非正常股利政策，不会对公司产生未来的派现压力。对股东来讲，需要现金的股东可以选择出售股票，不需要现金的股东可以选择继续持有股票。因此，当公司有富余资金，但又不希望通过派现方式进行分配的时候，股票回购可以作为现金股利的一种替代。

2. 改变公司的资本结构

公司认为权益资本在公司资本中所占的比重过大时，为了调整资本机构而进行股票回购。股票回购可以改变公司的资本结构，加大负债比例，减少权益资本，提高财务杠杆水平，降低企业整体资本成本。

3. 提高每股收益

由于财务上的每股收益指标是以流通在外的股份数作为计算基础，有些公司为了自身形象、上市需求和投资人渴望高回报等原因，采取股票回购的方式来减少实际支付股利的股份数，从而提高每股收益指标。

4. 传递公司信息

由于信息不对称和预期差异，证券市场上的公司股票价格可能被低估，而过低的股价将会对公司产生负面影响。因此，如果公司认为公司的股价被低估时，可以进行股票回购，以向市场和投资者传递公司真实的投资价值，稳定或提高公司的股价。

5. 基于控制权考虑

许多股份公司的大股东为了保证其所代表股份公司的控制权不被改变，往往采取直接或间接的方式回购股票，从而巩固已有的控制权。

6. 防止敌意收购

股票回购有助于公司管理者避开竞争对手企图收购的威胁，因为它可以使公司流通在外的股份数变少，股价上升，从而使收购方要获得控制公司的法定股份比例变得更为困难。

（三）股票回购的影响

1. 股票回购对上市公司的影响

（1）股票回购需要大量资金支付回购的成本，容易造成资金紧张，资产流动性降低，影响公司的后续发展。

（2）公司进行股票回购，无异于股东退股和公司资本的减少，在一定程度上削弱了对债权人利益的保障。

（3）股票回购容易导致公司操纵股价。公司回购自己的股票，容易导致其利用内幕消息进行炒作，或操纵财务信息，加剧公司行为的非规范化，使投资者蒙受损失。

2. 股票回购对股东的影响

对于投资者来说，与现金股利相比，股票购回，获得资本利得，需缴纳资本利得税，发放现金股利，需缴纳一般所得税。当前者不少于后者时，股东将得到纳税少的好处。在我国，现金股利按照20%的个人所得税税率纳税，而对资本利得暂不征税。股东从回购股票得到的现金只有在回购价格超出股东购买股票时的价格时才需纳税，并且以较低的优惠税率纳税。所以股票回购往往可以使出售股权的股东减少税赋或避税。

本 章 小 结

企业的收益分配涉及各相关方的切身利益，因此企业应确定合理的分配政策，处理好相关各方的利益关系。利润分配的程序是首先弥补超过用所得税前利润弥补期限、按规定可用税前利润弥补的亏损；然后提取法定盈余公积金、任意盈余公积金；最后向股东分配股利。企业利润分配政策的制约因素主要有法律因素、股东因素、公司因素等。公司股利分配政策主要有四种：剩余股利政策、固定或稳定增长股利政策、固定股利支付率政策和低正常股利加额外股利政策。剩余股利政策是指公司生产经营所获得的净收益首先应满足公司的权益资金需求，只有当增加的资本额达到预定的最佳资本结构后，先从盈余中留用，如果还有剩余，则派发股利；如果没有剩余，则不派发股利。固定或稳定增长股利政策是指公司将每年派发的股利额固定在某一特定水平或是在此基础上维持某一固定比率逐年稳定增长，并在一段时期内，不论公司的盈利情况和财务状况如何，派发的股利额均保持不变。固定股利支付率政策是指公司将每年净收益的某一固定百分比作为股利分派给股东。低正常股利加额外股利政策是指公司事先设定一个固定的、数额较低的正常股利额，每年除了按正常股利额向股东发放现金股利外，还在企业盈利情况较好、资金较为充裕的年度再根据实际情况向股东发放高于每年度正常股利的额外股利。企业在实际财务管理过程中，要综合考虑不同企业、不同时期的特点及各因素的影响程度，结合企业自身特点确定适合自身的股利政策。公司股利的发放需要遵守相关规定，按照一定的程序进行。通常，先由董事会提出分配预案，然后，提交股东大会决议，股东大会决议通过才能进行分配。股东大会决议通过后，需要向股东宣布发放股利的方案，并确定股权登记日、除息日和股利发放日。股份有限公司支付股利的形式主要包括：现金股利、财产股利、负责股利和股票股利。股票分割又称拆股，即将一股股票拆分成多股股票的行为。股票分割一般只会使发行在外的股票总数增加，对公司的资本结构不会产生任何影响。股票回购是指上市公司出资将其发行的流通在外的股票以一定价格购买回来予以注销或作为库存股的一种资本运作方式。对于出售股票的股东来说，公司回购股票这一行为可以理解为一次性地收到股利，所以股票回购可以看作是现金股利的一种替代方式。

随堂练习

一、思考题

1. 简述股利分配的一般原则与一般程序。

2. 股利理论主要有哪些？

3. 可供选择的股利政策有哪些？

4. 收益分配的基本原则是什么？

5. 确定收益分配时，应考虑的因素有哪些？

6. 低正常股利加额外股利政策的优缺点？

7. 股利支付的方式主要有哪些？

8. 简述股利支付的一般程序。

9. 什么是股票分割？股票分割的作用是什么？

10. 什么是股票回购？股票回购的作用有哪些？

二、单项选择题

1. 在下列股利分配政策中，能保持股利与利润之间一定的比例关系，并体现风险投资与风险收益对等原则的是(　　)。

    A. 剩余股利政策　　　　　　B. 固定股利政策

    C. 固定股利支付率政策　　　D. 正常股利加额外股利政策

2. 上市公司按照剩余股利政策发放股利的好处是(　　)。

    A. 有利于公司合理安排资金结构

    B. 有利于投资者安排收入与支出

    C. 有利于公司稳定股票的市场价格

    D. 有利于公司树立良好的形象

3. 在下列公司中，通常适合采用固定股利政策的是(　　)。

    A. 收益不稳定的公司　　　B. 收益相对稳定的公司

    C. 财务风险较高的公司　　D. 投资机会较多的公司

4. 如果上市公司以其应付票据作为股利支付给股东，则这种股利的方式称为(　　)。

    A. 现金股利　　　　　　　　B. 股票股利

C. 财产股利　　　　　　　　　　D. 负债股利

5. (　　　)既可以在一定程度上维持股利的稳定性，又有利于企业的资本结构达到目标资本结构，使灵活性与稳定性较好的结合。

A. 剩余股利政策　　　　　　　　B. 固定股利政策

C. 固定股利支付率政策　　　　　D. 低正常股利加额外股利政策

6. 利润分配应遵循的原则中(　　　)是正确处理投资者利益关系的关键。

A. 依法分配原则　　　　　　　　B. 兼顾各方面利益原则

C. 分配与积累并重原则　　　　　D. 投资与收益对等原则

7. 某企业在选择股利政策时，以代理成本和外部融资成本之和最小化为标准。该企业所依据的股利理论是(　　　)。

A. "手中鸟"理论　　　　　　　　B. 信号传递理论

C. MM理论　　　　　　　　　　D. 代理理论

8. 认为当公司支付较高的股利时，公司的股票价格会随之上升，公司的价值将得到提高，该企业所依据的股利理论是(　　　)。

A. "手中鸟"理论　　　　　　　　B. 所得税差异理论

C. 股利无关理论　　　　　　　　D. 代理理论

9. 某公司近年来经营业务不断拓展，目前处于成长阶段，预计现有的生产经营能力能够满足未来10年稳定增长的需要，公司希望其股利与公司盈余紧密配合。基于以上条件，最为适宜该公司的股利政策是(　　　)。

A. 剩余股利政策　　　　　　　　B. 固定股利政策

C. 固定股利支付率政策　　　　　D. 低正常股利加额外股利政策

10. 股票股利与股票分割影响的区别在于(　　　)。

A. 股东的持股比例是否变化

B. 所有者权益总额是否变化

C. 所有者权益结构是否变化

D. 企业资产是否变化

11. 我国上市公司不得用于支付股利的权益资金是(　　　)。

A. 资本公积　　　　　　　　　　B. 任意盈余公积

C. 法定盈余公积　　　　　　　　D. 上年未分配利润

12. 如果上市公司以其所拥有的其他公司的股票作为股利支付给股东，则这种股利的方式称为(　　　)。

A. 现金股利　　　　　　　　　　B. 股票股利

C. 财产股利　　　　　　　　　　D. 负债股利

13. 在确定企业的收益分配政策时，应当考虑相关因素的影响，其中"资本保全约束"属于( )。

    A. 股东因素   B. 公司因素

    C. 债务契约因素   D. 法律因素

14. 某公司 2013 年度净利润为 4 000 万元, 预计 2014 年投资所需的资金为 2 000
    万元, 假设目标资金结构是负债资金占 60%, 公司采用剩余股利政策发放股
    利, 则 2013 年度企业可向投资者支付的股利为( )万元。

    A. 2 600   B. 3 200   C. 2 800   D. 2 200

15. 有权领取本期股利的股东资格登记截止日期是( )。

    A. 股利宣告日   B. 股权登记日

    C. 除息日   D. 股利发放日

16. 某公司存在年初累计亏损 500 万元, 其中 100 万为 5 年前的亏损导致的, 公司
    本年实现的净利润为 800 万元, 法律规定的法定公积金计提比率为 10%, 则
    本年计提的法定公积金为( )万元。

    A. 80   B. 50   C. 40   D. 30

17. 关于股票分割说法错误的是( )。

    A. 股票分割对公司的资本结构不会产生影响

    B. 股票分割会使股东权益的总额下降

    C. 股票分割可以为公司发行新股做准备

    D. 股票分割带来股票流通性提高

18. 在下列各项中, 能够增加普通股股票发行在外股数, 但不改变公司资本结构
    的行为是( )。

    A. 支付现金股利   B. 增发普通股

    C. 股票分割   D. 股票回购

19. 在下列各项中, 会改变公司资本结构, 巩固既定控制权的行为是( )。

    A. 股票股利   B. 增发普通股

    C. 股票分割   D. 股票回购

20. 某公司 2014 年税后净利润为 2 200 万元, 2015 年投资计划需要资金 2 500 万
    元。如果该公司采用剩余股利政策, 2014 年发放的股利为 700 万元, 则该公
    司目标资本结构中权益资本所占的比例为( )。

    A. 40%   B. 50%   C. 60%   D. 68%

三、多项选择题

1. 公司在制定利润分配政策时应考虑的因素有( )。

    A. 通货膨胀因素   B. 股东因素

    C. 法律因素   D. 公司因素

2. 按照资本保全约束的要求，企业发放股利所需资金的来源包括(　　)。

    A. 当期利润   B. 留存收益

    C. 原始投资   D. 股本

3. 处于初创阶段的公司，一般不宜采用的股利分配政策有(　　)。

    A. 固定股利政策   B. 剩余股利政策

    C. 固定股利支付率政策   D. 稳定增长股利政策

4. 下列各项中，属于上市公司股票回购动机的有(　　)。

    A. 替代现金股利   B. 改变公司的资本结构

    C. 规避经营风险   D. 基于控制权的考虑

5. 上市公司发放股票股利可能导致的结果有(　　)。

    A. 公司股东权益内部结构发生变化

    B. 公司股东权益总额发生变化

    C. 公司每股利润下降

    D. 公司股份总额发生变化

6. 下列有关股票分割的表述中，不正确的有(　　)。

    A. 股票分割的结果会使股数增加、股东权益增加

    B. 股票分割的结果使股东权益各账户的余额发生变化

    C. 股票分割会使每股收益和每股市价降低

    D. 股票分割不影响股票面值

7. 下列在确定公司利润分配政策时应考虑的因素中，属于股东因素的是(　　)。

    A. 筹资成本   B. 稳定的收入

    C. 防止公司控制权分散   D. 资本保全约束

8. 下列有关表述中正确的有(　　)。

    A. 在除息日之前，股利权从属于股票

    B. 从除息日开始，新购入股票的人不能分享本次已宣告发放的股利

    C. 在股权登记日当天买入股票的股东没有资格领取本期股利

    D. 自除息日起的股票价格中不包含本次派发的股利

9. 上市公司发放股票股利可能导致的结果有(　　)。

    A. 公司股东权益内部结构发生变化

    B. 公司股东权益总额发生变化

    C. 公司每股利润下降

    D. 公司股份总额发生变化

10. 确定企业股利政策时，需要考虑的法律因素主要有(　　)

    A. 资本保全约束   B. 资产的流动性

  C. 偿债能力约束   D. 资本积累约束

四、判断题

1. 代理理论认为，高支付率的股利政策有助于降低企业的代理成本，但同时也会增加企业的外部融资成本。（ ）

2. 所得税差异理论认为，公司应当采用高股利政策对股东有利。（ ）

3. 在除息日之前，股利权利从属于股票；从除息日开始，新购入股票的投资者不能分享本次已宣告发放的股利。（ ）

4. 股票分割，是指将多股股票合并为一股股票的行为，会提高股票的流通性。（ ）

5. 在其他条件不变的情况下，股票分割会使发行在外的股票总数增加，进而降低公司资产负债率。（ ）

五、计算分析题

1. 南方股份有限公司2014年实现利润总额3 000万元，所得税税率25%，公司前两年累计亏损600万元，法定盈余公积金提取比例10%，法定公益金提取比例5%，任意盈余公积金提取比例10%，支付1 000万股普通股股利，每股1元。

要求：根据上述资料，列出该公司利润分配的程序，并计算企业的未分配利润。

2. 阳光公司现有发行在外的普通股1 000万股，每股面值1元，资本公积6 000万元，未分配利润8 000万元，每股市价20元；若按5%的比例发放股票股利并按市价折算，计算该公司资本公积的报表列示金额。

第九章 财务分析与评价

学习目标

➡ 理解财务分析的含义及意义；

➡ 了解财务分析的基本理论；

➡ 掌握利用会计报表等信息进行财务分析的一般方法和技能；

➡ 了解财务综合分析和评价的理论方法；

➡ 能够解读财务报表信息；

➡ 能对企业的财务状况及经营成果进行简单的财务分析和评价。

知识导航

财务分析与评价
- 财务分析概论
  - 概念
  - 财务分析的目的与意义
  - 财务分析的步骤
  - 财务分析的一般方法
  - 财务分析的局限性
- 财务状况分析
  - 筹资与投资活动分析——解读资产负债表
  - 经营活动和经营成果分析——解读利润表
  - 现金流量分析
- 财务比率分析
  - 盈利能力分析
  - 偿债能力分析
  - 营运能力分析
- 财务综合分析与评价
  - 杜邦分析法
  - 综合计分法
  - 平衡计分法

作为财务管理重要的组成部分，财务分析以企业财务报告及其他相关资料为依据，对企业的财务状况和经营成果进行剖析和评价，反映企业在运营过程中的利弊和发展趋势，因而为改进企业财务管理工作和优化经济决策提供了重要的财务信息和依据。

第一节 财务分析概论

一、概念

财务分析是以会计核算和报表资料及其他相关资料为依据，采用一系列专门的分析技术和方法，对企业等经济组织过去和现在有关筹资活动、投资活动、经营活动的偿债能力、盈利能力和营运能力状况等进行分析与评价，为企业的投资者、债权者、经营者及其他关心企业的组织或个人了解企业过去、评价企业现状、预测企业未来、做出正确决策提供准确信息和依据的一套专门方法。

二、财务分析的目的与意义

不同的财务信息使用者有着不同的目的，财务分析信息的需求者主要包括企业所有者、企业债权人、企业经营决策者和政府等，不同主体出于不同的利益考虑，对不同的财务分析信息有着共同的需求和不同的侧重点：

（1）企业所有者作为投资人，主要关心资本的保值、增值，因此较为重视企业获利能力及今后的发展趋势。最需要的是对企业的盈利能力及今后发展趋势的分析。

（2）企业债权人因不能参与企业剩余收益的分配，首先关注的是其投资的安全性，因此更重视偿债能力指标，其次才是盈利能力。

（3）企业经营决策者必须对经营管理的各个方面全面了解，因此需要对企业包括运营能力、偿债能力、获利能力、发展能力及全部信息全面而详尽地了解和掌握，并同时关注财务风险和经营风险。

（4）政府从宏观经济调控者和管理者的角度，对企业的经营状况及对国家各项政策的执行情况不得不予以监督和关注。

同样，对于不同的信息使用者，财务分析的意义也有所不同，可具体归总为如下几个方面：

（1）评价企业的财务状况和资产管理水平。通过对资产负债表和利润表等有关资料的分析指标计算，可以了解企业的资产结构和负债水平是否合理，从而推断企业的偿债能力、运营能力及获利能力等财务实力，揭示企业在财务状况方面可能存在的问题。

（2）评价企业的获利能力。通过指标的计算、分析、和比较，能够评价和考核企业的盈利能力和资金周转状况，揭示其经营管理各方面和各环节的问题，找出差距，挖掘潜力。

（3）评价企业的发展趋势。通过各种财务分析，可以预测企业生产经营的前景及偿债能力，判断其增长能力，为投资者、债权人及经营者的决策提供依据。

三、财务分析的步骤

财务分析的过程根据具体分析的目的、一般方法和特定对象而异，因此不存在固定和通用的分析程序，一般情况下包括以下几步：

（1）确定财务分析的范围，搜集有关的经济资料；

（2）选择适当的分析方法进行对比，做出评价；

（3）进行因素分析，抓住主要矛盾；

（4）为做出经济决策，提供各种建议。

四、财务分析的一般方法

（一）比较分析法（**Comparison analysis**）

分析的本质即比较，没有比较就没有所谓的高低、优劣和差异，就无法进行判断和评价。比较分析法即是将同一企业不同时期的财务状况或不同企业财务状况进行比较，对两个或两个以上有关的可比数据进行对比，从而揭示企业财务状况存在差异和矛盾的分析方法，即水平分析法。这种分析法的差额可以有三种形式：

$$绝对值变动量 = 分析期实际数 - 基期实际数$$

$$变动率（\%）= 变动绝对值/基期实际数值$$

$$变动比率值 = 分析期实际数值/基期实际数值$$

比较分析法有利于揭示实际指标和标准指标之间的差异，因此比较的关键是评价指标的选择，这些指标评价标准可以是企业的历史标准，也可以是目标标准；可以是公认标准（经验标准），也可以是行业标准。据此，按照比较的对象，比较分析包括如下三类：

（1）与本企业历史比（即向后看），包括对一期或多期（趋势）的指标比较分析，找出不同时期的差异以及变动规律，据以预测今后的发展趋势；

（2）与同类企业比（即横向比），看企业的相对规模和竞争地位，对自身做出正确评价，找出差距，消除差距。

（3）与计划预算比（即向前看），将实际结果与计划比，通过差异分析，分析预期指标的完成情况。

比较分析法的具体运用主要有以下三种方式。

（1）重要财务指标的比较

这种方法是将不同时期财务报告中的相同指标或比率进行纵向比较，直接观察其增减变动情况及变动幅度，考察其发展趋势，预测其发展前景。不同时期财务指标的比较包括定基动态比率和环比动态比率两种方式。

(2) 会计报表的比较

是指将连续数期的会计报表的金额并列起来，比较各指标不同期间的增减变动金额和幅度，据以判断企业财务状况和经营成果发展变化的一种方法。具体包括资产负债表比较、利润表比较和现金流量表比较等。

(3) 会计报表项目构成的比较

这种方法是在会计报表比较的基础上发展而来的，是以会计报表中的某个总体指标作为100%，将各项目转换成百分比，用以比较其百分比的增减变化，揭示进一步分析的方向。

(二) 比率分析法（**Ratio analysis**）

比率分析法指通过同一报表的不同项目或不同报表的有关项目之间的比率揭示其相互关系，以分析和评价财务状况与经营成果的一种方法。比率分析法的特点是深入、可比。通常财务比率主要包括三类：

1. 构成比率分析

构成比率又称结构比率，或比重，是反映某项财务指标的各个组成部分占总体数值的百分比。我们在后面一节中对于财务报表的"垂直分析"即用此法计算得来。计算结构百分比时，选择恰当的"总体"是关键，一般来说，资产负债表的总体是资产总额或负债和所有者权益总额；利润表的总体是营业收入；现金流量表的总体则是各分类项目中的现金流入总额或流出总额。其计算公式为：

$$某项结构比率 = \frac{某项财务指标的部分数值}{某项财务指标的总体数值}$$

在财务分析中常用的结构比率包括：市场占有率、某类商品占总销售额的比率；流动资产、固定资产等占总资产的比率、长期负债与流动负债占全部债务百分比率；营业利润、投资收益和营业外净收支占利润总额的百分比，构成利润结构比率。分别利用这些比率的实际数、上期数或历史数、同行业平均数进行对比，可以充分揭示企业财务业绩构成和结构的发展变化情况。利用结构比率，也可以考察总体中某个部分的形成与安排比例是否合理，从而达到优化资金结构、资产结构、投入产出结构的目的。

2. 相关比率分析

相关比率分析是反映经济活动中某两个或两个以上相关项目比值的财务比率。相关项目比率可以考察各项经济活动之间的相互关系，从而揭示企业的财务状况。在财务分析中常用的相关比率有反映偿债能力的比率、反映盈利能力的比率和反映营运能力的比率若干，具体将在第三节财务比率分析中介绍。

3. 效率比率分析

效率比率是某项财务活动中所费与所得的比率，反映投入与产出的关系，利用效率比率指标，可以进行得失比较，考察经营成果，评价经济效益。如将利润项目与销售成本、销售收入、资本金等项目加以对比，可以计算出成本利润率、销售利润率和资本金利润率等利润率指标。

（三）趋势分析法（**Trend analysis**）

又称动态比率分析，指根据一个企业连续数期的财务报表所提供的数据资料，将各期有关指标的实际数值与相同指标的历史数值进行定基对比和环比对比，从而揭示企业财务状况和经营成果的增减变化及发展趋向的财务分析方法。趋势分析法通常分为发展速度和增长速度两类指标。

（四）因素分析法（**Factor analysis**）

在企业的经营活动中，财务指标具有高度的综合性，一种财务指标的变动往往是多种因素共同影响的结果。因此，在财务分析时，不能仅仅满足于财务指标的对比，做一般性的分析评价，必要时，需要分析财务指标受各种有关因素的影响程度，从而找出原因，改进工作。因素分析法即是依据分析指标与其影响因素之间的关系，按一定的程序和方法，确定各因素对分析指标差异影响方向和影响程度的技术方法。有两种方式：连环替代法和差额分析法。

1. 连环替代法

连环替代法是指将影响财务指标的有关因素进行分解，用以测定每一因素对该指标影响程度的分析方法。具体计算程序包括：

第一，确定分析对象，即计算某一经济指标与其基准值的差额

$$分析对象 = 实际值 - 基期值；$$

第二，按照分解后的分析公式计算该指标的基期数作为基准值；

第三，按照分析公式所列因素的顺序依次以各种因素的实际数替代基期数（当替代某一因素时，其他因素不变），每次替代后，要计算出每个因素的变动结果；

第四，将每次替代的结果与上次替代的结果相比较，其差额就是被替代因素的影响程度；

最后，检验分析结果：如果将各因素变动对财务指标的影响数相加其和等于分析对象的数值，证明分析正确。

【例 9-1】某企业 2014 年的原材料耗费总额是 46 200 元，比 2013 年的年耗 40 000 元增加了 6 200 元。由于原材料费用是由产品产量、单耗和材料单价三因素的乘积组成，因此可用因素分析法将材料费用这一总指标分解为三个因素，逐一计算每个因素对总耗费增加的影响程度。各项因素的数值如表 9 - 1。

表 9 – 1　某企业材料耗费表

项　　目	单　　位	2013 年	2014 年
产品产量	件	1 000	1 100
单位产品材料消耗量	kg	8	7
材料单价	元	5	6
材料费用总额	元	40 000	46 200

【解】

以 2013 年为基期，本例的分析对象即为总材料耗费的增加额：

分析对象 = 46 200 – 40 000 = 6 200

基期的总材料费用 = 1 000 × 8 × 5 = 40 000（元）①

第一次替代：1 100 × 8 × 5 = 44 000（元）②

第二次替代：1 100 × 7 × 5 = 38 500（元）③

第三次替代：1 100 × 7 × 6 = 46 200（元）④

2014 年指标：

②－① = 44 000 – 40 000 = 4 000（元）　　　　　产量增加的影响程度

③－② = 38 500 – 44 000 = – 5 500（元）　　　　材料节约的影响程度

④－③ = 46 200 – 38 500 = 7 700（元）　　　　　价格提高的影响程度

检验：4 000 – 5 500 + 7700 = 6 200（元）　　　全部因素的影响

2. 差额分析法

差额分析法实际上是简化了的连环替代法，是直接利用各个因素的比较值与基准值之间的差额依次连环替代分析因素，来计算各因素对分析指标的影响。

【例 9-2】仍用表 9 – 1 中的资料。采用差额分析法计算确定各因素变动对材料费用的影响如下：

（1）由于产量增加对材料费用的影响为：（1 100 – 1 000）× 8 × 5 = 4 000（元）

（2）由于材料消耗节约对材料费用的影响为：1 100 ×（7 – 8）× 5 = – 5 500（元）

（3）由于价格提高对材料费用的影响为：1 100 × 7 ×（6 – 5）= 7 700（元）

采用因素分析法时须注意的问题有：第一，因素分解的关联性。所分解出的因素需与经济指标相关联并互为因果关系，否则无意义。第二，因素替代的顺序一般来说是按照重要性程度排列的，必须依次替代，不可调换。第三，顺序替代的连环性，计算每一因素的变动影响都是在前一次的基础上进行的，并用连环比较的方法确定影响结果。第四，计算结果的假定性。各影响因素会因替代顺序的不同而异，因此计算结果难免含假定性。为此，应力求这种假定合乎逻辑，以不妨碍分析的有效性。

五、财务分析的局限性

财务分析作为了解企业财务状况、经营能力和制定决策的重要依据，功效显著，但也存在一定的局限性值得注意。

（一）财务报表本身的局限性

会计报表是以特定的假设为前提的，局限性表现在以下几个方面：第一，数据的时效性问题，如：历史成本报告资产，不代表其现行成本或变现价值；第二，币值和通货膨胀问题；第三，稳健原则要求下费用被夸大的可能性。另外，财务报表还存在真实性、可靠性、可比性和完整性等问题。

（二）财务分析方法的局限性

如比率分析，是针对单个指标的分析，综合程度较低；指标以历史数据为基础，所提供的信息与决策的相关性不确定；因素分析法中存在主观性的影响等。

（三）财务指标的局限性

财务指标的问题具体表现在：第一，财务指标体系的不严密，每一个指标只能强调指标本身所反映的企业财务状况或经营状况的特定方面而造成整体指标体系不严密；第二，由于具体情况的制约，指标所反映情况具有相对性；第三，行业间的巨大差异致使指标的评价标准不能一概而论；另外，财务指标的计算口径也往往不一致。

第二节　财务状况分析

一、筹资与投资活动分析——解读资产负债表

（一）筹资活动分析

筹资活动是企业根据生产经营对资本的需求，通过各种筹资渠道，采用适当的筹资方式获取所需资本的行为。对筹资活动分析的目的是为了在对企业筹资活动总括了解的基础上，判断企业资金来源的合理性，进而对企业的筹资政策、筹资规模和筹资结构进行客观分析和评价。

一个投资项目的筹资渠道通常有三种：一是采用企业的留存收益；二是银行借款或发行债券（债权筹资）；三是发行新股（股权筹资）。企业对筹资渠道和方式的选择需要考虑多种因素，包括企业内部财务杠杆与财务风险、有形资产的实力、营业收入与现金流量、股利政策、利息抵税作用，以及产业竞争态势、债权人的态度、证券市场状况、银行信贷制等外部因素。一般情况下，如果一个企业拥有相当数量的内部现金流量，在负债率不高时可以采用留存收益筹资；否则，应在负债筹资与股票筹资过程中不断权衡筹资成本、筹资风险与筹资效益，选择合理的筹资策略。各种筹资渠道筹资的结果，必然形成企业的资本规模与资本结构，从实质上反映企业的理财思路和筹资策略。因此，筹资活动分析的内容主要包括：对资产负债表中所显示的企业筹资

规模及变动分析,以及对负债和股东权益的结构及变动分析。

表9-2 ABC公司筹资规模与结构变动情况分析表

万元,%

项目	期末	结构	期初	结构	变动额	变动率
流动负债:						
短期借款	69 000	19	66 000	21	3 000	5
应付票据	32 000	9	7 000	2	25 000	357
应付账款	65 000	18	51 000	16	14 000	27
预收账款	6 200	2	5 800	2	400	7
应付职工薪酬	500	0	800	0	-300	-38
应交税费	6 500	2	1 000	0	5 500	550
应付股利	400	0	500	0	-100	-20
其他应付款	17 000	5	14 300	5	2 700	19
一年内到期的非流动负债	23 200	6	57 600	18	-34 400	-60
其他流动负债	2 600	1	800	0	1 800	225
流动负债合计	222 400	62	204 800	65	17 600	9
非流动负债:						
长期借款	54 300	15	38 000	12	16 300	43
专项应付款	500	0	600	0	-100	-17
递延所得税负债	900	0	4 700	1	-3 800	-81
非流动负债合计	55 700	15	43 300	14	12 400	29
负债合计	278 100	77	248 100	79	30 000	12
所有者权益:						
股本	28 900	8	28 900	9	0	0
资本公积	40 000	11	40 000	13	0	0
盈余公积	6 000	2	4 300	1	1 700	40
未分配利润	7 000	2	-6 300	2	13 300	-
所有者权益合计	81 900	23	66 900	21	15 000	22
负债与所有者权益合计	360 000	100	315 000	100	45 000	14

1. 筹资规模分析

主要是借助于资产负债表的负债及所有者权益的主要数据,利用水平分析法,分析企业的筹资规模变动情况,观察其变动趋势,对筹资状况合理性进行评价的过程。

【例9-3】由表9-2可知,ABC公司分析期末的筹资规模显示较年初增长14%即45 000万元,其主要原因是负债和权益资本共同增加的结果。其中,负债资金中,又以流动负债主要是应付票据(25 000万元)和应付账款(14 000万元)的增长为主;权益资金中，盈余公积（增长1700万元），特别是未分配利润（增长13 300万元）的大幅度增长是筹资规模增长的主要原因。这说明该公司采用的是股东权益资本与负债资本同时增加的筹资政策：首先，从股东权益增长的项目来看，盈余公积和未分配利润皆为利润留存项目，证明企业权益资金增加的来源是经营利润而非投资人投入取得。正如定价理论所言"价值是股东在经营过程中产生的，而非股东在财务活动中产生的"（斯蒂芬·佩因曼，2002），该企业的权益资金取得其所。其次，流动负债的增长幅度高于未分配利润的增长幅度，使公司负债结构加大，其结果是筹资成本降低，但财务风险加大。

2. 筹资结构分析

首先，将某期的筹资结构计算出来，从中评价企业的筹资政策，特别是资本构成或变动以及对投资者、债权人的影响。

其次，将筹资结构进行变化趋势分析，透过相应的变化趋势，了解企业的筹资策略和筹资重心，预计未来筹资方向。

【例9-4】同样根据表9-2所反映的ABC公司筹资比例的计算结果来看，分析期末，该公司的负债比重（77%）较权益比重（23%）大，企业的筹资政策似乎看好举债经营，然而与年初相比负债比例（79%）有所提高，权益比例（21%）也稍有下降。因资金中权益比重过低，企业财务风险较大。另从表9-3五年的筹资规模的变动趋势来看，该企业一直是以所有者权益与流动负债占主体。尽管权益比重普遍偏低，但有一定的攀升势头，同时流动负债结构相对下降，说明该企业的筹资政策具有一定的连续性；且盈利实力不断增强。高成长性给企业带来丰厚的留存收益，用这部分资本再投资逐渐使企业财务风险下降，形成投资效益的良性循环。

表9-3 ABC公司筹资比例

%

项 目	2006	2007	2008	2009	2010
流动负债	72	71	71	65	62
非流动负债	17	13	12	14	15
所有者权益	11	16	17	21	23
合 计	100	100	100	100	100

（二）投资活动分析

投资活动是企业进行的以营利为目的的资本性支出活动，活动的结果是为企业带来各种资产，从而构成企业从事生产经营的物质基础。企业的资产状况直接反映了企业的财务状况。投资活动分析的目的是了解企业资产增减变动的原因，发现投资活动中存在的问题；了解企业经济资源的配置情况，判断企业资产结构是否合理；以及对会计信息的真实性进行评判等。

第一，利用水平分析法比较资产规模与变化分析资产增减变动；第二，利用垂直分析法比较资产结构及比重变化分析资产结构及变动；第三，结合实际情况及企业会计准则分析评价企业投资活动所采用的会计政策。

表 9 – 4　ABC 公司投资规模与结构变动情况分析表

万元，%

项　目		期末	结构	期初	结构	变动额	变动率
流动资产	货币资金	38 000	11	24 000	8	14 000	58
	应收票据	1 200	0	3 000	1	– 1 800	– 60
	应收账款	38 000	11	26 700	8	11 300	42
	预付账款	20 000	6	22 000	7	– 2 000	– 9
	其他应收款	104 700	29	98 000	31	6 700	7
	存货	59 000	16	38 400	12	20 600	54
	流动资产合计	260 900	72	212 100	67	48 800	23
非流动资产	长期股权投资	26 600	7	26 900	9	– 300	– 1
	固定资产	54 000	15	62 000	20	– 8 000	– 13
	在建工程	9 700	3	6 400	2	3 300	52
	无形资产	4 800	1	5 000	2	– 200	– 4
	开发支出	1 900	1	0	0	1 900	
	长期待摊费用	1 000	0	1 300	0	– 300	– 23
	递延所得税资产	1 100	0	1 300	0	– 200	– 15
	非流动资产合计	99 100	28	102 900	33	– 3 800	– 4
	资产总计	360 000	100	315 000	100	45 000	14

1. 资产规模与变动分析

对资产规模与变动的分析利用水平分析法。利用水平分析法的基本要点是将企业资产负债表中不同时期的资产项目进行对比，一是确定其增减变动数量，二是确定其增减变动率。

【例 9-5】根据表 9 – 4 资产规模分析表计算出的 ABC 公司分析期资产规模的变动额和变动率情况来看，该公司的资产总额年末较年初增加了 14% 即 45 000 万元，从增长项目来看，公司资产规模增加的主要原因是由于流动资产的增加引起的，增长额达48 800 万元（23%），而非流动资产较上年实际是减少了 3 800 万元（– 4%）。进一步分析来看，流动资产增加的主要项目是货币资金和应收账款；非流动资产减少的主要原因是固定资产减少。这说明企业资产的流动性在提高，而固定资产的减少可能不利于企业生产能力的保持。然而判断一个企业资产规模变化的合理性还要联系企业生产经营活动的发展变化进行综合分析。

2. 资产结构与变动分析

该种分析通常采用垂直分析法，从以下这几个角度考虑：①流动资产与长期资产比例的角度；②有形资产与无形资产比例角度；③流动资产与固定资产比例角度。

【例9-6】根据表9-4计算得出的 ABC 公司资产结构比例来看，第一，分析期流动资产与长期资产相比，占总资产的72%，比上年的67%又有增加。两年间流动资产比例均超过50%，说明该企业资产的流动性较强，但同时也可能存在生产能力受限的隐患。第二，以有形资产和无形资产做比，该公司的无形资产比重均偏低，分别为本年占总资产的1%，上年占2%。伴随科技社会知识经济时代的到来，过低的知识产权资产应引起应有的关注，然而需结合行业特点而定。另外，分析期增加的开发支出项目（1 900万元），有可能使企业未来的无形资产比重上升。第三，从企业固定资产和流动资产比例角度分析，分析期的固定资产比例为15%，而流动资产比例为72%，固流比例为1:4.83，结构是否合理需更多相关资料而定。

3. 资产结构优化分析

固定资产与流动资产之间的结构比例通常称之为固流结构，对一个企业而言，主要有以下三种固流结构策略可供选择：

①适中的固流结构策略——固定资产与流动资产存量比为平均水平；

②保守的固流结构策略——流动资产比例高（风险低、流动性强，但盈利降低）；

③冒险的固流结构策略——流动资产比例低（风险高、流动性低，盈利水平提高）。

评价一个企业固定资产与流动资产的结构比例是否合理的标准有三点：企业的盈利水平与风险、行业特点、企业的经营规模。首先，如果企业将大部分资金投资于流动资产，财务风险自然减小，但会造成资金的大量闲置或固定资产不足，降低企业生产能力和资金使用效率，从而影响到经济效益；反之，如果固定资产比重增大，虽然有利于资产利润率的提高，但由于固定资产的变现能力相对较差，企业的经营风险明显增加。在此，取舍主要取决于企业对于风险的态度（保守或冒险）。其次，因为经济活动的内容不同，不同行业的固流结构差异较大。一般来说，创造附加值较低的企业如商业企业，需要保持较高的资产流动性；而创造附加价值高的企业，如制造业企业，则需要保持一定高度的固定资产比重。另外，企业的经营规模也对固流结构有重要影响。一般而言，规模较大的企业，固定资产比例相对较高，因其筹资能力强，流动资产比例可相对低些。

【例9-7】结合上例中计算的 ABC 公司的固流结构比例1: 4.83来看，该公司属于保守的固流结构，经营风险较低。合理与否，需进一步结合其资产利润率的情况观察其盈利水平，同时结合行业特征等定夺。

二、经营活动和经营成果分析——解读利润表

企业的经营活动过程是资本的耗费和收回过程，包括发生的各种成本费用和取得的各项收入。经营活动的目的在于以较低的成本费用，取得较多的收入，实现更多的

利润。通过对企业的经营活动进行分析，可客观评价企业经营业绩、发现企业经营管理中的问题、为经营决策提供正确信息。

作为企业价值最大化和股东权益最大化的基础，利润是扩大再生产的重要源泉，是经营业绩和经营成果的重要指标，同时也是企业投资与决策的重要依据。因此，企业经营活动分析的核心是利润分析。主要包括对利润额的增减变动分析，以及对利润的结构和变化的分析与评价。

（一）利润额增减变动分析

利润额增减变动分析，主要是通过对利润表的水平分析，从利润形成方面反映利润额的变化情况，揭示企业在利润形成中的会计政策、管理业绩及存在的问题。

表9－5用净利润、利润总额、营业利润的变动分析评价利润增减变动情况和可能的原因。

表9－5 DEF公司利润水平与垂直分析表

万元,%

项目	期末	结构	期初	结构	变动额	变动率
一、营业收入	220 000	100	169 000	100	51 000	30
减：营业成本	175 000	80	138 000	82	37 000	27
营业税金及附加	900	0	800	0	100	13
销售费用	8 000	4	7 000	4	1 000	14
管理费用	19 000	9	14 000	8	5 000	36
财务费用	6 000	3	8 000	5	－ 2 000	－ 25
资产减值损失	3 000	1		0	3 000	
加：公允价值变动收益		0		0	0	
投资收益	－ 200	0	2 000	1	－ 2 200	－ 110
二、营业利润	8 300	4	3 200	2	5 100	159
加：营业外收入	11 000	5	200	0	10 800	5 400
减：营业外支出	300	0	100	0	200	200
三、利润总额	19 000	9	3 300	2	15 700	476
减：所得税费用	5 700	3	1 254	1	4 446	355
四、净利润	13 300	6	2 046	1	11 254	550
五、每股收益：		0		0	0	
（一）基本每股收益	0.46	0	0.07	0	0	545
（二）稀释每股收益		0		0	0	

【例9-8】利润变动情况分析。从表9－5计算可知：

第一，净利润或税后利润分析：DEF公司本年末实现净利润13 300万元，较年初（即上年末）的2 046万元增长了11 254万元，增长率为550%，就水平分析来看，公司净利润增长是由于利润总额增长（15 700万元）和所得税费增长（4 446万元），归根结底是利润总额增长带来的。

第二，利润总额分析：企业的利润总额包括营业利润和营业外收支两大部分，就本例来说利润总额的增长主要靠的是营业外收入，增加10 800万元，增长率达

5 400%，业务利润也是增长的有利因素，增长 5 100 万元，增长幅度 159% 相对较低；对利润总额增长的不利因素是投资损失，使总额减少 2 200 万元，减少率为 110%。这说明企业在分析期虽有利润总额的大幅度增长，但靠的主要不是业务利润而是非业务利润，这种收益是不稳定的。

第三，营业利润分析：本案营业利润的增加主要是营业收入的增加和财务费用的减少引起的。其他成本、费用也都不同程度增加，但增长幅度没有覆盖收入的增长。

（二）利润构成变动分析

利润结构变动分析，主要是在对利润表进行垂直分析的基础上，揭示各项利润及成本费与收入的关系，以反映企业各环节的利润构成、利润及成本费用水平。

首先，计算各因素或财务成果在营业收入中所占比重；其次对利润的结构及变动分析评价。

【例 9-9】以 DEF 公司的利润结构为例，从表 9 - 5 的垂直分析计算结果可知 DEF 公司的财务成果结构为：本年度营业利润占营业收入的 4%，比上年度的 2% 增长了 2%；本年度利润总额的构成为 9%，较上年的 2% 增长 7%；本年度的净利润为营业收入的 6%，比上年 1% 有所增加。可见，从企业利润的构成情况看，盈利能力均较上年有所增加。而从其结构的增长情况看，一些成本项目有不同程度的降低。就利润总额的增长情况看，除受营业利润增长影响外，营业外收入比重的大幅度提高成为利润总额增长的主要原因。

（三）销售收入分析

销售收入是企业在日常活动中形成的、会导致所有者权益增加的、与所有者投入资本无关的经济利益的总流入（包括营业收入、投资收入、营业外收入）。作为企业经营活动的中心内容，有关收入的分析也尤为重要。对企业收入的分析主要含三项相关内容：对收入的确认与计量分析；销售数量和价格分析；企业收入的构成分析。

1. 企业收入确认与计量分析

企业销售收入的确认与计量原则不同，会计报表上的收入当然就不同。企业收入确认分析应进行三项内容：第一，收入确认时间合法性分析；第二，特殊情况下企业收入确认的分析；第三，收入确认方法合理性的分析。企业收入计量分析包括营业收入计量分析和投资收入计量分析两部分。通常的确认原则根据收入的取得来源而异：当收入来自于销售商品时，以所有权风险报酬已转移或收入已取得或销售成本可计量为确认销售时间；提供劳务所获收入则根据工作完成的完工百分比或采用预计劳动成本补偿金额法；让渡资产使用权所取得的收入一般则是按合同或协议来确认。

2. 销售数量与销售价格分析

企业营业收入的大小直接受销售数量和价格的影响，因此，进行营业收入分析，应该在分析营业收入总量变动的基础上，进一步确认销售量和价格对其影响程度。通过销售量与价格对营业收入的影响分析，不仅能明确销售量和价格的影响程度，还可了解企业的竞争战略选择及效果。

营业收入增长额和增长率的计算：

增长额＝本期实际营业收入－基期营业收入

增长率＝营业收入增长额/基期营业收入×100%

（1）计算销售量变动对营业收入的影响：

销售量变动对营业收入的影响＝基期营业收入×销售量增长率

销售量增长率＝｛∑（实际销售量×基期单价）/∑（基期销售量×基期单价）－1｝×100%

（2）计算价格变动对营业收入的影响：

价格变动对营业收入的影响＝营业收入增长额－销售量变动影响

3. 企业收入构成分析

企业收入分析不仅要研究总量，还要对其结构及变动进行分析，以了解企业的经营方向和会计政策选择。收入结构分析可从以下几个方面进行：主营业务收入与其他业务收入构成分析（判断企业的持续发展能力）；现销收入与赊销收入的构成分析（考察企业竞争战略）；以及销售的地区构成、主营业务内部构成、销售布局、顾客分部等。

三、现金流量分析

作为对企业经营活动综合分析的方法之一，现金流量表可以综合反映出企业在一定时期内筹资活动、投资活动及经营活动中的现金流入与流出情况，提供资产负债表和利润表所不能取代的财务信息。例如，利润表所反映出的企业经营成果，常常会因为所依据的会计政策和所选则的会计方法的不同而异，有时根据需要还可以以会计方式虚增和夸大。因此，对企业现金流量表的财务分析也不可或缺。

对企业现金流量的分析有两个出发点：其一，是按照现金流量表的项目分类，将企业的经营活动划分为三大类即经营活动、投资活动和筹资活动，在每类项目下分流入和流出两项分别对其现金流入和现金流出的各项业务内容做量上的水平变动分析和结构的垂直分析；其二，是以净利润为出发点，将非现金流出的支出项目（比如折旧、摊销）的金额加回利润中，再将非现金流入的收入项目从利润中减出，最终计算出经营现金流量的净流量。并以此增减项目做水平和垂直分析。

第三节 财务比率分析

一、盈利能力分析

企业因利润而生，追求利润最大化是企业的基本目标之一。盈利能力实际是指企业利用其所支配的资源，从事生产经营活动并赚取利润的能力。分为资本经营盈利能力、资产经营盈利能力和商品经营盈利能力。资本经营盈利能力指企业所有者通过投入资本经营取得利润的能力，其代表性的指标为净资产收益率；资产经营盈利能力顾名思义是企业全部资产投入获取利润的能力，以总资产报酬率体现。

（一）总资产报酬率

$$总资产报酬率 = \frac{利润总额 + 利息支出}{平均总资产}$$

总资产报酬率越高，说明企业资产的运用效率越好，盈利能力越强；低则相反。

公式可分解为：

$$总资产报酬率 = \frac{营业收入}{平均总资产} \times \frac{利润总额 + 利息支出}{营业收入} \times 100\%$$

$$= 总资产周转率 \times 销售息税前利润率$$

因此，影响资产经营盈利能力的因素为：总资产周转率和销售息税前利润率。以下列资料为例，我们对总资产报酬率的这两个因素做进一步的分析如下：

【例 9-10】总资产报酬率分析。假设某公司有关资料如表 9-6：

表 9-6 资产经营盈利能力因素分析表

万元,%

项　　目	2013	2014	差　异
营业收入	69 262	94 018	24 756
利润总额	1 239	6 800	5 561
利息支出	3 325	2 534	-791
息税前利润	4 564	9 334	4 770
平均总资产	128 263	144 643	16 380
总资产周转率	54	65	11
销售息税前利润率	6.59	9.93	3.34
总资产报酬率	3.56	6.45	2.89

分析对象：6.45% - 3.56% = 2.89%

因素分析：总资产报酬率 = 总资产周转率 × 销售息税前利润率

1. 总资产周转率变动的影响 = （0.65 - 0.54） ×6.59% =0.72%

2. 销售息税前利润率的影响 =0.65 × （9.93% -6.59%） =2.17%

分析结果表明，该企业本年总资产报酬率比上年提高了 2.89%，是由于总资产周转率和销售利润率共同影响的结果，前者使之提高了 0.72%，后者提高 2.17%。

（二）净资产收益率

净资产收益率，或称产权收益率或所有者权益报酬率，反映了股东权益的收益水平，是反映企业盈利能力的核心指标，也是整个财务指标体系的核心，指标越高说明盈利能力越好。用净资产收益率评价上市公司业绩，可以直观地了解其净资产的运用带来的收益。

$$净资产收益率 = \frac{净利润}{平均所有者权益} \times 100\%$$

其中：

平均所有者权益 = （期初所有者权益 + 期末所有者权益） ÷2

公式可分解为：

$$净资产收益率 = [总资产报酬率 + （总资产报酬率 - 负债利息率）$$

$$\times \frac{负债}{净资产}] \times （1 - 所得税税率）$$

因此，影响资本经营盈利能力的因素有：总资产报酬率、负债利息率、资本结构或负债与所有者权益之比，以及所得税税率（此处专指税金占所得的比而非企业所得税税率）。

【例 9-11】净资产收益率分析。假设根据某公司财务资料得到如表 9 -7 数据。

表 9 -7 某公司财务资料

元,%

项　　目	2013	2014
平均总资产	315 000	337 500
平均净资产	66 900	74 400
负债	248 100	263 100
负债/净资产	3. 7085	3. 5363
负债利息率	3. 31	2. 24
利息支出	8 200	5 900
利润总额	3 000	15 800
息税前利润	11 200	21 700
净利润	2 700	11 060
所得税税率	10. 00	30. 00
总资产报酬率	3. 56	6. 43
净资产收益率	4. 04	14. 87

注：表中的所得税税率指所得税支出占利润总额的百分比

对该公司资本经营盈利能力因素分析如下：

分析对象：14.87% - 4.04% = 10.83%

连环替代分析：

2013 年：$[3.56\% + (3.56\% - 3.31\%) \times 3.7085] \times (1 - 10\%) = 4.04\%$

第一次替代：$[6.43\% + (6.43\% - 3.31\%) \times 3.7085] \times (1 - 10\%) = 16.2\%$

第二次替代：$[6.43\% + (6.43\% - 2.24\%) \times 3.7085] \times (1 - 10\%) = 19.77\%$

第三次替代：$[6.43\% + (6.43\% - 2.24\%) \times 3.5363] \times (1 - 10\%) = 19.12\%$

2014 年：$[6.43\% + (6.43\% - 2.24\%) \times 3.5363] \times (1 - 30\%) = 14.87\%$

总资产报酬率变动的影响为：16.2% - 4.04% = 12.16%

利息率变动的影响为：19.77% - 16.2% = 3.57%

资本结构变动的影响为：19.12% - 19.77% = -0.65%

税率变动的影响为：14.87% - 19.12% = -4.25%

验证：12.16% + 3.57% - 0.65% - 4.25% = 10.83%（分析对象）

可见，该公司的净资产收益率增长 10.83% 是由于总资产报酬率上升了 12.16%，负债利息率上升 3.57%，及资本结构变动 -0.65% 引起的；所得税税率的上升给净资产收益率带来不利影响，使其降低 4.25%。

据此，第一，在其他条件不变的情况下，企业的总资产报酬率越高，净资产收益率也越高，盈利能力越强。第二，在总资产报酬率大于负债利息率时，企业资本结构中负债比例越高，净资产收益率越大，盈利能力越强；反之，负债比率越低越好。第三，在其他条件不变的情况下，企业的净资产收益率与所得税率成反比。

对于上市公司而言，除了以上有关企业盈利能力的指标外，还有一些其他指标供分析判断企业获利能力和由此引伸的企业价值，其中包括每股收益和市盈率等指标。

（三）每股收益（**EPS-Earning Per Share**）

$$每股收益 = \frac{净利润 - 优先股股利}{发行在外的普通股加权平均数（流通股股数）}$$

【例 9-12】某上市公司 20×× 年度归属于普通股股东的净利润为 25 000 万元。上年末的注册股本为 8 000 万股。现公司决定以上年末公司总股本为基础，向全体股东每 10 股送红股 10 股，工商注册变更后公司总股本变为 16 000 万股，本年 11 月 29 日又发行新股 6 000 万股，每股收益计算如下：

$$每股收益 = \frac{25\ 000}{8\ 000 + 8\ 000 + 6\ 000 \times 1/12} \approx 1.52 （元/股）$$

EPS 反映了平均每股的所得，又可以分解为：

$$每股收益 = \frac{普通股权益}{流通股股数} \times \frac{净利润 - 优先股股利}{普通股权益}$$

$$= 每股账面价值 \times 普通股权益报酬率$$

因此，其影响因素涉及每股账面价值和普通股权益报酬率，进而也同样受到净利润变动和普通股权益平均额的影响。

（四）市盈率（**Price/Earnings**）价格收益比

$$市盈率 = \frac{每股市价}{每股收益（EPS）}$$

【例 9-13】沿用上例的资料，假设该上市公司当年年末的每股市价为 30.4 元。则该公司该年末的市盈率为：

$$市盈率 = \frac{30.4}{1.52} = 20（倍）$$

一方面，市盈率越高，意味着企业未来成长的潜力越大，也即投资者对该股票的评价越高，反之，评价越低。另一方面，市盈率越高，说明投资于该股票的风险越大，市盈率越低，说明风险越小。

影响企业股票市盈率的因素有三个：第一，上市公司盈利能力的成长性；第二，投资者所获报酬的稳定性；第三，市盈率也受利率水平变动的影响：

$$市场平均市盈率 = 1 \div 市场利率$$

所以，上市公司的市盈率一直是广大股票投资者进行中长期投资的重要决策指标。

二、偿债能力分析

偿债能力是企业生存和发展的基础，是评价企业持续经营能力的重要依据。对企业偿债能力的分析，一方面可帮助债权人关注债权的安全程度；另一方面可促使企业关注自身债务状况，以免陷入债务危机。通常偿债能力分析分为短期偿债能力分析和长期偿债能力分析。

（一）短期偿债能力的分析

反映短期偿债能力的主要指标有流动比率和速动比率。

1. 流动比率

流动比率是流动资产除以流动负债的比值，即：流动比率 = 流动资产/流动负债。

流动比率指标的意义在于，假定全部流动负债要求立即清偿，公司能否偿还（即公司有多少流动资产能保证流动负债的安全性），反映公司的短期偿债能力。

流动比率高→公司短期偿债能力较强，公司有足够的流动资产来保障偿还公司的短期债务。

流动比率低→公司的足额偿还短期债务的能力不足，公司有短期偿债风险→企业的信誉会降低→将来较难筹措短期资金→会影响公司业务发展。

一般认为流动比率在 2:1 左右比较合理；若小于 1.5，则短期偿债能力一般；若小于 1，则说明企业短期偿债能力不足。

具体运用中应注意的几个问题：

（1）流动比率是否合理，不同行业的公司或同一公司在不同时期有不同的标准。比如，工业企业基本上适于上述范围，而商业企业可以低于 2，一般在 1.5 左右是正常的。

（2）公司较高的流动比率，可以使人相信该公司有较强的短期偿债能力，但是流动比率与短期偿债能力并不是完全对应的。分析时应结合我们后面将要学习的速动比率以及现金流量等指标来分析公司的综合偿债能力。

2. 速动比率

流动比率虽然可以用来评价流动资产总体上的偿债能力，但是人们（特别是债权人）还希望获得比流动比率更进一步有关的偿债能力的比率指标，这个指标称为速动比率。

速动比率是指企业的速动资产与流动负债的比率，

即：速动比率 = 速动资产/流动负债

其中，速动资产是流动资产减去变现能力较差且不稳定的存货等项目的余额

即：速动资产 = 货币类资产 + 结算类资产

实际工作中，如预付账款等项目的金额较小，也可以采用一种简化算法：

$$速动资产 = 流动资产 - 存货$$

为什么要将存货剔除呢？这是因为，第一，在流动资产中存货的变现速度最慢；第二，部分存货可能已抵押给某债权人；第三，存货估价还存在成本与合理市价相差悬殊的问题；第四，可能部分存货已经损失，但尚未做出处理。

一般认为速动比在 1:1 左右较为合理安全；若小于 1，则公司可能会面临很大的偿债风险；若远远大于 1，则意味着公司在现金和应收账款上占用太多的资金，公司未能充分运用流动资金。

合理标准又随着行业和企业不同而不同，比如商业企业其速动比率可以略低一些，可以将速动比率定在 0.8 也应当算是安全的。

3. 短期偿债能力指标的局限性

首先，指标的数据来源于资产负债表，所反映的是某个时点的存量，而不能代表全年的一般状况，也未考虑销售和经营等因素。其次，指标不能反映报表外的因素。因此，分析短期偿债能力，应结合存货周转率、应收账款周转率及其他因素进行。

此外，影响短期偿债能力的其他因素即表外因素包括：可动用的银行贷款指标，准备很快变现的长期资产和偿债能力的声誉，此三项皆为增强短期偿债能力的因素；另有减弱短期偿债能力的因素包括未作记录的或有负债和担保责任引起的负债等。

表 9 - 8　20 世纪 90 年代中期美国主要行业财务指标

行业类型	流动比率	速度比率	营业资金比率
制造业	1.57	0.95	0.15
食品业	1.45	0.83	0.11
印刷与出版	1.84	1.43	0.19
化工	1.52	0.96	0.12
石油与煤产品	1.13	0.67	0.02
机械行业	1.92	1.16	0.23
电子与电子设备	1.64	0.93	0.20
零售业	1.74	0.77	0.21

（二）长期偿债能力分析

与短期债务不同，长期债务偿还期限较长，不对企业造成短期偿还债务的压力，但长期债务一旦到期，容易形成集中支付的压力，即通常意义上的"还债高峰"。衡量企业长期偿债能力常见的指标包括资产负债率、产权比率、已获利息倍数等，主要目的是为了确定该企业偿还债务本金和支付债务利息的能力。下面以资产负债率为例说明。

资产负债率是负债总额除以资产总额的百分比，也就是负债总额与资产总额的比例数。

$$资产负债率 = \frac{负债总额}{资产总额} \times 100\%$$

企业资产的来源无外乎出自投资人的投入和举债得来两部分，资产负债率所反映的正是企业总资产中举债得来所占的比重或分量。

例如，AB 公司 2010 年年末资产总额为 200 000 元，负债总额为 140 000 元，

$$资产负债率 = 140\ 000 \div 200\ 000 = 70\%$$

这说明，AB 公司 2010 年年末的资产负债率为 70%，表明每 1 元资产有 0.7 元是通过负债形成的，因此，负债比重较高。

资产负债率是反映企业资本结构的重要财务指标，也是金融机构对企业是否提供贷款的重要标准。企业资产负债率的高低一般反映企业财务风险的大小程度：资产负债率越高，企业财务风险越大；反之，财务风险越小。该指标的经验标准一般在 50% 左右。

从债权人的立场上看，该比值越大越好，越安全；从股东角度看，只有当企业所得全部资本利润率超过因借款而支付的利息率时，比值越大越好；从经营者角度来看，适中为好，因为在信誉等不受影响的情况下，举债经营不失为一种经营良策。

以我国上市公司为例，1996—2000 年的资产负债率平均在 52% 左右，流动负债的比率在 39% 左右，说明在那段时期我国上市公司的总资产中有一半以上是通过债务形式取得的，其中流动负债占了绝大部分。

表 9-9　20 世纪 90 年代中期国内不同行业上市企业偿债能力指标一览表

公司名称	流动比率	速度比率	资产负债率（%）
哈药股份	1.53	1	69.2
凤凰化工	1.69	0.81	25.85
广电股份	1.12	0.75	77.94
永生制笔	3.31	2.85	23.06
延中实业	1.36	1.26	27.81
中纺机	2.45	1.89	27.04
轮胎橡胶	3.3	2.2	34.02
联合纺织	1.82	1.81	14.07
双鹿电器	2.33	1.58	33.51
轻工机械	1.37	0.57	55.49

表 9-10　　2011 年某季度国内上市企业偿债能力指标

公司名称	流动比率	速度比率	资产负债率（%）
哈药股份	1.69	1.27	43.64
凤凰化工	0.24	–	218
广电股份	0.71	0.65	59.93
永生制笔	3.09	2.89	18.88
延中实业	1.62	1.29	38.71
中纺机	0.74	0.57	41.59
轮胎橡胶	0.76	0.51	72
氯碱化工	0.85	0.69	55.82
轻工机械	1.56	1.42	43.95

三、营运能力分析

企业的营运能力是指企业充分利用现有资源创造企业价值财富的能力。反映企业营运能力的指标通常是资产的周转率或周转速度即产出额与投入额（资产占用额）之间的比率，即：

$$企业营运能力 = \frac{产出额}{投入额（资产占用额）}$$

在此，指标往往同时具有两层意思，即营运资产的效率和效益：效率是时间上的意义，表示产出额（周转额）覆盖投入（资产）额的倍数，即周转率（次数）；效益则是价值上的意义，表现为单位投入的营运资产所带来的产出额的比率。其中，投入（营运资产）可以是流动资产、固定资产，也可以是流动资产中的某一项目如应收账款或存货；产出则可根据需要采用生产经营活动中各阶段的产出额，具体在产品完工时期表现为产量，在产品出库阶段表现为销售成本，而在产品最终售出完成企业货币资产运动的终结时表现为销售收入。据此，反映营运能力分析的主要指标有应收账款周转率、存货周转率、流动资产周转率、总资产周转率等多项指标。而各指标的实质皆为希望用尽可能少的资产占用，尽可能短的时间周转，生产出尽可能多的产品、收入。

（一）应收账款周转率——考察应收账款规模与回收速度的指标（与行业有关）

指年度（季度、月度）内应收账款转为现金的平均次数。公式表示为：

$$应收账款周转率 = \frac{销售收入}{平均应收账款余额}$$

$$年内应收账款周转天数 = \frac{360}{应收账款周转率}$$

其中，

$$应收账款平均余额 = \frac{期初应收账款 + 期末应收账款}{2}$$

销售收入指赊销收入净额 = 主营业务收入 −（现销收入 + 折扣 + 销售退回）

一般说来，应收账款周转率越高，平均收现期越短，说明应收账款收回越快。

（二）存货周转率——考察存货流转速度的指标与（行业有关）

存货周转率指企业在一定时期内存货占用资金可周转的次数，或每周转一次所需的天数。

$$存货周转率（次数） = \frac{营业成本}{（期初存货 + 期末存货） / 2}$$

$$存货周转天数 = \frac{计算期天数}{存货周转次数} = \frac{计算期天数 \times 平均存货}{营业成本}$$

一般说来，存货周转率越高，存货周转天数越少，说明存货周转的速度越快，营运能力越强。

影响存货周转率高低的因素主要是：材料周转率、在产品周转率和产成品周转率。在企业生产均衡和产销平衡情况下，存货周转率与三个阶段周转率之间的关系可用下式表示：

$$存货周转率 = 材料周转天数 \times \frac{材料消耗额}{总产值生产费} + 在产品$$

周转天数 + 产成品周转天数　　　　　　　　公式可分

$$总资产周转率 = \frac{总周转额（总收入）}{平均总资产}$$

解为：

$$总资产周转率（次数） = \frac{营业收入}{平均流动资产} \times \frac{平均流动资产}{平均总资产}$$

$$= 流动资产周转次数 \times 流动资产占总资产比$$

由此可见，加速流动资产周转，即可加快总资产周转速度。

比率分析的要点与应用：

1. 掌握指标的含义，对指标的高低有清楚的认识。

2. 一般要获得行业的数据，通过与行业值的比较，才能说明问题。

3. 注意指标计算的基础（平均值、期末值数据的会计核算方法等的差异）。

表 9 – 11　大众汽车公司 2008—2009 年各项指标与行业对比计算表

比率	行业平均值	2009 年	2008 年
流动比率	2.7	2.388	2.344
速动比率	1	0.84	0.848
存货周转率（%）	7	4.19	
应收账款周转率（%）	32	85.9	
总资产周转率（%）	2.6	2.332	2.337
负债比率	0.5	0.55	
利息保障倍数	2.5	1.97	
销售利润率（%）	3.50	1.15	2.56
资产报酬率（%）	19.10	9.07	
股权收益率（%）	18.20	6.45	13.25
市盈率	14.2	13.57（6/0.4422）	

第四节　财务综合分析与评价

　　财务分析的最终目的在于全面、综合、准确、客观地揭示与披露企业财务状况和经营情况，并借以对企业经济效益的优劣做出合理的评价。为此，必须将简单、孤立的财务指标与分析结合起来，将企业偿债能力、营运能力、投资收益实现能力以及发展趋势等各项分析指标有机地联系起来，作为一套完整的体系，相互配合使用，才能做出全面、系统的综合评价，从总体意义上把握企业财务状况和经营情况的优劣。

　　传统的综合分析方法有很多，我们在此重点介绍三类，即：杜邦分析法、综合计分法和平衡计分法。

一、杜邦分析法

　　杜邦分析法，又称杜邦财务分析体系，是利用各主要财务比率指标间的内在联系，对企业财务状况及经济效益进行综合系统分析评价的方法。该体系是以净资产收益率为起点，以总资产净利率和权益乘数为核心，重点揭示企业获利能力及权益乘数对净资产收益率的影响，以及各相关指标间的相互影响作用关系。因其最初由美国杜邦企业成功应用，故得名。

　　杜邦分析法将净资产收益率（权益净利率）分解如图 9 – 1。其分析关系式为：

$$净资产收益率 = 销售净利率 \times 总资产周转率 \times 权益乘数$$

其中，权益乘数（Equity Multiplier），又称股本乘数，指资产总额相当于股东权益的倍数（总资产/所有者权益），表示企业的负债程度。权益乘数越大，企业向外融资的财务杠杆倍数越大，负债程度越高。

杜邦分析法的分析理念在于：

第一，净资产收益率是一个综合性最强的财务分析指标，是分析体系的起点。财务管理的目标之一是使股东财富最大化，而不断提高净资产收益率是使所有者权益最大化的基本保证。净资产收益率高低的决定因素主要有三个，即销售净利率、总资产周转率和权益乘数。

第二，销售净利率反映了企业净利润与销售收入的关系，它的高低取决于销售收入与成本总额的高低。要想提高销售净利率，一是要扩大销售收入，二是要降低成本费用。扩大销售收入既有利于提高销售净利率，又有利于提高总资产周转率。降低成本费用是提高销售净利率的一个重要因素，可根据分析结构找出降低成本费用的途径和加强成本费用控制的办法。例如，企业财务费用支出过高，就要进一步分析其负债比率是否过高；如果管理费用过高，就要进一步分析其资金周转情况等。

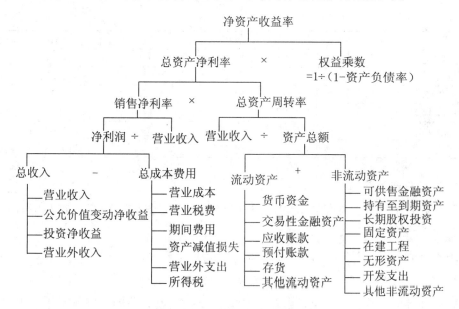

图9-1 杜邦财务分析体系

第三，影响总资产周转率的一个重要因素是资产总额。资产总额由流动资产与长期资产组成，它们的结构合理与否将直接影响资产的周转速度。一般来说，流动资产直接体现企业的偿债能力和变现能力，而长期资产则体现了企业的经营规模、发展潜力，两者之间应有合理的比例关系，如果发现某项资产比重过大，影响资金周转，就应深入分析其原因。例如，企业持有的存货和应收账款过多，既会影响获利能力，又会影响偿债能力。因此还应进一步分析各项资产的占用数额和周转速度。

第四，权益乘数主要受资产负债率指标的影响。资产负债率越高，权益乘数就越高，说明企业的负债程度比较高，给企业带来了较多的杠杆利益，同时，也带来了较大的风险。

【例9-14】某企业有关财务数据如表9-12所示，分析该企业净资产收益率变化的原因如表9-13所示。

表9-12 某企业基本财务数据表

元

年度	净利润	销售收入	平均资产总额	平均负债总额	全部成本	制造成本	销售费用	管理费用	财务费用
2009	10 284	411 224	306 223	205 677	403 967	373 535	10 203	18 668	1 562
2010	12 654	757 614	330 580	215 660	736 747	684 261	21 741	25 718	5 026

【解】

表9-13 财 务 比 率

%

年　　度	2009	2010
净资产收益率	10.23	11.01
权益乘数	3.05	2.88
资产负债率	67.2	65.2
总资产净利率	3.36	3.83
销售净利率	2.5	1.67
总资产周转率	134.29	229.18

（1）净资产收益率

该企业的净资产收益率从2009至2010年间有一定好转，净资产收益率=权益乘数×总资产净利率

2009年　　10.23%=3.05×3.36%

2010年　　11.01%=2.88×3.83%

通过分解可以看出，变化是由资本结构（权益乘数）变动和资产利用效果（总资产净利率）共同作用的结果，而总资产净利率太低，资产利用效果较差。

（2）总资产净利率

总资产净利率=销售净利率×总资产周转率

2009年　　3.35%=2.5%×1.34

2010年　　3.82%=1.67%×2.29

通过分解可知，2010年资产周转率有所提高，但由于销售净利率的减少阻碍了总资产净利率的增加。

（3）销售净利率

$$销售净利率 = \frac{净利率}{销售收入}$$

2009 年　　2.5% = 10 284 ÷ 411 224

2010 年　　1.67% = 12 654 ÷ 757 614

从分解得知，尽管销售收入大幅度提高（从 411 224 元增至 757 614 元），但由于成本费用的增多（从 403 967 元增至 736 747 元），净利润的增长幅度很小。

（4）对全部成本的分析

全部成本 = 制造成本 + 销售费用 + 管理费用 + 财务费用

2009 年　　403 967 = 373 535 + 10 203 + 18 668 + 1 562

2010 年　　736 747 = 684 262 + 21 741 + 25 718 + 5 026

导致该企业净资产收益率小的主要原因是全部成本过大。同样因为全部成本的增大导致了净利润提高幅度不大，而销售收入的大幅度增加，就引起了销售净利率的降低，显示出该企业销售盈利能力的降低。因此，资产净利率的提高归功于总资产周转率的提高，而销售净利率的减少却起到了阻碍的作用。

（5）权益乘数：

$$权益乘数 = \frac{资产总额}{权益总额}$$

2009 年　　3.05 = 306 223 ÷（306 223 − 205 677）

2010 年　　2.88 = 330 580 ÷（330 580 − 215 660）

该企业下降的权益乘数，说明企业的资本结构在 2009 年至 2010 年间发生了变动，负债程度降低，同时财务风险减小。该企业的权益乘数一直处于 2 ~ 5 之间，表面负债率在 50% ~ 80% 之间，属于激进战略型企业。

（6）综上所述，对于该企业，最为重要的是降低各项成本，在控制成本上下工夫，同时保持较高的总资产周转率，这样，可以提高销售净利率，从而使总资产净利率得到提高。

【例 9-15】某汽车制造公司 2013 年与 2014 年的权益收益如下：

2013 年，净资产收益率 = 1.149% × 2.332 × 2.406 = 6.446%

2014 年，净资产收益率 = 2.563% × 2.337 × 2.221 = 13.30%

行业平均值：净资产收益率 = 3.5% × 2.6 × 2 = 18.2%

该公司股权收益远低于行业平均水平，主要是销售利润率与总资产周转率均低于行业平均水平，企业应在生产经营与资产管理上进一步加强。负债水平高于行业平均，在资产收益低于行业平均水平的条件下，应控制财务风险。

【例 9-16】假设有 A、B 两家公司

A 公司：净资产收益率 = 13.5% × 2 × 1.67 = 45%

B 公司：净资产收益率 = 2% × 9 × 2.5 = 45%

调查得到，这两家公司虽然都获得相同的净资产收益率，但 A 公司是采用经营高盈利的产品，高投入、低负债（权益乘数 1.67）的策略。因而，企业产品盈利性强（销售利润率 13.5%），但总资产周转率低（2 次）。

B 公司采用薄利多销，加快资金周转速度、适当负债的策略。因而，企业产品盈利性不太强（销售利润率 2%），但通过快速的资金周转（9 次），又加上负债经营（权益乘数 2.5），仍取得较好的股权收益。

二、综合计分法

综合计分法是指对选定的财务比率进行评分，然后计算出综合得分，并据以评价企业的综合财务状况的综合评价方法。根据所选的财务比率的范围和计算综合得分的方法不同，综合计分法又有沃尔评分法、综合评价法和我国国有资本金绩效评价等几种不同方法。

（一）沃尔评分法

沃尔评分法是由财务综合分析的先驱者之一亚历山大·沃尔先生在他出版的财务分析论著中提出的。他把若干个财务比率用线性关系结合起来，以此来评价企业的信用水平。他选择了七种财务比率，分别给定了其在总评价中所占的比重，总和为 100 分；然后确定标准比率，并与实际比率相比较，评出每项指标的得分，求出总评分。

【例 9-17】某中型电力企业 2008 年的财务状况评分的结果如表 9-14 所示。

表 9-14 沃尔综合评分表

财务比率	比重 a	标准比率 b	实际比率 c	相对比率 d = c/b	综合指数 e = a × d
流动比率	25	2	1.66	0.83	20.75
净资产/负债	25	1.5	2.39	1.59	39.75
资产/固定资产	15	2.5	1.84	0.736	11.04
销售成本/存货	10	8	9.94	1.243	12.43
销售收入/应收账款	10	6	8.61	1.435	14.35
销售收入/固定资产	10	4	0.55	0.1375	1.38
销售收入/净资产	5	3	0.4	0.133	0.67
合　计	100				100.37

由表可知，该企业综合指数为 100.37，总体财务状况良好。

沃尔评分方法在理论上存在缺陷，即未能论证为什么选择这七项指标，而不是更多、更少或其他比率。尽管如此，还是在实践中被广泛应用。

（二）综合评价法

与沃尔评分法不同，综合评价法认为企业财务评价的主要内容是盈利能力、偿债能力和增长能力，他们之间大致可按 5：3：2 的比重来分配。盈利能力的主要指标是总资产报酬率、销售净利率和净资产收益率，这三个指标可按 2：2：1 的比重来安排。偿债能力有四个常用指标。增长能力有三个常用指标。具体评分方式见表 9 – 15。

表 9 – 15　综合评分方法的标准

%

指　标		评分值	标准比率	行业最高比率	最高评分	最低评分	每分比率的差
盈利能力	总资产报酬率	20	10	20	30	10	1
	销售净利率	20	4	20	30	10	1.60
	净资产收益率	10	16	20	15	5	0.80
偿债能力	自有资本比率	8	40	100	12	4	15
	流动比率	8	1.5	4.5	12	4	0.75
	应收账款周转率	8	6	1.2	12	4	1.5
	存货周转率	8	8	1.2	12	4	1
增长能力	销售增长率	6	15	30	9	3	5
	净利增长率	6	10	20	9	3	3.30
	总资产增长率	6	10	20	9	3	3.30
合　计		100			150	50	

（三）我国国有资本金绩效评价

我国国有资本金绩效评价，于 1999 年 8 月由财政部、经贸委、人事部联合通知组织开展，并于 2002 年修订完善。较前述两种综合评价方法有以下两个特点：第一，加入了一定比例的非财务指标；第二，鉴于基本指标较强的概括性而不够全面的特点，增设了八项修正指标。

三、平衡计分法

平衡计分法简称 BSC（Balanced Score Card），由美国哈佛商学院教授、会计学家罗伯特·卡普兰和戴维·诺顿于 1992 年首创。它将财务指标与非指标进行有机的结合，在考虑了影响企业战略成功的主要因素的基础上，建立了较为科学的企业业绩评价指标体系。该指标体系包括财务、客户、内部生产经营和管理以及学习与成长四个内容，通过对四个方面的评价，实现对企业综合业绩的全面评价。

本 章 小 结

本章主要阐述财务分析的基础理论和方法，主要内容包括：财务分析的一般方法和程序简介，用以解读财务报表的企业财务状况分析，用以从各个层面深入分析企业经营状况的财务比率分析（或称指标分析），以及对企业经营状况总体评价与原因分析的财务综合分析四部分内容。其中所涉及的分析方法包括比较分析、比率分析、趋势分析和因素分析是财务分析的基本分析方法和技能。在财务状况分析部分，通过对资产负债表、利润表和现金流量表的水平分析、垂直分析和趋势分析，系统介绍了财务报表项目的规模、结构，以及变动趋势，从而解读财务报表所提供的财务状况信息。财务比率分析部分，从常见的几个特定指标分析入手，集中分析了企业的盈利能力、偿债能力和营运能力。最后，在财务综合分析部分，简要介绍了三种综合分析的方法和运用，包括：杜邦分析法、综合计分法和平衡分析法。作为企业利益关系成员了解企业财务状况和经营成绩、评价企业的偿债能力和经营能力、预测企业未来发展和制定经济决策的重要依据和信息来源，财务分析成为企业财务管理不可或缺的重要组成部分。

随堂练习

一、思考题

1. 财务分析的意义和一般方法是什么？

2. 财务报表的水平和垂直分析意义何在？

3. 如何解释反映偿债能力的财务指标？

4. 杜邦财务分析体系的基本理念告诉我们什么？

二、单项选择题

1. 企业投资者进行财务分析的根本目的是关心企业的(　　)。

　　A. 盈利能力　　B. 营运能力　　C. 偿债能力　　D. 增长能力

2. 业绩评价属于(　　)范畴。

　　A. 会计分析　　B. 财务分析　　C. 财务分析应用　　D. 综合分析

3. 利用共同比资产负债表评价企业的财务状况属于(　　)。

　　A. 水平分析　　B. 垂直分析　　C. 趋势分析　　D. 比率分析

4. 可以预测企业未来财务状况的分析方法是(　　)。

　　A. 水平分析　　B. 垂直分析　　C. 趋势分析　　D. 比率分析

5. 社会贡献率指标是(　　)利益主体最关心的指标。

　　A. 所有者　　B. 经营者　　C. 政府管理者　　D. 债权者

6. 杜邦分析法是(　　)。

　　A. 基本因素分析的方法　　　　B. 财务综合分析的方法

　　C. 财务综合评价的方法　　　　D. 财务预测分析的方法

7. 某公司本年净利为 2 000 万元，股利分配时的股票市价为 20/股，发行在外的流通股股数为 1 000 万股，股利分配政策为 10 送 2 股，则稀释后每股收益为(　　)。

　　A. 1. 67　　B. 2　　C. 16. 67　　D. 20

8. 总资产报酬率是指(　　)与平均总资产之间的比率。

    A. 利润总额   B. 息税前利润

    C. 净利润   D. 息前利润

9. (　　)是反映盈利能力的核心指标。

    A. 总资产报酬率   B. 股利发放率

    C. 总资产周转率   D. 净资产收益率

10. (　　)指标越高，说明企业资产的运用效率越好，也意味着企业的资产盈利能力越强。

    A. 总资产周转率   B. 存货周转率

    C. 总资产报酬率   D. 应收账款周转率

11. (　　)是指净利润减去优先股股利后的余额与发行在外的普通股评价股数的比值。

    A. 每股收益   B. 每股股利

    C. 每股金额   D. 每股账面价值

12. (　　)每股市价与每股收益的比值，反映普通股股东从每股的全部获利中分到多少。

    A. 每股收益   B. 普通股权益报酬率

    C. 市盈率   D. 股利发放

13. 从资产流动性方面反映总资产效率的指标是(　　)。

    A. 总资产产值率   B. 总资产收入率

    C. 总资产周转率   D. 产品销售率

14. 在企业速动比率是0.8的情况下，会引起该比率提高的经济业务是(　　)。

    A. 银行提取现金   B. 赊购商品

    C. 收回应收账款   D. 开出短期票据借款

15. 某企业年初流动比率为2.2，速动比率为1；年末流动比率为2.4，速动比率为0.9。发生这种情况的原因可能是(　　)。

    A. 存货增加   B. 应收账款增加

    C. 应付账款增加   D. 预收账款增加

16. 杜邦财务分析体系的核心指标是(　　)。

    A. 总资产周转率   B. 净资产收益率

    C. 销售净利率   D. 成本利润率

17. 总资产报酬率的计算公式是(　　)。

    A. $\dfrac{\text{销售利润}+\text{利息支出}}{\text{平均资产总额}}$ B. $\dfrac{\text{净利润}+\text{利息支出}}{\text{平均资产总额}}$

C. $\dfrac{营业利润 + 利息支出}{平均资产总额}$ D. $\dfrac{利润总额 + 利息支出}{平均资产总额}$

三、判断题

1. 比率能够综合反映与比率计算相关的某一报表的联系，但给人们不保险的最终印象。（   ）

2. 根据不同的资源投入，盈利能力可分为资本经营盈利能力、资产经营盈利能力和商品经营盈利能力。（   ）

3. 差额计算法只是连环替代法的一种简化形式，二者实质上是相同的。（   ）

4. 运用差额计算法进行因素分析不需要考虑因素的替代顺序问题。（   ）

5. 资产负债表结构分析法通常采用水平分析法。（   ）

6. 固定资产比重越高，企业资产的弹性越差。（   ）

7. 资本经营盈利能力分析主要对全部资产报酬率指标进行分析和评价。（   ）

8. 对企业盈利能力的分析主要指对利润额的分析。（   ）

9. 总资产报酬率越高，净资产收益率就越高。（   ）

10. 当总资产报酬率高于负债利息率时，提高负债与所有者权益之比，将使净资产收益率提高。（   ）

11. 净资产收益是反映盈利能力的核心指标。（   ）

12. 资产周转次数越多，周转天数越多，表明资产周转速度越快。（   ）

13. 对任何企业而言，速动比率应该大于 1 才是正常的。（   ）

四、计算分析题

1. 资本经营能力分析

根据某公司 2013 年、2014 年两个年度的资产负债表、利润标及其附表资料及会计报表附注，给出以下分析数据：

数据资料表

千元

年度 项目	2005	2006
平均总资产	9 638	15 231
平均净资产	8 561	11 458
利息支出	146	189
利润总额	821	1 689
所得税税率（%）	33	30

要求：用连环替代法计算各因素变动对资本经营能力的影响程度。

2.

流动资产周转速度指标资料

万元

项　目	上　年	本　年
营业收入		31 420
营业成本		21 994
流动资产合计	13 250	13 846
其中：存货	6 312	6 148
应收账款	3 548	3 216

要求：（1）计算存货周转速度指标；

（2）计算应收账款周转速度指标。

3. 流动比率、速动比率计算

某企业流动负债 200 万元，流动资产 400 万元，其中：应收票据 50 万元，存货 90 万元，待摊费用 2 万元，预付账款 7 万元，应收账款 200 万元（坏账损失率 5‰）。求该企业的流动比率和速动比率。

4. 净资产收益率分析计算

相关财务指标

万元

项　目	上　年	本　年
平均总资产	46 780	49 120
平均净资产	25 729	25 051
营业收入	37 424	40 278
净利润	3 473	3 557

要求：根据以上资料，按杜邦财务分析体系对净资产收益率变动原因进行分析。

附录 资金时间价值系数表

复利终值系数表

期数	1%	2%	3%	4%	5%	6%	7%	8%	9%	10%
1	1.0100	1.0200	1.0300	1.0400	1.0500	1.0600	1.0700	1.0800	1.0900	1.1000
2	1.0201	1.0404	1.0609	1.0816	1.1025	1.1236	1.1449	1.1664	1.1881	1.2100
3	1.0303	1.0612	1.0927	1.1249	1.1576	1.1910	1.2250	1.2597	1.2950	1.3310
4	1.0406	1.0824	1.1255	1.1699	1.2155	1.2625	1.3108	1.3605	1.4116	1.4641
5	1.0510	1.1041	1.1593	1.2167	1.2763	1.3382	1.4026	1.4693	1.5386	1.6105
6	1.0615	1.1262	1.1941	1.2653	1.3401	1.4185	1.5007	1.5869	1.6771	1.7716
7	1.0721	1.1487	1.2299	1.3159	1.4071	1.5036	1.6058	1.7138	1.8280	1.9487
8	1.0829	1.1717	1.2668	1.3686	1.4775	1.5938	1.7182	1.8509	1.9926	2.1436
9	1.0937	1.1951	1.3048	1.4233	1.5513	1.6895	1.8385	1.9990	2.1719	2.3579
10	1.1046	1.2190	1.3439	1.4802	1.6289	1.7908	1.9672	2.1589	2.3674	2.5937
11	1.1157	1.2434	1.3842	1.5395	1.7103	1.8983	2.1049	2.3316	2.5804	2.8531
12	1.1268	1.2682	1.4258	1.6010	1.7959	2.0122	2.2522	2.5182	2.8127	3.1384
13	1.1381	1.2936	1.4685	1.6651	1.8856	2.1329	2.4098	2.7196	3.0658	3.4523
14	1.1495	1.3195	1.5126	1.7317	1.9799	2.2609	2.5785	2.9372	3.3417	3.7975
15	1.1610	1.3459	1.5580	1.8009	2.0789	2.3966	2.7590	3.1722	3.6425	4.1772
16	1.1726	1.3728	1.6047	1.8730	2.1829	2.5404	2.9522	3.4259	3.9703	4.5950
17	1.1843	1.4002	1.6528	1.9479	2.2920	2.6928	3.1588	3.7000	4.3276	5.0545
18	1.1961	1.4282	1.7024	2.0258	2.4066	2.8543	3.3799	3.9960	4.7171	5.5599
19	1.2081	1.4568	1.7535	2.1068	2.5270	3.0256	3.6165	4.3157	5.1417	6.1159
20	1.2202	1.4859	1.8061	2.1911	2.6533	3.2071	3.8697	4.6610	5.6044	6.7275
21	1.2324	1.5157	1.8603	2.2788	2.7860	3.3996	4.1406	5.0338	6.1088	7.4002
22	1.2447	1.5460	1.9161	2.3699	2.9253	3.6035	4.4304	5.4365	6.6586	8.1403
23	1.2572	1.5769	1.9736	2.4647	3.0715	3.8197	4.7405	5.8715	7.2579	8.9543
24	1.2697	1.6084	2.0328	2.5633	3.2251	4.0489	5.0724	6.3412	7.9111	9.8497
25	1.2824	1.6406	2.0938	2.6658	3.3864	4.2919	5.4274	6.8485	8.6231	10.835
26	1.2953	1.6734	2.1566	2.7725	3.5557	4.5494	5.8074	7.3964	9.3992	11.918
27	1.3082	1.7069	2.2213	2.8834	3.7335	4.8223	6.2139	7.9881	10.245	13.110
28	1.3213	1.7410	2.2879	2.9987	3.9201	5.1117	6.6488	8.6271	11.167	14.421
29	1.3345	1.7758	2.3566	3.1187	4.1161	5.4184	7.1143	9.3173	12.172	15.863
30	1.3478	1.8114	2.4273	3.2434	4.3219	5.7435	7.6123	10.063	13.268	17.449
40	1.4889	2.2080	3.2620	4.8010	7.0400	10.286	14.975	21.725	31.409	45.259
50	1.6446	2.6916	4.3839	7.1067	11.467	18.420	29.457	46.902	74.358	117.39
60	1.8167	3.2810	5.8916	10.520	18.679	32.988	57.946	101.26	176.03	304.48

期数	12%	14%	15%	16%	18%	20%	24%	28%	32%	36%
1	1. 1200	1. 1400	1. 1500	1. 1600	1. 1800	1. 2000	1. 2400	1. 2800	1. 3200	1. 3600
2	1. 2544	1. 2996	1. 3225	1. 3456	1. 3924	1. 4400	1. 5376	1. 6384	1. 7424	1. 8496
3	1. 4049	1. 4815	1. 5209	1. 5609	1. 6430	1. 7280	1. 9066	2. 0972	2. 3000	2. 5155
4	1. 5735	1. 6890	1. 7490	1. 8106	1. 9388	2. 0736	2. 3642	2. 6844	3. 0360	3. 4210
5	1. 7623	1. 9254	2. 0114	2. 1003	2. 2878	2. 4883	2. 9316	3. 4360	4. 0075	4. 6526
6	1. 9738	2. 1950	2. 3131	2. 4364	2. 6996	2. 9860	3. 6352	4. 3980	5. 2899	6. 3275
7	2. 2107	2. 5023	2. 6600	2. 8262	3. 1855	3. 5832	4. 5077	5. 6295	6. 9826	8. 6054
8	2. 4760	2. 8526	3. 0590	3. 2784	3. 7589	4. 2998	5. 5895	7. 2058	9. 2170	11. 703
9	2. 7731	3. 2519	3. 5179	3. 8030	4. 4355	5. 1598	6. 9310	9. 2234	12. 167	15. 917
10	3. 1058	3. 7072	4. 0456	4. 4114	5. 2338	6. 1917	8. 5944	11. 806	16. 060	21. 647
11	3. 4785	4. 2262	4. 6524	5. 1173	6. 1759	7. 4301	10. 657	15. 112	21. 199	29. 439
12	3. 8960	4. 8179	5. 3503	5. 9360	7. 2876	8. 9161	13. 215	19. 343	27. 983	40. 038
13	4. 3635	5. 4924	6. 1528	6. 8858	8. 5994	10. 699	16. 386	24. 759	36. 937	54. 451
14	4. 8871	6. 2613	7. 0757	7. 9875	10. 147	12. 839	20. 319	31. 691	48. 757	74. 053
15	5. 4736	7. 1379	8. 1371	9. 2655	11. 974	15. 407	25. 196	40. 565	64. 359	100. 71
16	6. 1304	8. 1372	9. 3576	10. 748	14. 129	18. 488	31. 243	51. 923	84. 954	136. 97
17	6. 8660	9. 2765	10. 761	12. 468	16. 672	22. 186	38. 741	66. 461	112. 14	186. 28
18	7. 6900	10. 575	12. 376	14. 463	19. 673	26. 623	48. 039	85. 071	148. 02	253. 34
19	8. 6128	12. 056	14. 232	16. 777	23. 214	31. 948	59. 568	108. 89	195. 39	344. 54
20	9. 6463	13. 744	16. 367	19. 461	27. 393	38. 338	73. 864	139. 38	257. 92	468. 57
21	10. 804	15. 668	18. 822	22. 575	32. 324	46. 005	91. 592	178. 41	340. 45	637. 26
22	12. 100	17. 861	21. 645	26. 186	38. 142	55. 206	113. 57	228. 36	449. 39	866. 67
23	13. 552	20. 362	24. 892	30. 376	45. 008	66. 247	140. 83	292. 30	593. 20	1178. 7
24	15. 179	23. 212	28. 625	35. 236	53. 109	79. 497	174. 63	374. 14	783. 02	1603. 0
25	17. 000	26. 462	32. 919	40. 874	62. 669	95. 396	216. 54	478. 90	1033. 6	2180. 1
26	19. 040	30. 167	37. 857	47. 414	73. 949	114. 48	268. 51	613. 00	1364. 3	2964. 9
27	21. 325	34. 390	43. 535	55. 000	87. 260	137. 37	332. 96	784. 64	1800. 9	4032. 3
28	23. 884	39. 205	50. 066	63. 800	102. 97	164. 84	412. 86	1004. 3	2377. 2	5483. 9
29	26. 750	44. 693	57. 576	74. 009	121. 50	197. 81	511. 95	1285. 6	3137. 9	7458. 1
30	29. 960	50. 950	66. 212	85. 850	143. 37	237. 38	634. 82	1645. 5	4142. 1	10143
40	93. 051	188. 88	267. 86	378. 72	750. 38	1469. 8	5455. 9	19427	66521	*
50	289. 00	700. 23	1083. 7	1670. 7	3927. 4	9100. 4	46890	*	*	*
60	897. 60	2595. 9	4384. 0	7370. 2	20555	56348	*	*	*	*

注： *〉99999

305

附表二

复利现值系数表

期数	1%	2%	3%	4%	5%	6%	7%	8%	9%	10%
1	0.9901	0.9804	0.9709	0.9615	0.9524	0.9434	0.9346	0.9259	0.9174	0.9091
2	0.9803	0.9612	0.9426	0.9246	0.9070	0.8900	0.8734	0.8573	0.8417	0.8264
3	0.9706	0.9423	0.9151	0.8890	0.8638	0.8396	0.8163	0.7938	0.7722	0.7513
4	0.9610	0.9238	0.8885	0.8548	0.8227	0.7921	0.7629	0.7350	0.7084	0.6830
5	0.9515	0.9057	0.8626	0.8219	0.7835	0.7473	0.7130	0.6806	0.6499	0.6209
6	0.9420	0.8880	0.8375	0.7903	0.7462	0.7050	0.6663	0.6302	0.5963	0.5645
7	0.9327	0.8706	0.8131	0.7599	0.7107	0.6651	0.6227	0.5835	0.5470	0.5132
8	0.9235	0.8535	0.7894	0.7307	0.6768	0.6274	0.5820	0.5403	0.5019	0.4665
9	0.9143	0.8368	0.7664	0.7026	0.6446	0.5919	0.5439	0.5002	0.4604	0.4241
10	0.9053	0.8203	0.7441	0.6756	0.6139	0.5584	0.5083	0.4632	0.4224	0.3855
11	0.8963	0.8043	0.7224	0.6496	0.5847	0.5268	0.4751	0.4289	0.3875	0.3505
12	0.8874	0.7885	0.7014	0.6246	0.5568	0.4970	0.4440	0.3971	0.3555	0.3186
13	0.8787	0.7730	0.6810	0.6006	0.5303	0.4688	0.4150	0.3677	0.3262	0.2897
14	0.8700	0.7579	0.6611	0.5775	0.5051	0.4423	0.3878	0.3405	0.2992	0.2633
15	0.8613	0.7430	0.6419	0.5553	0.4810	0.4173	0.3624	0.3152	0.2745	0.2394
16	0.8528	0.7284	0.6232	0.5339	0.4581	0.3936	0.3387	0.2919	0.2519	0.2176
17	0.8444	0.7142	0.6050	0.5134	0.4363	0.3714	0.3166	0.2703	0.2311	0.1978
18	0.8360	0.7002	0.5874	0.4936	0.4155	0.3503	0.2959	0.2502	0.2120	0.1799
19	0.8277	0.6864	0.5703	0.4746	0.3957	0.3305	0.2765	0.2317	0.1945	0.1635
20	0.8195	0.6730	0.5537	0.4564	0.3769	0.3118	0.2584	0.2145	0.1784	0.1486
21	0.8114	0.6598	0.5375	0.4388	0.3589	0.2942	0.2415	0.1987	0.1637	0.1351
22	0.8034	0.6468	0.5219	0.4220	0.3418	0.2775	0.2257	0.1839	0.1502	0.1228
23	0.7954	0.6342	0.5067	0.4057	0.3256	0.2618	0.2109	0.1703	0.1378	0.1117
24	0.7876	0.6217	0.4919	0.3901	0.3101	0.2470	0.1971	0.1577	0.1264	0.1015
25	0.7798	0.6095	0.4776	0.3751	0.2953	0.2330	0.1842	0.1460	0.1160	0.0923
26	0.7720	0.5976	0.4637	0.3607	0.2812	0.2198	0.1722	0.1352	0.1064	0.0839
27	0.7644	0.5859	0.4502	0.3468	0.2678	0.2074	0.1609	0.1252	0.0976	0.0763
28	0.7568	0.5744	0.4371	0.3335	0.2551	0.1956	0.1504	0.1159	0.0895	0.0693
29	0.7493	0.5631	0.4243	0.3207	0.2429	0.1846	0.1406	0.1073	0.0822	0.0630
30	0.7419	0.5521	0.4120	0.3083	0.2314	0.1741	0.1314	0.0994	0.0754	0.0573
35	0.7059	0.5000	0.3554	0.2534	0.1813	0.1301	0.0937	0.0676	0.0490	0.0356
40	0.6717	0.4529	0.3066	0.2083	0.1420	0.0972	0.0668	0.0460	0.0318	0.0221
45	0.6391	0.4102	0.2644	0.1712	0.1113	0.0727	0.0476	0.0313	0.0207	0.0137
50	0.6080	0.3715	0.2281	0.1407	0.0872	0.0543	0.0339	0.0213	0.0134	0.0085
55	0.5785	0.3365	0.1968	0.1157	0.0683	0.0406	0.0242	0.0145	0.0087	0.0053

续　表

期数	12%	14%	15%	16%	18%	20%	24%	28%	32%	36%
1	0.8929	0.8772	0.8696	0.8621	0.8475	0.8333	0.8065	0.7813	0.7576	0.7353
2	0.7972	0.7695	0.7561	0.7432	0.7182	0.6944	0.6504	0.6104	0.5739	0.5407
3	0.7118	0.6750	0.6575	0.6407	0.6086	0.5787	0.5245	0.4768	0.4348	0.3975
4	0.6355	0.5921	0.5718	0.5523	0.5158	0.4823	0.4230	0.3725	0.3294	0.2923
5	0.5674	0.5194	0.4972	0.4761	0.4371	0.4019	0.3411	0.2910	0.2495	0.2149
6	0.5066	0.4556	0.4323	0.4104	0.3704	0.3349	0.2751	0.2274	0.1890	0.1580
7	0.4523	0.3996	0.3759	0.3538	0.3139	0.2791	0.2218	0.1776	0.1432	0.1162
8	0.4039	0.3506	0.3269	0.3050	0.2660	0.2326	0.1789	0.1388	0.1085	0.0854
9	0.3606	0.3075	0.2843	0.2630	0.2255	0.1938	0.1443	0.1084	0.0822	0.0628
10	0.3220	0.2697	0.2472	0.2267	0.1911	0.1615	0.1164	0.0847	0.0623	0.0462
11	0.2875	0.2366	0.2149	0.1954	0.1619	0.1346	0.0938	0.0662	0.0472	0.0340
12	0.2567	0.2076	0.1869	0.1685	0.1372	0.1122	0.0757	0.0517	0.0357	0.0250
13	0.2292	0.1821	0.1625	0.1452	0.1163	0.0935	0.0610	0.0404	0.0271	0.0184
14	0.2046	0.1597	0.1413	0.1252	0.0985	0.0779	0.0492	0.0316	0.0205	0.0135
15	0.1827	0.1401	0.1229	0.1079	0.0835	0.0649	0.0397	0.0247	0.0155	0.0099
16	0.1631	0.1229	0.1069	0.0930	0.0708	0.0541	0.0320	0.0193	0.0118	0.0073
17	0.1456	0.1078	0.0929	0.0802	0.0600	0.0451	0.0258	0.0150	0.0089	0.0054
18	0.1300	0.0946	0.0808	0.0691	0.0508	0.0376	0.0208	0.0118	0.0068	0.0039
19	0.1161	0.0829	0.0703	0.0596	0.0431	0.0313	0.0168	0.0092	0.0051	0.0029
20	0.1037	0.0728	0.0611	0.0514	0.0365	0.0261	0.0135	0.0072	0.0039	0.0021
21	0.0926	0.0638	0.0531	0.0443	0.0309	0.0217	0.0109	0.0056	0.0029	0.0016
22	0.0826	0.0560	0.0462	0.0382	0.0262	0.0181	0.0088	0.0044	0.0022	0.0012
23	0.0738	0.0491	0.0402	0.0329	0.0222	0.0151	0.0071	0.0034	0.0017	0.0008
24	0.0659	0.0431	0.0349	0.0284	0.0188	0.0126	0.0057	0.0027	0.0013	0.0006
25	0.0588	0.0378	0.0304	0.0245	0.0160	0.0105	0.0046	0.0021	0.0010	0.0005
26	0.0525	0.0331	0.0264	0.0211	0.0135	0.0087	0.0037	0.0016	0.0007	0.0003
27	0.0469	0.0291	0.0230	0.0182	0.0115	0.0073	0.0030	0.0013	0.0006	0.0002
28	0.0419	0.0255	0.0200	0.0157	0.0097	0.0061	0.0024	0.0010	0.0004	0.0002
29	0.0374	0.0224	0.0174	0.0135	0.0082	0.0051	0.0020	0.0008	0.0003	0.0001
30	0.0334	0.0196	0.0151	0.0116	0.0070	0.0042	0.0016	0.0006	0.0002	0.0001
35	0.0189	0.0102	0.0075	0.0055	0.0030	0.0017	0.0005	0.0002	0.0001	*
40	0.0107	0.0053	0.0037	0.0026	0.0013	0.0007	0.0002	0.0001	*	*
45	0.0061	0.0027	0.0019	0.0013	0.0006	0.0003	0.0001	*	*	*
50	0.0035	0.0014	0.0009	0.0006	0.0003	0.0001	*	*	*	*
55	0.0020	0.0007	0.0005	0.0003	0.0001	*	*	*	*	*

注：＊＜0.0001

附表三

年金终值系数表

期数	1%	2%	3%	4%	5%	6%	7%	8%	9%	10%
1	1.0000	1.0000	1.0000	1.0000	1.0000	1.0000	1.0000	1.0000	1.0000	1.0000
2	2.0100	2.0200	2.0300	2.0400	2.0500	2.0600	2.0700	2.0800	2.0900	2.1000
3	3.0301	3.0604	3.0909	3.1216	3.1525	3.1836	3.2149	3.2464	3.2781	3.3100
4	4.0604	4.1216	4.1836	4.2465	4.3101	4.3746	4.4399	4.5061	4.5731	4.6410
5	5.1010	5.2040	5.3091	5.4163	5.5256	5.6371	5.7507	5.8666	5.9847	6.1051
6	6.1520	6.3081	6.4684	6.6330	6.8019	6.9753	7.1533	7.3359	7.5233	7.7156
7	7.2135	7.4343	7.6625	7.8983	8.1420	8.3938	8.6540	8.9228	9.2004	9.4872
8	8.2857	8.5830	8.8923	9.2142	9.5491	9.8975	10.260	10.637	11.029	11.436
9	9.3685	9.7546	10.159	10.583	11.027	11.491	11.978	12.488	13.021	13.580
10	10.462	10.950	11.464	12.006	12.578	13.181	13.816	14.487	15.193	15.937
11	11.567	12.169	12.808	13.486	14.207	14.972	15.784	16.646	17.560	18.531
12	12.683	13.412	14.192	15.026	15.917	16.870	17.889	18.977	20.141	21.384
13	13.809	14.680	15.618	16.627	17.713	18.882	20.141	21.495	22.953	24.523
14	14.947	15.974	17.086	18.292	19.599	21.015	22.551	24.215	26.019	27.975
15	16.097	17.293	18.599	20.024	21.579	23.276	25.129	27.152	29.361	31.773
16	17.258	18.639	20.157	21.825	23.658	25.673	27.888	30.324	33.003	35.950
17	18.430	20.012	21.762	23.698	25.840	28.213	30.840	33.750	36.974	40.545
18	19.615	21.412	23.414	25.645	28.132	30.906	33.999	37.450	41.301	45.599
19	20.811	22.841	25.117	27.671	30.539	33.760	37.379	41.446	46.019	51.159
20	22.019	24.297	26.870	29.778	33.066	36.786	40.996	45.762	51.160	57.275
21	23.239	25.783	28.677	31.969	35.719	39.993	44.865	50.423	56.765	64.003
22	24.472	27.299	30.537	34.248	38.505	43.392	49.006	55.457	62.873	71.403
23	25.716	28.845	32.453	36.618	41.431	46.996	53.436	60.893	69.532	79.543
24	26.974	30.422	34.427	39.083	44.502	50.816	58.177	66.765	76.790	88.497
25	28.243	32.030	36.459	41.646	47.727	54.865	63.249	73.106	84.701	98.347
26	29.526	33.671	38.553	44.312	51.114	59.156	68.677	79.954	93.324	109.18
27	30.821	35.344	40.710	47.084	54.669	63.706	74.484	87.351	102.72	121.10
28	32.129	37.051	42.931	49.968	58.403	68.528	80.698	95.339	112.97	134.21
29	33.450	38.792	45.219	52.966	62.323	73.640	87.347	103.97	124.14	148.63
30	34.785	40.568	47.575	56.085	66.439	79.058	94.461	113.28	136.31	164.49
40	48.886	60.402	75.401	95.026	120.80	154.76	199.64	259.06	337.88	442.59
50	64.463	84.579	112.80	152.67	209.35	290.34	406.53	573.77	815.08	1163.9
60	81.670	114.05	163.05	237.99	353.58	533.13	813.52	1253.2	1944.8	3034.8

续 表

期数	12%	14%	15%	16%	18%	20%	24%	28%	32%	36%
1	1.0000	1.0000	1.0000	1.0000	1.0000	1.0000	1.0000	1.0000	1.0000	1.0000
2	2.1200	2.1400	2.1500	2.1600	2.1800	2.2000	2.2400	2.2800	2.3200	2.3600
3	3.3744	3.4396	3.4725	3.5056	3.5724	3.6400	3.7776	3.9184	4.0624	4.2096
4	4.7793	4.9211	4.9934	5.0665	5.2154	5.3680	5.6842	6.0156	6.3624	6.7251
5	6.3528	6.6101	6.7424	6.8771	7.1542	7.4416	8.0484	8.6999	9.3983	10.146
6	8.1152	8.5355	8.7537	8.9775	9.4420	9.9299	10.980	12.136	13.406	14.799
7	10.089	10.731	11.067	11.414	12.142	12.916	14.615	16.534	18.696	21.126
8	12.300	13.233	13.727	14.240	15.327	16.499	19.123	22.163	25.678	29.732
9	14.776	16.085	16.786	17.519	19.086	20.799	24.713	29.369	34.895	41.435
10	17.549	19.337	20.304	21.322	23.521	25.959	31.643	38.593	47.062	57.352
11	20.655	23.045	24.349	25.733	28.755	32.150	40.238	50.399	63.122	78.998
12	24.133	27.271	29.002	30.850	34.931	39.581	50.895	65.510	84.320	108.44
13	28.029	32.089	34.352	36.786	42.219	48.497	64.110	84.853	112.30	148.48
14	32.393	37.581	40.505	43.672	50.818	59.196	80.496	109.61	149.24	202.93
15	37.280	43.842	47.580	51.660	60.965	72.035	100.82	141.30	198.00	276.98
16	42.753	50.980	55.718	60.925	72.939	87.442	126.01	181.87	262.36	377.69
17	48.884	59.118	65.075	71.673	87.068	105.93	157.25	233.79	347.31	514.66
18	55.750	68.394	75.836	84.141	103.74	128.12	195.99	300.25	459.45	700.94
19	63.440	78.969	88.212	98.603	123.41	154.74	244.03	385.32	607.47	954.28
20	72.052	91.025	102.44	115.38	146.63	186.69	303.60	494.21	802.86	1298.8
21	81.699	104.77	118.81	134.84	174.02	225.03	377.46	633.59	1060.8	1767.4
22	92.503	120.44	137.63	157.42	206.34	271.03	469.06	812.00	1401.2	2404.7
23	104.60	138.30	159.28	183.60	244.49	326.24	582.63	1040.4	1850.6	3271.3
24	118.16	158.66	184.17	213.98	289.49	392.48	723.46	1332.7	2443.8	4450.0
25	133.33	181.87	212.79	249.21	342.60	471.98	898.09	1706.8	3226.8	6053.0
26	150.33	208.33	245.71	290.09	405.27	567.38	1114.6	2185.7	4260.4	8233.1
27	169.37	238.50	283.57	337.50	479.22	681.85	1383.1	2798.7	5624.8	11198
28	190.70	272.89	327.10	392.50	566.48	819.22	1716.1	3583.3	7425.7	15230
29	214.58	312.09	377.17	456.30	669.45	984.07	2129.0	4587.7	9802.9	20714
30	241.33	356.79	434.75	530.31	790.95	1181.9	2640.9	5873.2	12941	28172
40	767.09	1342.0	1779.1	2360.8	4163.2	7343.9	22729	69377	207874	609890
50	2400.0	4994.5	7217.7	10436	21813	45497	195373	819103	*	*
60	7471.6	18535	29220	46058	114190	281733	*	*	*	*

注：＊ >999999.99

附表四

年金现值系数表

期数	1%	2%	3%	4%	5%	6%	7%	8%	9%	10%
1	0.9901	0.9804	0.9709	0.9615	0.9524	0.9434	0.9346	0.9259	0.9174	0.9091
2	1.9704	1.9416	1.9135	1.8861	1.8594	1.8334	1.8080	1.7833	1.7591	1.7355
3	2.9410	2.8839	2.8286	2.7751	2.7232	2.6730	2.6243	2.5771	2.5313	2.4869
4	3.9020	3.8077	3.7171	3.6299	3.5460	3.4651	3.3872	3.3121	3.2397	3.1699
5	4.8534	4.7135	4.5797	4.4518	4.3295	4.2124	4.1002	3.9927	3.8897	3.7908
6	5.7955	5.6014	5.4172	5.2421	5.0757	4.9173	4.7665	4.6229	4.4859	4.3553
7	6.7282	6.4720	6.2303	6.0021	5.7864	5.5824	5.3893	5.2064	5.0330	4.8684
8	7.6517	7.3255	7.0197	6.7327	6.4632	6.2098	5.9713	5.7466	5.5348	5.3349
9	8.5660	8.1622	7.7861	7.4353	7.1078	6.8017	6.5152	6.2469	5.9952	5.7590
10	9.4713	8.9826	8.5302	8.1109	7.7217	7.3601	7.0236	6.7101	6.4177	6.1446
11	10.3676	9.7868	9.2526	8.7605	8.3064	7.8869	7.4987	7.1390	6.8052	6.4951
12	11.2551	10.5753	9.9540	9.3851	8.8633	8.3838	7.9427	7.5361	7.1607	6.8137
13	12.1337	11.3484	10.6350	9.9856	9.3936	8.8527	8.3577	7.9038	7.4869	7.1034
14	13.0037	12.1062	11.2961	10.5631	9.8986	9.2950	8.7455	8.2442	7.7862	7.3667
15	13.8651	12.8493	11.9379	11.1184	10.3797	9.7122	9.1079	8.5595	8.0607	7.6061
16	14.7179	13.5777	12.5611	11.6523	10.8378	10.1059	9.4466	8.8514	8.3126	7.8237
17	15.5623	14.2919	13.1661	12.1657	11.2741	10.4773	9.7632	9.1216	8.5436	8.0216
18	16.3983	14.9920	13.7535	12.6593	11.6896	10.8276	10.0591	9.3719	8.7556	8.2014
19	17.2260	15.6785	14.3238	13.1339	12.0853	11.1581	10.3356	9.6036	8.9501	8.3649
20	18.0456	16.3514	14.8775	13.5903	12.4622	11.4699	10.5940	9.8181	9.1285	8.5136
21	18.8570	17.0112	15.4150	14.0292	12.8212	11.7641	10.8355	10.0168	9.2922	8.6487
22	19.6604	17.6580	15.9369	14.4511	13.1630	12.0416	11.0612	10.2007	9.4424	8.7715
23	20.4558	18.2922	16.4436	14.8568	13.4886	12.3034	11.2722	10.3711	9.5802	8.8832
24	21.2434	18.9139	16.9355	15.2470	13.7986	12.5504	11.4693	10.5288	9.7066	8.9847
25	22.0232	19.5235	17.4131	15.6221	14.0939	12.7834	11.6536	10.6748	9.8226	9.0770
26	22.7952	20.1210	17.8768	15.9828	14.3752	13.0032	11.8258	10.8100	9.9290	9.1609
27	23.5596	20.7069	18.3270	16.3296	14.6430	13.2105	11.9867	10.9352	10.0266	9.2372
28	24.3164	21.2813	18.7641	16.6631	14.8981	13.4062	12.1371	11.0511	10.1161	9.3066
29	25.0658	21.8444	19.1885	16.9837	15.1411	13.5907	12.2777	11.1584	10.1983	9.3696
30	25.8077	22.3965	19.6004	17.2920	15.3725	13.7648	12.4090	11.2578	10.2737	9.4269
35	29.4086	24.9986	21.4872	18.6646	16.3742	14.4982	12.9477	11.6546	10.5668	9.6442
40	32.8347	27.3555	23.1148	19.7928	17.1591	15.0463	13.3317	11.9246	10.7574	9.7791
45	36.0945	29.4902	24.5187	20.7200	17.7741	15.4558	13.6055	12.1084	10.8812	9.8628
50	39.1961	31.4236	25.7298	21.4822	18.2559	15.7619	13.8007	12.2335	10.9617	9.9148
55	42.1472	33.1748	26.7744	22.1086	18.6335	15.9905	13.9399	12.3186	11.0140	9.9471

续 表

期数	12%	14%	15%	16%	18%	20%	24%	28%	32%	36%
1	0.8929	0.8772	0.8696	0.8621	0.8475	0.8333	0.8065	0.7813	0.7576	0.7353
2	1.6901	1.6467	1.6257	1.6052	1.5656	1.5278	1.4568	1.3916	1.3315	1.2760
3	2.4018	2.3216	2.2832	2.2459	2.1743	2.1065	1.9813	1.8684	1.7663	1.6735
4	3.0373	2.9137	2.8550	2.7982	2.6901	2.5887	2.4043	2.2410	2.0957	1.9658
5	3.6048	3.4331	3.3522	3.2743	3.1272	2.9906	2.7454	2.5320	2.3452	2.1807
6	4.1114	3.8887	3.7845	3.6847	3.4976	3.3255	3.0205	2.7594	2.5342	2.3388
7	4.5638	4.2883	4.1604	4.0386	3.8115	3.6046	3.2423	2.9370	2.6775	2.4550
8	4.9676	4.6389	4.4873	4.3436	4.0776	3.8372	3.4212	3.0758	2.7860	2.5404
9	5.3282	4.9464	4.7716	4.6065	4.3030	4.0310	3.5655	3.1842	2.8681	2.6033
10	5.6502	5.2161	5.0188	4.8332	4.4941	4.1925	3.6819	3.2689	2.9304	2.6495
11	5.9377	5.4527	5.2337	5.0286	4.6560	4.3271	3.7757	3.3351	2.9776	2.6834
12	6.1944	5.6603	5.4206	5.1971	4.7932	4.4392	3.8514	3.3868	3.0133	2.7084
13	6.4235	5.8424	5.5831	5.3423	4.9095	4.5327	3.9124	3.4272	3.0404	2.7268
14	6.6282	6.0021	5.7245	5.4675	5.0081	4.6106	3.9616	3.4587	3.0609	2.7403
15	6.8109	6.1422	5.8474	5.5755	5.0916	4.6755	4.0013	3.4834	3.0764	2.7502
16	6.9740	6.2651	5.9542	5.6685	5.1624	4.7296	4.0333	3.5026	3.0882	2.7575
17	7.1196	6.3729	6.0472	5.7487	5.2223	4.7746	4.0591	3.5177	3.0971	2.7629
18	7.2497	6.4674	6.1280	5.8178	5.2732	4.8122	4.0799	3.5294	3.1039	2.7668
19	7.3658	6.5504	6.1982	5.8775	5.3162	4.8435	4.0967	3.5386	3.1090	2.7697
20	7.4694	6.6231	6.2593	5.9288	5.3527	4.8696	4.1103	3.5458	3.1129	2.7718
21	7.5620	6.6870	6.3125	5.9731	5.3837	4.8913	4.1212	3.5514	3.1158	2.7734
22	7.6446	6.7429	6.3587	6.0113	5.4099	4.9094	4.1300	3.5558	3.1180	2.7746
23	7.7184	6.7921	6.3988	6.0442	5.4321	4.9245	4.1371	3.5592	3.1197	2.7754
24	7.7843	6.8351	6.4338	6.0726	5.4509	4.9371	4.1428	3.5619	3.1210	2.7760
25	7.8431	6.8729	6.4641	6.0971	5.4669	4.9476	4.1474	3.5640	3.1220	2.7765
26	7.8957	6.9061	6.4906	6.1182	5.4804	4.9563	4.1511	3.5656	3.1227	2.7768
27	7.9426	6.9352	6.5135	6.1364	5.4919	4.9636	4.1542	3.5669	3.1233	2.7771
28	7.9844	6.9607	6.5335	6.1520	5.5016	4.9697	4.1566	3.5679	3.1237	2.7773
29	8.0218	6.9830	6.5509	6.1656	5.5098	4.9747	4.1585	3.5687	3.1240	2.7774
30	8.0552	7.0027	6.5660	6.1772	5.5168	4.9789	4.1601	3.5693	3.1242	2.7775
35	8.1755	7.0700	6.6166	6.2153	5.5386	4.9915	4.1644	3.5708	3.1248	2.7777
40	8.2438	7.1050	6.6418	6.2335	5.5482	4.9966	4.1659	3.5712	3.1250	2.7778
45	8.2825	7.1232	6.6543	6.2421	5.5523	4.9986	4.1664	3.5714	3.1250	2.7778
50	8.3045	7.1327	6.6605	6.2463	5.5541	4.9995	4.1666	3.5714	3.1250	2.7778
55	8.3170	7.1376	6.6636	6.2482	5.5549	4.9998	4.1666	3.5714	3.1250	2.7778

参 考 文 献

张玉英. 财务管理. 北京：高等教育出版社，2008

张显国. 财务管理. 北京：机械工业出版社，2006

贺世强. 财务管理基础. 北京：清华大学出版社，2009

财政部会计资格评价中心. 财务管理. 北京：中国财政经济出版社，2010

闫华红. 中级财务管理轻松过关一. 北京：北京大学出版社，2010